젊은 창조자들

# UPSTARTS!

# 젊은 창조자들

도나 펜 지음 | 윤혜영 옮김

이상

# 젊은 창조자들

2010년 7월 22일 초판 1쇄 인쇄
2010년 8월  2일 초판 1쇄 발행

**지은이**   도나 펜
**옮긴이**   윤혜영
**펴낸이**   이상규
**편집인**   김훈태
**마케팅**   정종천
**관리**     김순호
**펴낸곳**   이상미디어
**등록번호**  209-90-85645
**등록일자**  2008.09.30

**주소**     서울시 성북구 정릉동 667-1 4층
**대표전화**  02-913-8888
**팩스**     02-913-7711
**E-mail**   leesangbooks@gmail.com
**ISBN**     978-89-94478-03-6

Contents

*UPSTARTS: 건방진 녀석, 젊은 벤처 기업가, 새로 사업을 시작한 젊은 부자들

# 미래를 지배할
# 젊은 창조자들이
# 몰려온다!

CHAPTER

### 너, 밴드 하니? 난 사업해

조엘 어브Joel Erb는 검은 리무진에 미끄러지듯 올라탔다. 버지니아 리치
몬드에서 맨해튼으로 가는 긴 여행을 위해서였다. 다소 큰 양복 상의를
입은 그는 자신이 실제보다 나이 들어 보이기를 바라며 웹 사이트 디자인
포트폴리오를 움켜쥐었다. 캘빈클라인과 아르마니, 그리고 휴고 보스의
중역들에게 선보이려는 포트폴리오였다. 어브는 약간 긴장됐지만 잃을
게 없었기 때문에 자신감이 충만했다. 그는 자신의 침실(일명 스위트룸
101호)에서 시험판 플래시Flash를 다운로드받아 웹 디자인 작업을 했다.
1998년 당시만 해도 웹 디자인은 아직 생소한 분야였다. 그 덕분에 어브
같은 달변의 애송이가 자신의 포트폴리오를 가지고 명품 의류회사들과

의 만남을 성사시킬 수 있었던 것이다. "2주 안에 뉴욕으로 가겠습니다. 정말 만나 뵙고 싶군요." 어브는 그들에게 말했다. 그의 나이는 14살이었고, 고향인 버지니아 주를 떠나는 첫 번째 여행이었다.

어브의 웹 디자인 경력이라고는 학교 웹 사이트와 그 지역의 카펫 청소 서비스 업체, 몇몇 냉난방 회사들을 위해 일한 것이 전부였다. 노동자 집안의 아들로 태어나서 경제적으로 풍족하지 못했지만 그에게는 예술과 디자인에 대한 열정이 있었고, 인터넷은 그가 혼자서 필요한 기술들을 습득할 수 있는 놀라운 도구였다. 드디어 결전의 날이 다가왔다. 부모님의 친구 중에 리무진 회사를 운영하는 사람이 있어서 기꺼이 그를 뉴욕까지 태워주겠다고 했다. 심지어 다른 사람들 앞에서는 '어브 씨'라고 부르면서 문을 열어주겠다고 약속했다. "그 분은 저를 위해 할 수 있는 모든 일을 해주셨죠. 저는 영화 〈리치 리치〉의 주인공이 된 것 같았습니다." 또한 브루클린에 살고 있는 친구의 부모님은 어브에게 배불리 저녁을 대접하고 하룻밤 잠자리를 기꺼이 허락했다. 그리고 그가 맨해튼의 미팅에서 멋져 보일 수 있도록 양복을 다려주기까지 했다.

다음 날, 현실은 그렇게 호락호락하지 않았다. 한 회사의 마케팅 이사는 그를 보더니 아버지가 미팅에 참석하시냐고 물으면서 '사춘기는 지난 거냐?'고 비아냥거렸다. 두 번째 회사와의 미팅에서도 마찬가지였다. 하지만 세 번째 회사와의 미팅에서 어브는 자신의 귀를 믿을 수가 없었다(계약의 미공개 조항 때문에 어느 회사였는지 공개하지 않았다). "얼마죠?" 그는 곧장 리치먼드로 돌아와서 제안서를 작성했다. 그리고 배너광고 제작에 대한 3만 달러짜리 계약이 성사되었다. 웹 사이트 디자인 계약은 아니었지만 시작치고는 괜찮았다. "수표가 집에 도착했을 때, 부모님은 놀라서 쓰러질 지경이었죠."

그 후로 몇 년이 정신없이 지나갔다. 어브는 버지니아 주에서 인터넷으로 수업을 수강해 학위를 딴 첫 번째 고등학생이 되었다. 그는 이제 수익이 100만 달러 정도 되는 INM 유나이티드라는 회사를 소유하고 있다. 하지만 9/11 이후 회사가 힘들어졌다. "뉴욕의 일거리도 많이 줄었고, 리치먼드에서도 마찬가지였죠. 2명만 빼고 모든 직원을 내보내야 했습니다. 그때부터 저는 공황발작을 일으키기 시작했습니다. 당시에 18살이었지만 40세의 사업가가 받는 수준의 스트레스를 받고 있었거든요." 사업의 80%를 잃은 그는 리치먼드에 있는 대학에 입학했고 자신의 기숙사방에서 회사를 다시 세웠다. 교수들과 지역의 사업가들에게 조언을 구하기도 했다. 그는 웹 디자인 회사에서 통합마케팅 회사로 변신을 꾀했고 이 덕분에 수익이 두 배 정도 늘어날 거라고 생각했다.

그 후 어브는 리치먼드 기술협회에서 '떠오르는 회사' 상의 영예를 안았고, 중소기업청에서 선정하는 그 지역의 '올해의 기업가' 상을 받았다. 그리고 버지니아 주에서 '40세 이하의 최고 기업가 40명' 안에 들며 주목받기도 했다. 그는 12명의 직원을 위해 리치먼드의 중심지에 위치한 창고를 개조하여 약 280평방미터의 사무실을 임대했다. "사무실에는 아늑한 조명이 설치되었고, 사무실 안에서 날릴 수 있는 작은 헬리콥터도 있었습니다." 그는 자랑스럽게 말한다. 2008년에 이 회사의 수익은 100만 달러를 넘어섰다.

26세의 나이에 어브는 술을 마실 수 있게 된 기간이나, 19세 이상 관람가 영화를 당당히 볼 수 있게 된 기간보다 사업에 몸담은 기간이 더 길었다. 조숙하냐고? 물론이다. 특별한 경우라고? 글쎄, 사실 그렇지는 않다. 25년 이상 기업가 정신에 관해 연구하고 집필활동을 해온 나는 20대 또는 그보다 더 어린 나이에 명실상부한 회사를 시작한 사업가들을 매우 많이 알고 있다. 이제 젊은이들의 최고의 자랑이 '나는 밴드 해'에서 '나는 사업해'로 바뀐 것이다.

## 미래를 지배할 젊은 창조자들이 몰려온다!

어브는 우리가 Y세대라고 부르는 세대에 속한다(또는 Why 세대, Me 세대, Net 세대, 아이팟 세대, 에코 부머, 그리고 가장 최근에는 오바마 대통령의 당선에 큰 역할을 하였다 하여 O세대라고 불리기도 한다). 1977년에서 1997년 사이에 태어난 이 세대를 나는 기업가 세대entrepreneurial generation라고 부른다. 인구는 약 7700만 명 정도인데, 인구 수보다도 이들이 사업에 진입하고 있는 속도를 생각하면 무시할 수 없는 집단인 것이다. 그리고 이들의 기업가 정신은 이전 세대와는 확연히 다르기 때문에 이 업스타트(upstarts, 새로 사업을 시작한 젊은이, 벤처 기업가, 새롭게 떠오른 젊은 부자)들이 경제에 큰 영향을 미칠 수밖에 없는 것이다. 특히 중소기업계의 판도를 바꾸어 놓을 것이다. 이 책의 목적은 바로 이들의 혁명을 기록하고 이들 기업가 세대의 초상을 그리는 것이다.

나만의 사업을 시작하는 것은 내가 할 수 있는 가장 창조적인 일입니다. 살아 숨 쉬는 예술작품과 다름없습니다.

• 샤지 비스람, 해피 베이비 푸드

이 책은 소규모 기업의 전략을 담은 나의 첫 번째 책이 출간된 직후인 3년 전에 구상된 것이다. 이 책은 매우 특별한 8개 회사들의 성공 이야기를 담았다. 기업의 위대함은 그 기업이 무엇을 만들고 판매하는가에 달려 있지 않다. 그 기업이 자신들만의 전략을 통해 다른 기업과 차별화하는 데 있다. 이것은 점점 더 살벌해지는 경제 속에서 살아남고 번창하길 원한다면 모든 중소기업들이 통달해야 할 전략이다. 첫 번째 책에서 나는 중소기업들이 전략을 가질 수밖에 없는 네 가지 가장 큰 이유를 언급했다. 바로 요구가 많고 변덕스러운 소비자들의 증가, 거대 경쟁자를 양산하는 합병, 큰 기업을 작게, 작은 기업을 크게 만드는 기술의 진보, 쏟아져 나오는 제품과 서비스로 인한 시장포화가 그것이다.

하지만 내가 강연을 시작한 직후, 신규 중소기업의 세계에서 뭔가 거대하고 흥미로운 일이 일어나고 있다는 것을 깨달았다. 그래서 나는 중소기업이 전략을 가져야 하는 이유에 한 가지를 더 추가했다. 젊고, 무모하며, 교육 수준이 높은 '업스타트 기업가'의 출현이 모든 업계에서 성숙한 회사의 기준을 바꿔놓고 있다는 것이다. 어딜 가든 나는 조엘 어브 같은 사람을 만날 수 있었다.

## 기업가 정신의 혁명

기업가가 되고자 하는 이 새로운 세대에게 도움을 주고 있는 것은 다름 아닌 기술이다. 이제 회사의 창립자들은 점점 더 젊어지고 영리해지고 있으며 중소기업의 생존을 위태롭게 하는 모험적인 도전마저도 겁내지 않는다. 어쩌면 그저 순진하게 위험을 모르는 것일 수도 있다. 어떤 젊은

이가 영감을 받아 그것을 행동에 옮기기로 결심한다면, 그는 그저 마우스 한 번 클릭하는 것만으로 사업의 세계로 발을 들여놓을 수 있다. 조엘 어브처럼 15살짜리가 인터넷의 익명성 뒤에 숨어 노련한 웹 개발자인양 자신을 포장하여 이베이에서 한 밑천 잡을 수도 있는 것이다.

제가 회사를 시작했을 때, 저는 가짜 신분증을 가지고 고객과 식사하러 가야 했습니다.

• 레이첼 헤닝, 카탈리스트 서치

이들도 이전 세대의 기업가들처럼 경제적인 독립을 갈망하고, 우연히 틈새시장을 발견하고는 새로운 제품이나 서비스를 팔 수 있기를 갈망한다. 이미 시장에 존재하는 제품이나 서비스를 향상시킬 수 있다고 믿기도 한다. 어쩌면 이 모든 일이 그들에게는 그저 재미에 불과할지도 모른다. 이들에게 사업을 시작하겠다는 결정은 그렇게 무서운 일이 아니다. 그리고 완전한 계획을 세운 다음 실행에 옮기는 경우도 거의 없다. 대부분 작지만 기막힌 아이디어로 시작한다. "이봐, 나는 디자인이 정말 좋아, 그리고 컴퓨터도 능숙하지, 그러니 의류회사 웹 사이트를 만들 기회를 줘." 창업비용? 없다. 위험? 없다. 후원? 널렸다. 부모님과 선생님들, 그리고 격려의 말에서 재정적인 정보까지 모든 것을 제공하는 조언자들. 10년 전이라면 '너희도 사업을 할 수 있다'는 말이 그저 응석을 받아주는 말로 여겨졌을 수도 있지만 더 이상 그렇지 않다. 새로운 세상에 온 것을 환영한다.

이들 젊은 CEO 중에는 나에게 직접 연락을 해온 사람들도 있었다.

그리고 회사의 쉴 새 없는 홍보 덕분에 나의 레이더망에 걸린 CEO들도 있다. 이런 홍보들은 내가 요즘 트렌드를 알고 싶거나 관심을 가지는 그런 것들이다. 하지만 내가 이런 '애송이' CEO들에게 매료된 것은 그들의 재미있는 일화 때문만은 아니다.

미래연구소Institute for the Future는 'Y세대가 그 어떤 세대보다도 기업가적인 세대로 떠오를 것'이라고 예측했다. 세계 청소년 지원단체인 JA(Junior Achievement Worldwide)의 CEO이자 의장인 션 러시Sean Rush는 4백만 명 이상의 미국 학생이 JA의 경제 커리큘럼으로 교육받고 있다고 말한다. 이들 중에는 5세의 어린이들도 포함되어 있는데, 이 숫자는 10년 전보다 50% 증가한 것이다. 또한 아이들에게 기본적인 기업가 정신과 금융지식을 가르치는 이 단체는 1,155명의 10대를 대상으로 설문조사를 진행했는데, 답변자의 69%가 사업을 시작하고 싶어 한다는 결과가 나왔다.

미국 중소기업청(SBA)은 최근에 10대를 위한 비즈니스 포털 사이트를 만들기 위해 JA와 협력을 맺었으며, 대학생의 2/3가 자신의 사업을 시작하고 싶어 한다는 조사결과를 얻었다고 밝혔다. 창업지원 활동을 하고 있는 캔자스시티의 비영리단체인 카우프만 재단에 따르면, 대학에는 그 어느 때보다 창업을 지원하는 프로그램이 많이 생겨나고 있다고 한다. 이러한 현상은 창업에 대한 학생들의 수요가 급증하고 있기 때문이다. 그리고 이것이 새로운 형태의 기업가 혁명을 촉진하고 있다.

미국 역사상 이렇게 많은 젊은이들이 기업가가 되기를 원했던 적은 없었다. 이렇게 많은 대학들이 기업가가 되고자 하는 학생들의 꿈을 실현시키기 위해 이토록 헌신적이었던 적도 없었었다. 현재 약 2,100개의 미국 대학들이 경영자 과정(10년 전에는 400여 개의 대학만이 경영자 과정을 운영했다)을 운영하고 있다. 카우프만 재단에 따르면 학부와 대학원의 경영자 과정에 400명 이상의 석좌교수가 존재하며, 20만 명 이상의 학생들이 대학의 경영자 과정에 등록했다고 한다. 이것은 지난 7년 사이에 70%가 증가한 것이다.

뿐만 아니라 경영자 과정의 커리큘럼은 최근 몇 년간 요구가 많아진 학생들로 인해 빠르게 변해왔다. "저희 대학원의 경영자 과정 신입생으로 들어오는 학생의 40% 이상이 이미 사업을 하고 있지요." 내슈빌 벨몬트 대학의 경영자 과정의 학장인 제프 콘월Jeff Cornwall이 말한다. "완전히 다른 세상이 된 거지요." 벨몬트 대학은 경영자 과정을 운영할 뿐만 아니라 사업을 소유한 학생들을 위한 3개의 벤처기업 육성소를 운영하고 있다. 그리고 학교의 도움으로 학생들이 운영하는 교내 사업체 6개가 출범하기도 했다. 이들 중 5개 업체가 수익을 내고 있으며, 학생들뿐만 아니라 내슈빌 주민들에게까지 서비스를 확장하기 위해 준비 중이다.

콘월은 이렇게 덧붙인다. "이들 세대의 요구를 맞추다 보니 우리는 경영학과 운영규정까지 바꿔야 했습니다. 예전에는 신입생 때는 자유롭게 듣고 싶은 수업을 듣다가 3학년이 되면 경영수업을 들을 수 있었는데, 이제는 3학년 때까지 기다리게 했다가는 학생들을 잃고 말지요."

## 새로운 사고방식의 출현

그렇다면 이들 세대를 기업가의 삶으로 끌어들이는 것은 과연 무엇일까? 이들이 회사를 시작하는 이유는 무엇이고, 어떤 업종에 관심을 가지고 있을까? 이들이 회사를 운영하고 성장시키는 방법은 이전 세대와 근본적으로 어떻게 다를까? 이들이 경제에 미치는 영향은 무엇일까? 이들의 성공과 실패의 사례가 중소기업에 어떤 교훈을 줄 수 있을까? 내가 이 책을 쓰게 된 것은 바로 이런 궁금증 때문이다. 그리고 나는 이 과정에서 우리 기업의 멋진 미래를 엿볼 수 있다고 생각한다. 150번 이상의 심층 인터뷰와 18개월 간의 조사 후에 나는 Y세대가 미디어에서 떠드는 것처럼 단순히 이기적이고 참을성 없으며 산만하고 돈만 밝히는 것이 아니라 그보다 훨씬 더 의미심장하고 복잡하다는 인상을 받았다.

물론 나와 대화를 나눈 젊은 CEO들은 미디어에서 말하는 이런 특징들을 가지고 있었다. 하지만 지난 25년 간 내가 연구해온 나이 많은 기업가들도 마찬가지였다. 그럼에도 불구하고 이 업스타트들은 매우 협력적이고 팀을 지향하기도 했다. 이들은 기술적으로 앞서가고 머리 회전이 빠르며 융통성 있고 새로운 트렌드를 재빨리 알아챈다. 또한 혁신적이고 균형 잡힌 일터를 만드는 데 열중하며, 세상을 변화시키기로 결심하며, 발전을 저해한다고 생각되는 업계의 관습을 무시해버린다.

이들을 모험가라고 부를 수도 있을 것이다. 실제로 이들 중에는 자신은 위험을 무릅쓰는 사람이라고 말하는 사람들도 있다. 하지만 위험이라는 단어에는 무언가 잃을 것이 있다는 뜻이 내포되어 있다. 이들이 아무리 모험가라고 하더라도 10대나 20대 때 회사를 시작하는 것이 30대나 40대, 50대 때 사업을 시작하는 것보다 훨씬 잃을 게 적지 않은가? 기업가로서 도약하는 결정에 영향을 미치는 경제적이고 개인적인 요소들이 더 적기 때문이다. 따라서 Y세대가 위험을 무릅쓰는 것처럼 보인다고 하더라도 실제로 그것은 젊음의 충만함에 더 가까운 것일지도 모른다. 모든 것을 다 걸었다는 불안감 없이 한 아이디어에 신이 나서 뛰어드는 충만함 말이다. 이들은 처절하게 실패할지도 모른다. 반대로 수백만 달러 가치의 회사를 손에 넣을 수도 있다. 결과가 어떻든 간에 이들은 최선을 다할 것이다. 이것이 바로 기업가 세대의 모습이다.

이러한 창업 열병을 부추기는 것은 무엇일까? 젊은 업스타트 기업가들의 창업정신을 정의하는 데는 두 가지 중요한 특징이 있다. 가장 중요한 것은 이들은 '디지털과 함께 자란' 세대라는 점이다. 우리는 이제 인터넷과 클라우드 컴퓨팅(cloud computing : 다양한 단말기에서 네트워크에 접속해 사용자가 필요로 하는 만큼의 서비스를 제공받는 방식), 휴대용 전자제품, 커뮤니티를 통해 전보다 훨씬 더 저렴하고 위험 없이 그리고 더 효율적으로 사업을 시작하고 운영할 수 있다는 것을 알고 있다. 하지만 그것을 아는 것과 실제로 뛰어드는 것은 다른 문제이다. 나이 많은 기업가들이 이것을 따라가려고 고생하거나 웹 2.0의 대세를 거부하고 있지만, 업스타트에게 새로운 기술은 그들이 숨 쉬는 공기나 마찬가지다. 따로 배울 필요도 없이 자연스럽다.

그리고 Y세대는 기업가로서의 삶을 매우 매력적이라고 생각하는 첫 번째 세대라는 것이다. 물론 베이비부머 세대인 그들의 부모는 영웅적인 기업가들의 탄생을 지켜봐왔다. 우선 빌 게이츠가 있고, 스티브 잡스, 오프라 윈프리, 리처드 브랜슨, 제프 베조스, 최근에는 아니타 로딕, 더 젊고 눈에 띄는 혁신가인 래리 페이지와 세르게이 브린(구글), 제리 양(야후!), 채드 헐리와 스티브 첸(유투브), 마크 주커버그(페이스북) 등이 록스타나 운동선수들에게나 쏟아지던 대중의 사랑과 언론의 관심을 받고 있다. 이들은 사업을 멋진 일로 보이게끔 만들었고, 정리해고의 피해자였던 이들의 부모에게도 마찬가지였다.

하지만 이들에게 사업이 매력적이었던 것은 단지 유명인사가 되고 싶기 때문만은 아니다. 1980년대부터 우리는 실제로 경제를 성장시키고, 노동을 창출하며 혁신을 주도하는 것은 작은 회사들이라는 말을 계속해서 들어왔다. 이 때문에 갑자기 이름 없는 영웅들이 주목을 받게 되었다. 사업을 하는 것은 멋진 일일 뿐만 아니라 학교 교과과정에 포함될 정도로 가치 있는 일이 되기도 했다.

Y세대가 기업가에 열광하게 된 데는 많은 사회적, 경제적, 정치적 사건들도 큰 역할을 했다. 이것은 이들의 부모가 베이비부머 세대라는 점에서부터 시작된다. 베이비부머는 역사상 가장 자녀 중심적인 세대로 '헬리콥터 부모'라고도 불린다. 이들은 육아 서적을 탐독하고, 아이들의 학교 운동팀 코치를 자발적으로 맡고, 아이들 학교에서 자원봉사 활동을 하며, 아이들을 셀 수 없을 정도로 많은 다양한 프로그램에 참가시키며, 아이들에게 그들이 마음먹은 것은 뭐든지 할 수 있다는 생각을 심어준다. 칭찬에 관대하고 비판은 아낀다.

갤럽이 시행한 설문조사에 따르면 Y세대의 부모와 자식 관계는 매우 끈끈한 것으로 나타났다. 답변자의 90%가 자신이 부모와 매우 가깝다고 말했다. 이것은 1974년에 40%의 베이비부머들이 부모님이 없었다면 더 잘 살았을 거라고 말한 것과는 대조적이다. 이 설문조사는 분명 우리가 살고 있는 시대를 반영한다. 베트남 전쟁과 당시의 문화와 패션, 음악의 혁신적인 변화로 인해 베이비부머 세대는 자신들의 부모와 어긋나게 되었다. 젊은이들이란 항상 반항적이기 마련이지만 '세대차이'는 더 이상 60년대나 70년대에 그랬던 것처럼 큰 차이가 아니다. 젊은 CEO가 자신의 부모와 동업해서 운영하는 Y세대 회사들도 많고, 부모를 직원으로 고용하거나 아주 젊은 나이에 가족 회사를 물려받는 경우가 많은 것을 보면 알 수 있다.

내가 인터뷰했던 여러 젊은 기업가들은 매우 어릴 적부터 부모에게서 '기업가가 되려는 목표'를 격려받았다고 말한다. "저희 부모님은 우리에게 사업계획을 만들도록 하고는 크리스마스 때마다 그것을 발표하게 하셨죠." 남동생 로버트와 함께 캐리비안 음반회사인 리얼바이브즈RealVibez를 경영하고 있는 28살의 데이비드 뮬링David Mulling이 말한다. "물론 리얼바이브즈에 대한 사업계획을 내놓을 때까지 해마다 우리의 사업계획은 퇴짜를 맞았어요. 아버지는 의사이자 대학 강사였고, 어머니는 간호사였어요. 하지만 부모님은 저희가 사업을 하기를 바라셨죠."

애리조나 피닉스에서 〈칼리지 어페어College Affair〉 지를 창간한 24살의 알레나 밀스타인Alana Millstein은 자신이 12살 때 어머니가 작은 종이 한 장에 주식시장에서 주식을 사는 것의 개념을 설명해주었다고 말한다. "그러더니 어머니는 저에게 1000달러를 주고는 말씀하셨죠. '투자할 회사들에 대해 조사해보렴. 내가 너 대신에 투자해주마.' 제게 많은 돈을 안겨준 주식은 애플이었어요. 저는 주식을 판 돈 중에서 12만 달러로 제 회사를 시작했지요."

골든 룰 테크놀로지Golden Rule Technology라는 벤처회사의 CEO인 29살의 케이시 골든Casey Golden은 무려 5개의 회사를 시작한 경험이 있다. "첫번째 회사는 제가 13살 때였어요. 아버지와 함께 설립했죠. 우리는 자연분해되는 골프 티(골프공을 올려놓는 받침)를 개발했어요. 아버지가 창업자본을 대고, 어머니가 제조법을 담당했죠." 골든은 처음에 물과 밀가루, 물이끼, 사과소스로 티를 만들었다. 그리고 이것으로 K-마트가 후원하는 발명대회 '인벤트 아메리카'에서 수상을 했다. 그리고 얼마 안 가 그의 골프 티는 미국 전역의 K-마트에서 판매되었다. 그는 특허를 위해 변호사들과 함께 일본을 방문했고, 미국의 언론에서는 그를 '미스터 티'라고 불렀다.

Y세대의 부모들은 자신의 부모보다 회사를 세우려는 꿈에 더 적극적이었다. 과거에는 생계를 꾸려나가기 위해 65세가 되면 퇴직 기념으로 순금시계를 주는 큰 회사에 안착해야 했다. 하지만 1980년대에 글로벌 경쟁, 인원삭감, 노동력을 감축해야 하는 합병 등으로 평생직장의 시대는 끝나고 만다. 1984년 이후로 3000만 명 이상의 미국인이 직장을 잃었다. 이제 노동인구의 40%만이 1000명 이상의 직원을 가진 회사에서 일하고 있다. 열심히 일한 대가로 해고 통지서를 받아들고 온 부모를 본 자녀들은 성인이 되어서도 큰 회사에 대한 신뢰를 갖기 힘들어졌다. 엔론이나 월드컴처럼 한때 신뢰했던 회사들이 이러한 상황에 처하게 되었을 때도 사람들은 설마 했지만 2008년의 사건들로 완전히 결판이 났다. '망하기에는 너무 거대한' 회사들이 망하고 만 것이다. 2009년 1월에 노동통계청은 '임금을 받는 노동자가 2007년 12월부터 감소하기 시작해 360만 명이 감소했으며, 이러한 감소의 절반은 최근 3개월 동안 일어난 것'이라고 발표했다. 또한 이런 감소세가 쉽게 끝나지는 않을 것이라고 덧붙였다.

회사 고용이 점점 더 위태로워 보이는 것은 전 세계적으로 마찬가지였다. Y세대는 에이즈, 콜럼바인 총격사건, 닷컴 광풍과 몰락, 9/11, 아프가니스탄과 이라크 침공을 겪으며 자라왔다. 동시에 이들은 이전 세대들보다 훨씬 더 독립적이었다. 4명 중 3명은 일을 가진 어머니 밑에서 자랐고 1/4이 홀부모 밑에서 자랐다. 이들 젊은이들은 직간접적으로 이런 생각을 갖게 되었다. 이전 세대가 소중히 여기고 믿어온 제도의 보호를 받을 가능성은 없다. 스스로를 돌보는 게 좋다. 부모들의 교육 덕분에 자신감으로 무장한 이들은 바로 그 생각대로 실천했다. 그리고 이러한 특징들은 Y세대를 대하기 어렵고 요구가 많은 고용인으로 만드는 동시에 비범한 기업가로 만들기도 했다.

Y세대는 세계 비즈니스의 판도를 바꾸고 있다. 2차 세계대전 중 여성이 일터에 등장한 이후로 가장 극적인 변화일 것이다.

• 2008 '일의 세계' 중에서

나는 드넓은 웹을 뒤지면서 조사를 시작했다. 지난 몇 년간 젊은 기업가들의 급증은 〈Inc.〉지의 '30세 이하의 기업가 30인 : 미국의 가장 멋진 젊은 기업가', 〈비즈니스 위크〉지의 '미국 최고의 젊은 기업가' 같은 목록을 양산했다. 나는 〈Inc.〉지의 '가장 빨리 성장하는 기업 500'과 '가장 빨리 성장하는 기업 5000' 목록에서도 정보를 얻을 수 있었다. 나는 또한 여러 청소년 창업 지원기관 이외에도 젊은 기업가들의 멘토가 되어주고 투자하는 와이컴바이너YCombiner와 테크스타TechStars 같은 단체와도 접촉했다. 그리고 아테나 재단The Athena Foundation and Count을 통해 젊은 여성 기업가들과 접촉할 수 있었다.

또한 주변의 인맥을 동원해 내가 성공한 Y세대 CEO들을 찾고 있다는 말을 퍼트렸다. 물론 어린 나이에 비합법적으로 부자가 된 사람을 찾는 것이 아니라는 점을 확실히 해두었다. 그것을 대단하게 여기는 사람들이 있을지는 몰라도 나의 호기심을 자극하지는 못했다. 나는 회사의 창립자들을 원했다. 은행에 쌓아놓은 돈 덕분이 아니라 경제적 가치가 큰 어떤 제품을 창조함으로써 성공을 거둔 그런 사람들 말이다. 그리고 여기서 확실히 해둘 것은 Y세대 기업가 중에서도 슈퍼스타들을 다루지는 않을 거라는 점이다. 페이스북이나 유투브, 디그(Digg : 커뮤니티로 운영되는 뉴스 포털)처럼 유명한 브랜드에 관한 이야기는 정말로 감동적이지만, 이들 브랜드에 관한 이야기들은 너무 많이 회자되었기 때문에 이보다 더 신선한 소재를 원했다.

몇 달 동안 이 책을 쓰기 위해 고생하며 만들었던 것보다 긴 기업가 목록을 순식간에 갖게 되었다. 인터뷰를 할 때마다 목록에는 새로운 이름이 추가되었다. 그들은 다른 젊은 기업가들도 많이 알고 있었기 때문이다. 업스타트들은 자신이 시기적절하고 흥미롭다고 생각한 프로젝트에 다른 사람들을 끌어들이는 데 열심이었다. 나를 놀라게 한 것은 그들의 엄청난 수만이 아니었다. 그들의 놀라운 다양성이었다. 나는 이 과정에서 내가 지금까지 일을 하면서 만나왔던 것보다 훨씬 더 많은 여성 기업가와 미성년자 기업가를 만날 수 있었다.

## 젊은 창조자들의 8가지 유형

나는 적절한 때에 이 젊은 기업가들에게 의미 있고 실용적인 방식으로 접근하고 싶었다. 그래서 나는 페이스북 페이지를 만들어서 커뮤니티의 세계에 발을 들여놨다. 지금이야 이것이 그렇게 대단한 일이 아닐지도 모르지만, 1년 반 전만 해도 페이스북 페이지를 만드는 일은 10대 자녀를 둔 주부가 친절한 설명 없이 할 수 있는 일이 아니었다. 이것만 봐도 변화가 얼마나 빨리 일어나고 있는지 알 수 있을 것이다. 나는 인터뷰한 사람들을 내 페이지에 친구로 등록했고, 나중에 그들에게 추가질문을 하고, 그들이 서로 만나 의사소통을 할 수 있도록 비밀클럽도 만들었다.

솔직히 말해서 페이스북이 없었다면 이 책은 전혀 다른 책이 되었을 것이다. 이제 내 비밀클럽의 회원은 80명이 조금 넘는다. 그리고 내가 이들에게 쪽지를 보낼 때마다(예를 들어, '저는 지금 동업 부분을 집필하고 있어요. 좋은 이야기가 있으면 답장부탁해요') 적어도 몇 명은 번개 같은 속도로 나에게 답장을 보냈다. 나는 이메일보다 페이스북을 통해 더 좋은 답변을 얻을 수 있었다. 그리고 그들이 올리는 글과 나의 뉴스피드에 뜨는 메시지를 통해 그들에 대해 좀 더 자세히 알 수 있었다. 예를 들어 나는 그들이 안고 있는 기업가로서의 고민이 발전하는 과정을 지켜봤다. 그들은 페이스북 친구들과 회사 설립과 자금 확보, 동업 실패 등의 경험을 구체적으로 주고받았다. 물론 보지 않았으면 싶었던 글들도 있었다. 예를 들어, '너는 보드카를 얼마나 마시는 거야, 그러면서도 사업을 잘 운영할 수 있는 거야?'라고 묻는 시시콜콜한 내용들도 있었다.

나는 이번 책에 대해 더 널리 소문을 퍼트리기 위해 Inc.com 사이트에 '기업가 세대'에 관한 블로그를 개설했다. 내가 올린 대부분의 글에 답글이 달렸는데, 이 중에는 책을 위한 아이디어를 정리하는 데 도움이 되는 것도 있었다. 링크드인(LikedIn : 기업용 커뮤니티 사이트)에 접속한 것도 도움이 되었다. 그리고 마지막으로 나는 트위터Twitter에서 트위팅을 하기 시작했다. 트위터는 미니 블로그 서비스로 지난 몇 년간 엄청난 인기를 얻었다.

나의 목표는 성공적인 젊은 CEO들과 대화를 적극적으로 나눠 기업가로서의 동기와 성공전략, 경영방식을 알아내는 것이다. 나는 이 책이 Y세대의 영향력을 살펴보는 데 도움이 될 뿐만 아니라, 기업에 몸담고 있는 우리 모두를 위한 길잡이가 되어줄 거라고 생각한다. 기술과 브랜드에 대한 이해가 깊고, 시대에 뒤떨어진 비즈니스 모델을 과감히 버리며, 협력 지향적인 이들 세대는 이전에 우리가 우러러봤던 회사들과는 완전히 다른 새로운 회사들을 보여줄 것이다. 그리고 나는 이 회사들이 어떻게 운영되고 있는지도 살펴볼 것이다. 업스타트 회사들은 사회적 고정관념과 전통적인 권위주의를 거부하고, 일을 의미 있고 재미있는 것으로 만들고자 하는 경우가 많다. 그렇다면 업스타트는 과연 누구일까?

### 협력주의자Extreme Collaborators

외롭게 홀로 활동하는 늑대 타입의 기업가는 잊기 바란다. 젊은 기업가들은 창업의 길을 혼자 걷는 경우가 거의 없다. 대신 한 명 또는 그 이상의 동업자들과 팀을 이룬다. 친구나 대학동료, 교수, 부모, 배우자와 회사를 시작하는 경우가 많다. 업스타트들은 자신의 한계를 알고 있으며 자신의 약점을 보완해주고 강점을 칭찬해줄 투자자나 동업자를 찾는다. 이 과정에서 동업의 함정에 빠져 교훈을 얻는 경우도 많다. 이들은 회사를 성장시키는 과정에서 계속해서 협력을 추구한다. 직원들이나 지역 사회, 소비자들을 참여시키는 커뮤니티 기반의 혁신은 이들이 새로운 제품과 서비스를 개발하는 데 도움이 된다.

### 기술의 대가Technology Mavens

퓨 인터넷과 미국인의 삶 프로젝트Pew Internet and American Life Project의

조사에 따르면, Y세대는 나이 많은 다른 기업가들보다 인터넷에서 많은 시간을 보내며, 모든 인터넷 사용자의 30%를 차지한다. 하지만 기술이 디지털 세대의 큰 차별성이라고 해서 이들의 회사가 모두 웹 기반 회사라고 생각하지 말기 바란다. 물론 이들 중 일부는 몇 년 전만 해도 존재하지 않았던 업계에 속해 있다. 페이스북이나 아이폰의 응용 프로그램을 만드는 작은 회사의 수가 얼마나 많은지만 봐도 알 수 있다. 하지만 업스타트들은 기술에 정통한 자신들의 능력을 좀 더 전통적인 업계에서도 발휘한다. 기술은 혁신적인 제품과 서비스의 촉매이기도 하지만 업스타트들은 기술을 통해 경쟁이 치열한 시장에서 자신의 회사를 부각시킨다.

### 판을 뒤엎는 자Game Changers

업스타트들은 관습적이거나 시대에 뒤떨어진 비즈니스 모델의 틈새를 찾음으로써 판을 바꾸어 놓는다. 그들은 기존 업계에 최첨단 기술을 선보임으로써 경쟁자들을 제압할지도 모른다. 그들은 협력업체들에게 자신의 새로운 정보공유 체계에 적응하고 그것을 사용하라고 요구한다. 현 상태를 유지하려는 것을 싫어하는 이들은 겁 없는 실험을 주저하지 않는다. 이들은 공급망을 재구성하기도 하고, 오래된 가업을 새롭게 바꾸어 놓는다. 또한 전통적인 제품과 서비스를 새로운 틈새시장에 제공할 새로운 방법을 찾아내기도 한다.

### 시장 내부자Market Insiders

업스타트들은 매우 넓고 구매력 있는 시장에 진출하는 데 유리한 입장에 있다. 바로 7700만 명이나 되며 자신이 속한 Y세대 시장이다. 이들의 연 수입은 이미 2110억 달러에 달한다. 그리고 이 중 1720억 달러를 지출하고 있다. 이들의 소비습관은 이전 세대의 소비습관과 매우 다르다. 업스타트 회사들은 대학생들을 대상으로 이사와 세탁 서비스를 제공한다. 이들은 새로운 커뮤니티를 만들어낸다. 이들은 젊은이들이 매력적으로 느끼는 브랜드를 만들어낸다. 그리고 전통적인 사업개념을 자신들만의 방법으로 각색하기도 한다. 이것의 한 예가 개인 금융과 온라인 데이트 서비스이다. 그리고 심지어 Y세대라는 중요한 시장에 접근하는 법을 알고 싶은 회사들을 상대로 자기 세대에 대한 정보를 파는 회사들도 생기고 있다.

### 브랜드를 만드는 자Brand Builders

업스타트들은 브랜드를 만드는 법을 알고 있다. 회사 이름을 짓는 것에서부터 시작해 시장을 선정하고 제품을 생산하며 서비스하는 것에 이르기까지, Y세대 기업가들은 브랜드 구축을 통해 경쟁자들과 자신을 구분한다. 이들의 독특한 브랜드는 시장에 더 빨리 그리고 더 깊이 침투해 들어간다. 이것은 전국적인 홍보와 마케팅에도 도움이 된다. 이쯤 되면 많은 회사들이 협력관계를 맺거나 회사를 인수하고자 몰려든다. 또한 브랜드를 의식하는 Y세대를 타깃으로 삼을 때 이것은 강점이 된다.

### 사회 자본가Social Capitalists

Y세대는 날카로운 사회정의감을 가지고 있다. 1800명의 젊은이를 대상으로 한 〈Inc.〉의 공동조사에 따르면 13~25세 사이의 답변자 61%가 세상을 바꿀 책임감을 느끼는 것으로 나타났다. 그리고 답변자의 79%가

세상을 바꾸고 있다고 느끼게 해줄 회사에서 일하기를 원했다. 2005년 LA 캘리포니아 대학의 조사에 따르면 현재 입학하는 신입생들이 지난 25년 간의 신입생들보다 더 강한 시민의식을 가진 것으로 나타났다. 이들 중 86%가 어떤 종류든 자원봉사 활동을 하고 있었다. 사회적 양심을 가진 부모 때문이든 학교에서 요구하기 때문이든 그저 이력서를 채우기 위함이든 간에 자원봉사 정신은 이 세대와 잘 어울린다. Y세대 회사들은 수익을 냈을 때만 기부하는 것이 아니라 회사를 시작할 때부터 기부하는 경우가 많기 때문이다. 이들은 수익성이 있는 일과 그렇지 않은 일을 구분하지 않는다. 이러한 특징 때문에 젊은 사람들이 이들 회사에 더 몰려든다.

## 일터의 반항아Workplace Renegades

업스타트 회사들은 융통성 있고 업무 지향적이며 직원 중심의 능력 위주의 문화를 갖는다. 이곳에서 전통적인 위계나 일괄적인 출퇴근 문화는 찾아보기 힘들다. Y세대 CEO들은 부모가 직장 때문에 삶의 대부분을 박탈당하는 것을 지켜보았다. 그래서 이들은 그것을 단호히 거부한다. 이들에게 일과 삶이 균형 잡히고 융통성 있으며 재미있는 회사를 설립하는 것은 중요한 가치이다. 업스타트들은 뛰어난 직원이 빨리 승진할 수 있는 직장 환경을 만든다. 모든 사람이 아이디어를 제시할 기회를 갖고 의사결정 과정이 투명하다. 업스타트들은 아마 스스로를 '섬기는 리더'라고 생각할 것이다. 섬기는 리더는 성공적인 회사를 설립할 뿐만 아니라 민주적이고 자율적인 일터 환경을 만든다. '일은 열심히, 놀 때도 열심히'가 이들의 좌우명이다. 이들 회사의 휴게실에서 당구대를 찾아보는 것도 어려운 일은 아니다. 또한 사무실에서 사적인 이메일을 확인하거나 밤이나 주말에 일하는 직원들도 쉽게 찾아볼 수 있다.

### 변화의 대가 Morph Masters

Y세대 기업가들은 변화의 대가들이다. 이들은 오랜 시간을 들여 사업계획을 세우기보다는 '일단 해보자'라고 생각한다. 이들은 실패에 당황하지 않으며, 필요하다면 적응하고 빠르게 변하는 시장의 요구에 따라 사업전략을 바꾸는 경우가 많다. 이들에게 사업이 흥미로운 이유는 바로 이러한 역동성 때문이다. 또한 이들은 항상 예상치 못한 기회가 찾아오면 맹렬히 덤벼든다. 실패할 때도 '신속한' 경향이 있다. 그리고 재빨리 다음 일로 옮겨간다.

어떤 세대에서든 회사를 성공적으로 성장시키는 기업가가 있는가 하면, 반대로 회사의 성장에 필요한 요건을 갖추지 못한 기업가가 있다. 이것은 나이 많은 기업가들보다는 Y세대 기업가들에게 더 큰 문제가 될 수 있다. 왜냐하면 회사를 다음 단계로 이끌어가는 데 필요한 일반적인 경영 경험이 너무 부족하기 때문이다. 그렇다면 Y세대 기업이 성장하려 할 때 뭔가 좀 더 복잡한 과정을 거치게 될까? 그리고 이 젊은 CEO들에게 더 많은 것이 요구될까? 그래서 보통 젊은 기업가들은 회사를 다음 단계로 이끌어가기 위해 더 나이 많고 경험 많은 CEO를 고용한다. 이들은 또한 성장하는 회사를 운영하는 것이 새로운 회사를 만드는 것만큼 재미있지 않다고 느끼며 매출이 곧 성공은 아니라고 생각할지도 모른다. 아니면 그저 눈앞에 닥친 일을 열심히 해서 자신만의 특징을 회사 경영에 각인시키고는 회사가 성장하는 과정에서도 그러한 특징을 계속 유지할지도 모른다.

다음 장에서는 회사를 시작하고 성장시키는 과정에 있는 젊은 CEO
들을 소개할 것이다. 이들 중 몇 명은 업계의 리더이자 혁신가이다. 다른
경쟁자들은 들어보지도 못한 틈새를 파고든 사람들도 있다. 이들은 관습
을 무시함으로써 틀을 깬다. 그리고 전통적인 시장에서 자신들만의 비즈
니스 모델을 만들기도 한다. 어떤 회사들은 다른 회사가 아직 시작 단계
에 있는 동안 엄청난 수익과 성장을 이루기도 한다. 물론 이 회사들 중 일
부는 이 책이 출간된 지금에는 존재하지 않을 수도 있다. 하지만 한 가지
만은 확실히 말할 수 있다. Y세대가 기술 주도 기업가 혁명의 주역이라는
사실이다. Y세대는 매우 강한 의욕을 가지고 있고 민첩하며 직관력 있고
그 숫자 또한 많다. 물론 이들은 노련한 다른 기업가들보다 경험이 부족
하다. 하지만 이들은 어떤 사람들에게는 위협적일 수 있는 인상적인 경
쟁 도구로 무장하고 있다. 따라서 이들을 무시하는 것은 위험한 일이다.
이들의 전술을 들여다보는 것은 값을 매길 수 없을 정도로 귀중한 일이
다. 그러니 마음의 준비를 단단히 하기 바란다. 업스타트들이 몰려온다!

# 협력주의자 :
## 회사가 아닌
## 부족을 세우다

CHAPTER

### 외로운 늑대의 시대는 끝났다

오늘날처럼 매우 복잡하고 경쟁적이며 글로벌한 비즈니스 환경에서는 협력을 피할 수 없다. 외로운 늑대 같은 기업가들은 말할 것도 없다. 아주 단순한 비즈니스 모델조차도 한 사람의 두뇌로는 감당할 수 없는 양의 지식을 필요로 한다. 혁신적인 아이디어를 가진 위대한 지성들은 많지만 이러한 아이디어를 성공적으로 발전시킬 수 있는 것은 바로 팀을 기반으로 한 집단지성이다. 이것은 사업뿐만 아니라 다른 영역에서도 마찬가지이다. 예를 들어 사후에 뛰어난 발명가로 명성을 얻은 토마스 에디슨의 1천 개가 넘는 특허들은 뉴저지 웨스트 오렌지의 '발명공장'에서 탄생했다. 이곳에서 화학자와 공학자, 기술자가 팀을 이뤄 전구에 불을 켜기 위해

밤낮으로 노력했던 것이다. 오늘날 우리는 이것을 '팀 기반의 혁신'이라고 부른다.

팀으로 일하는 것은 Y세대에게는 제2의 본능이다. 그리고 이들은 협력적인 팀워크의 정의를 새롭게 바꾸어놓았다. 어린 시절 또래들과의 집단놀이 활동, 미니 축구 토너먼트, 팀 기반의 과학 프로젝트 등을 통해 이들은 자연스럽게 집단으로 놀고 일하는 것이 재미있고 생산적이라고 생각한다. 그렇다고 이들이 개인의 성취에 가치를 두지 않는 것은 아니다. 그저 이들은 팀으로 노력하면 성공할 수 있다고 생각한다는 것이다. 매사추세츠 우스터 클락 대학에서 경영자 과정을 맡고 있는 조지 젠드론 George Gendron은 이렇게 말한다. "제 학생들은 경영 구루인 톰 피터스 Tom Peters의 유명한 슬로건 '나 자신이 곧 브랜드가 되어야 한다'라는 말에 그다지 호응하지 않습니다. 이들은 매우 팀 지향적입니다. 저는 대학 때 팀으로 작업해본 적이 없었습니다. 모든 과제가 혼자 하는 것이었지요. 이제 교양과목의 반 이상이 팀 기반의 수업입니다. 이런 수업에서는 항상 파트너가 있어야 하지요."

하지만 여기서 팀이란 정확히 무엇을 말하는 것일까? 한 조직 안에서 일정 수의 사람들이 어려운 문제를 해결하거나 어떤 큰 목표를 성취하고자 모인 것일까? 이것은 에디슨 시대의 정의일 뿐이다. 이것이 오늘날에는 너무 좁은 의미의 정의라는 것을 업스타트들은 잘 알고 있다. 이들에게 팀은 실용적이며 유동적이다. 그리고 회사 사람들뿐만 아니라 친구나 가족, 교수, 웹에서 찾은 전문가, 심지어는 한 번도 만난 적이 없는 지구 반대편의 사람들과도 팀이 될 수 있다. 이들은 집요하며 겁이 없다. 그리고 도움이나 조언을 구하는 것을 부끄러워하지 않는다. 아이디어가 탄

생한 순간부터 기업가의 대화는 독백이 아니라, 특정한 목표를 성취하고
자 사방에서 모인 다양한 사람들 간의 지속적인 대화이다. 업스타트들은
그저 회사를 시작하는 것이 아니라 부족tribe을 이루는 것이다.


## 대학은 젊은 창조자들의 인큐베이터

대학보다 부족을 세우는 데 더 좋은 장소가 어디 있을까? 얼마 전까지만
해도 사업을 시작하는 것은 다른 모든 것을 중단해야 함을 의미했었다.
밀턴 브래들리Milton Bradley가 만든 인기 있는 보드게임인 '게임 오브 라이
프Game of Life'를 생각해보기 바란다. 게임을 시작할 때 당신은 '대학'으
로 갈지 '사업'을 할지 택일해야 한다. 그리고 이 두 길은 서로 전혀 다른
길이었다. 이제는 학사과정의 학생들에게도 사업과 대학은 떼려야 뗄 수
없는 조합이다. 대학에서 기업가를 꿈꾸는 학생들에게는 무궁무진한 자
원이 있다. 친구들은 동업자와 직원이 되고, 교수는 멘토가 되며, 학교가
주최하는 사업계획서 대회는 창업 자본을 제공한다. 위험은 거의 없다.
부양해야 할 가족도 없고 갚아야 할 빚도 없기 때문이다. 기숙사 방과 학
교 급식은 기본적인 생활까지 보장해준다. 대학이 새로운 사업을 꿈꾸는
젊은이들의 인큐베이터인 것이다.

매사추세츠 웰즐리 밥슨 대학의 경영학과 부교수인 존 H. 뮐러John
H. Muller는 이렇게 말한다. "400명의 신입생이 수강하는 수업에서 이미 놀
라운 성공을 거둔 학생들이 항상 20~30명은 있습니다. 10년 전만 해도 상
상도 못할 일이죠." 10년 전만 해도 학생들은 경영자가 되는 법을 배우기
위해 밥슨 대학에 왔지만 오늘날에는 이미 존재하는 회사를 성장시키고

자신의 경영기술을 다듬기 위해 밥슨에 오는 경우가 늘어나고 있다. "이들은 제가 18살이었을 때보다 훨씬 더 세계적입니다. 그들은 사업이 뭔지를 알고 있습니다. 그리고 다른 사람들에게 조언을 구하는 것을 두려워하지 않지요."

이제 사업계획 대회는 어느 대학에나 존재하며 젊은 기업가들이 자신의 아이디어를 시험해볼 수 있는 매우 인기 있는 수단이 되고 있다. 27살의 시아막 타그하도스Siamak Taghaddos는 대학친구인 데이비드 하우저David Hauser와 함께 2003년에 밥슨의 사업계획 대회에서 우승했다. 이들은 중소기업을 운영하는 사람들을 위한 가상 전화 시스템에 대한 아이디어를 들고 나왔다. 이 둘은 창업자들이 적당한 가격의 전문적인 통신 시스템을 구축하는 것이 얼마나 어려운지 경험으로 알고 있었다. 그래서 그들은 소프트웨어 기반의 프로그램을 개발했다. 한 달에 10달러라는 적은 돈으로 기업가들은 웹 기반의 보이스메일과 메일함을 가질 수 있었다. 보이스메일은 MP3 파일이 이메일에 첨부된 형식으로 받을 수 있었으며, 여러 전화선을 하나의 번호와 보이스메일로 통합했다. 작은 회사들이 1만 달러나 되는 통신 시스템 없이도 전문적으로 일할 수 있도록 도와주는 통신 프로그램이었다. "데이비드와 저는 이것을 서비스하고 싶었죠. 그래서 우리가 밥슨에서 만났을 때 힘을 모으기로 결정했습니다. 우리가 경쟁자가 아닌 동업자라면 더 잘할 수 있을 테니까요." 타그하도스가 회상한다.

두 젊은이는 모두 창업의 경험을 가지고 있었다. 타그하도스는 온라인 무선 호출기 유통 회사를 운영했고 창업자들을 위한 컨설팅을 하기도 했다. 그리고 하우저는 이메일 관리 회사인 리턴패스ReturnPath의 공동창립자였다. 또한 광고 서비스 기술 제공사인 웹애드WebAds 360을 시작하기도 했다. 하지만 이들은 동업한 회사인 갓브이메일GodVMail을 통해 큰 돈을 벌었다. 학교 친구들의 도움으로 타그하도스는 사업계획서를 작성하고 그것을 2003년 밥슨의 사업계획 대회에 제출했다. 그리고 5000달러라는 상금을 받으며 우승했다. 타그하도스는 말한다. "상금보다도 많은 기업가들이 우리 계획을 인정해준 것이 더 큰 소득이었습니다. 덕분에 학업 외의 시간에 의욕적으로 그 일을 추진할 수 있었죠." 이렇게 타그하도스와 하우저는 2003년 매사추세츠 니드햄에 갓브이메일을 세웠다.

하지만 우승상금은 그들이 밥슨에서 받은 지원의 시작일 뿐이었다. 하이디 넥Heidi Neck 교수는 타깃 시장의 중요성을 강조하며 마케팅 계획을 도왔다. "갓브이메일을 사용하는 회사가 부동산중계 회사인지 컨설팅 회사인지 닷컴 회사인지에 따라 계획은 달라지니까요." 타그하도스가 말한다. 이 조언 덕분에 동업자들은 매우 효과적인 마케팅 전략을 세울 수 있었고 2006년에 갓브이메일의 수익이 880만 달러에 이르게 되었다. 2007년에는 〈Inc.〉 지가 '선정한 가장 빠르게 성장하는 개인 사업체 500'에서 66위를 차지하기도 했다.

그들은 회사의 재정적인 면에서도 밥슨의 조엘 슐만Joel Shulman 교수의 도움을 받았다. "우리는 마이너스 현금전환 사이클(negative cash conversion cycle : 고객에게 제품 값을 지불받은 다음 운영비용을 지불하는 것)을 사용했어요. 즉 돈을 벌고 난 다음에만 돈을 썼죠. 그래서 사업을 시작하고 2개월이 지나자 수익이 생기기 시작했습니다. 하지만 거의 90%의 회사들이 저희와는 다른 방식을 취합니다. 그들은 일단 돈을 투자해서 판매를 시작한 다음 수익이 생길 때까지 기다리죠. 우리 기술은 처음 몇 달간은 그렇게 완전하지 못했어요. 하지만 그 덕분에 외부 자금 없이 성장할 수 있었죠. 우리는 우리가 가지고 있는 돈만 썼고 우리만의 속도로 성장했습니다. 이런 방식을 택한 데는 구루였던 슐만 교수가 엄청난 도움을 주었죠."

2009년 5월에 타그하도스와 하우저는 갓브이메일 브랜드를 재구축했다. 그리고 '기업가들을 위한 세계적인 브랜드'로 포지셔닝하기 위해 이름도 그래스호퍼Grasshopper로 바꾸었다. 회사가 계속해서 가상 전화 서비스를 운영하는 동안 그들은 창업자들을 위한 맞춤형 서비스를 기획하고 있었다. 이 서비스에는 인터넷으로 채용과 시간관리를 할 수 있는 프로그램도 포함되어 있었다. 타그하도스는 이런 서비스의 수요가 증가할 거라고 생각했다. 불경기로 인해 너무 많은 사람들이 해고되어 자신만의 회사를 시작하고 있었기 때문이었다. 이들은 회사의 현재 수익을 공개하지 않았지만 대신 이렇게 말했다. "우리의 수익은 1000만 달러를 상회하고 있습니다." 3만 명의 고객과 50명의 직원을 가진 이 회사는 외부 자본의 개입 없이 조직적으로 성장하고 있다. 그리고 슐만 교수는 아직도 그들에게 조언을 아끼지 않고 있다고 한다.

### 인큐베이터는 어디든 있다

그래스호퍼는 기업가 정신을 육성하려는 대학의 지원으로 탄생한 매우 극적인 경우이다. 대학이 학생들에게 기업가가 되라고 부추기는 정도까지는 아니지만 미국 전역에서 학생들이 대학에서 사업을 시작하고 있다.

27살의 조쉬 코위트Josh Kowitt와 28살의 스콧 뉴버거Scott Neuberger는 세

인트루이스에 있는 워싱턴 대학의 경영수업을 통해 학생들의 이사를 돕는 회사인 칼리지 박스College Boxes를 시작했다. "우리가 대학 때 시작하지 않았다면 지금만큼 멀리 오지 못했을 거예요. 우리는 대학에서 사업을 실행에 옮기는 법을 배웠죠." 뉴버거가 말한다. 창립자들이 2008년 1월 회사를 팔 때까지 300~500백만 달러 가치의 회사로 성장했다. 칼리지 프로울러College Prowler의 창립자인 루크 스컬만Luke Skurman은 카네기멜론 대학 3학년 때 대학 안내서 출판을 계획하기 시작했다. 카네기멜론 대학의 자레드 코혼Jared Cohon 총장은 스컬만에게 투자자들을 소개해주었고 이것은 회사가 90만 달러의 수익을 내는 회사로 성장하는 데 큰 역할을 했다. 그리고 29살의 윌 피어슨Will Pearson과 만게쉬 하티쿠두르Mangesh Hattikudur가 200만 달러 가치의 성공적인 퀴즈잡지인 멘탈 플로스Mental Floss를 시작한 곳도 그들의 모교인 듀크 대학이었다.

학생들 사이에 기업가에 대한 관심이 빠르게 확산된 덕분에 27살의 마이클 시몬스Michael Simmons는 맨해튼에서 기업가 정신 교육 과정을 시작할 수 있었다. 시몬스는 16살 때 자신의 첫 번째 회사 프린스턴 웹 솔루션Princeton Web Solutions을 시작했다. 현재의 회사는 뉴욕대학 3학년 때 지금의 아내인 시나 린달Sheena Lindahl과 함께 시작했다. 그들의 아이디어는 대학이 후원하는 기업가 교육 프로그램에서 시작되었다. 이 프로그램에는 학생들 간의 교류와 워크숍, 성공한 젊은 기업가들의 강연이 포함되어 있었다. 2006년에 시몬스와 린달은 처음으로 여러 대학에서 60개가 넘는 세미나에 참가했다. 세미나에는 200명이 넘는 사람들이 참가했다. "저는 외부 조직들과 학내 기관들의 기업가 정신에 대한 관심이 증가하고 있다는 걸 알고 있었죠." 시몬스가 말한다. "예를 들어 경제 관련 단체들은 이제 큰 회사를 끌어들이기보다는 지역의 기업가들을 육성하는 데 초점을 맞추고 있어요. 그리고 대학의 경력개발센터는 단순한 취업보다는 기업가 정신을 학생들에게 심어주기 시작했죠."

## 동업자 찾기

이 책에 등장하는 많은 회사들은 대학에서 시작되었다. 또한 이들 중 반 이상은 한 명 이상의 동업자를 가지고 있다. 대학에서 사업을 시작하는 사람들에게 이것은 놀라운 일이 아니다. 대학에는 경영과 관련된 프로그램이 점점 증가하고 있는데다가 같은 관심과 열정, 전공분야를 가진 학생들이 서로 힘을 합치는 것은 자연스러운 일이다. 예를 들어 의대생이었던 브래드 바인버그Brad Weinberg와 라지흐 쿠마르Rajiv Kumar는 쉐입업더네이션Shape Up The Nation이라는 혁신적인 온라인 의료회사를 시작했다(2장 참고). 존 베체이John Vechey와 브라이언 피에테Brian Fiete는 퍼듀 대학에서 멀티 플레이어 비디오 게임을 개발했다. 그리고 이들의 협력은 결국 팝캡 게임스PopCap Games로 발전했다(8장 참고). 그리고 이번 장의 뒷부분에서 만나게 될 하이어 원Higher One의 세 명의 공동 창립자인 마일즈 라자터Miles Lasater와 마크 볼첵Mark Volchek, 션 글라스Sean Glass는 펀드 운용회사를 시작할 때 예일대에서의 경험을 활용했다.

　　Y세대는 집단의 역동성을 발판으로 발전한다. 그리고 친구들끼리 '만약'이라는 의문사로 질문을 던지며 대화나 토론을 한 것이 회사의 시발점인 경우가 많다. 이렇게 기업가 정신이라는 씨앗이 심어지면 어느 순간 회사가 등장하는 것이다. 하지만 대학을 졸업했다고 해서 이러한

대화가 끝나는 것은 아니다. 〈Inc.〉 지의 '30세 이하의 기업가 30인 : 미국에서 가장 멋진 젊은 기업가', 그리고 〈비즈니스 위크〉 지의 '미국 최고의 젊은 기업가' 같은 목록을 보면 동업을 통해 시작된 회사가 대부분이다. 이들 중에는 그저 용돈이나 벌어보자는 생각으로 시작하는 경우도 많다. 미트헤드 무버스Meathead Movers의 애런Aaron과 에반 스티드Evan Steed 형제(5장 참고)나 칼리지 헝크스 하울링 정크College Hunks Hauling Junk의 오마르 솔리만Omar Soliman과 닉 프리드만Nick Friedman(3장 참고)이 그러한 경우이다. 이들 동업자들은 그저 가볍게 시작한 벤처가 수백만 달러 가치의 독특한 브랜드를 가진 회사가 될 거라고는 상상도 하지 못했다. 레이첼 크란츠 헤르셔Rachael Krantz Herrscher와 스테파니 피터슨Stephanie Peterson의 경우에도 마찬가지였다. 쌍둥이 유모차를 끌고 쇼핑몰을 비집고 들어가던 이들은 그 지역에 엄마들을 위한 안내서가 부족하다고 생각했다. 그래서 자신의 필요에 따라 투데이즈 마마Todays Mama를 시작하게 된 것이다(7장 참고).

가정에서는 이러한 대화와 토론이 더 많이 이루어진다. 이미 앞에서 언급했듯이 Y세대들은 이전 세대들보다 부모와 훨씬 더 가까운 경향이 있다. 그러니 이들이 자신의 창업에 가족을 끌어들이는 것은 당연한 일이다. 어머니는 전화나 주문을 받는 역할을 하고, CEO가 미성년일 경우 아버지는 잠재고객들을 위해 대신 접대활동을 할지도 모른다. 이러한 역할 분배는 기존의 가족 기업의 틀을 완전히 뒤집어 놓는다. 물론 이로 인해 전혀 다른 도전에 맞닥뜨릴 수도 있다. 하지만 다양한 세대가 함께 하는 동업은 강력한 힘을 발휘한다. 기술의 대가인 혁신적인 젊은이들이 관리에 능한 연장자들과 결합하면 그것은 성공을 위한 아주 훌륭한 조합이 될 것이다.

## 나의 부모님, 나의 동업자

선 벨닉Sean Belnick은 14살이었을 때 계부인 게리 글레이저Gary Glazer
와 비즈체어닷컴BizChair.com을 시작했다. "아버지는 가구 회사의 판매대
리인이었습니다." 벨닉은 22살로 최근에 애틀랜타의 에모리 대학을 졸업
했다. "저는 컴퓨터에 관심이 많았죠. 하루는 아버지가 주문을 처리하는
방식을 보고 그것을 도와주기로 한 거죠." 명석하고 호기심 많은 아이였
던 벨닉은 5학년 때 만화 시리즈인 '사우스파크'를 위한 웹 사이트를 만
들었다. 그리고 자신이 모았던 포켓몬 카드들을 이베이에서 팔아 1000달
러 이상을 벌기도 했다.

그래서 벨닉의 부모는 그가 방문을 걸어 잠그고 3일 간 웹 사이트를
만들 때도 그렇게 놀라지 않았다. 이렇게 최초의 사무실용 의자의 온라
인 판매 사이트인 비즈체어닷컴은 2001년 벨닉의 방에서 탄생했다. 벨닉
의 이러한 노력은 게리 글레이저를 감동시켰다. 그는 자신의 인맥을 동
원해 새로운 판매자(특히 웹 기반의)를 경계하는 제조업자들과 어린 선 사
이에서 중개인 역할을 했다. 벨닉은 이렇게 말한다. "당시에 그들은 제
나이를 알지 못했습니다. 제가 비즈체어를 시작했을 때 저는 원래 아버
지의 고객이었죠. 저는 아버지를 통해서 제조업자들로부터 의자를 사서
그것을 고객에게 다시 팔았죠." 벨닉은 금세 글레이저의 가장 큰 고객 중
한 명이 되었다. 그리고 글레이저는 벨닉의 인터넷 기반의 비즈니스 모
델이 높은 잠재력을 갖고 있음을 확신하게 됐다. 결국 그는 자신의 사업
을 접고 동등한 동업자로 비즈체어에 합류했다.

글레이저의 업계 경력과 인적 네트워크, 벨닉의 뛰어난 컴퓨터 실력은 이상적인 조합이었다. 글레이저가 회사를 운영했고, 그 사이 벨닉은 경영대학원에 입학했다. 학업을 하면서도 그는 매일 회사에서 온 이메일 50~100건을 처리했다. 최근에 벨닉은 비즈체어의 CEO 자리에 올랐다. 회사에는 현재 100명이 넘는 직원이 일하고 있으며, 판매하는 제품도 3~4만 개에 달한다. 아시아에서 직접 수입해온 제품을 보관하는 거대한 창고도 가지고 있다. 아시아에 있는 공장들과 직접 거래하면서 벨닉과 글레이저는 자신들만의 브랜드 제품을 생산할 수 있게 되었다. "우리는 더 저렴한 가격으로 우리 브랜드의 제품을 공급할 수 있게 되었어요." 회사의 고객목록에는 이제 마이크로소프트와 구글, 미 국방부도 포함되어 있으며, 2008년에는 4000만 달러라는 엄청난 매출을 올렸다. 다른 사무 가구와 가정용 가구, 의료 장비로 사업을 확장하려는 벨닉의 목표는 야망차기도 했지만 단순했다. "우리 회사를 온라인에서 사무용 가구 회사 중 가장 크게 만들고 싶습니다."

### 동업의 함정

물론 모든 동업이 해피엔딩으로 끝나는 것은 아니다. 이것을 케이시 골든Casey Golden보다 잘 아는 사람은 없다. 현재 29살인 골든은 21살 때 코넬 대학의 친구 3명과 함께 워싱턴 DC에서 세 번째 회사를 시작했다. 벤처 자금 지원을 받았던 이 회사는 세일즈포스닷컴Salesforce.com처럼 온라인 상점에서 상품을 구매한 고객들을 위한 소프트웨어를 제공했다. 그는 '시작부터 모든 것을 문서화하라'는 것이 동업으로 사업을 시작하려는 사람들에게 해줄 수 있는 최선의 조언이라고 말한다.

골든과 그의 세 동업자들은 회사 초창기에 아르바이트를 했던 세 명을 추가로 동등한 동업자로 끌어들였다. 그들은 모두 소유권에 대해 대략적으로 동의하기는 했지만 문서화하지는 않았다. 9개월 후 회사에 처음으로 엔젤 투자자가 접근해와 공식적인 주주 계약이 필요하게 되었다. 이때 7명의 동업자들은 조지타운에 있는 스타벅스에 모여 앉아 그 모든 것을 문서화해나갔다. 골든은 이렇게 회상한다. "처음에는 일이 우호적으로 즐겁게 풀려갔어요. 하지만 마지막에 가서 다들 본심을 드러냈죠. 하늘이 갑자기 새까매지는 것 같았습니다. 그리고 험악한 탐욕의 구름이 밀려들어왔죠." 아르바이트를 했던 동업자 중 한 명은 자신이 좀 더 동등한 대우를 받아야 한다고 생각했던 것이다. "모두가 자리에서 일어나 소리를 지르며 말다툼을 했죠. 그 와중에 우연히 옆에 지나가던 사람의 노트북을 망가뜨리기까지 했죠." 합의에 이르기까지 이런 고통스러운 만남이 여러 번 계속됐다. 엔젤 투자자가 등장하기 전에 소유관계를 문서화했다면 이런 고통은 피할 수 있었을 것이다. 하지만 이것이 끝은 아니었다.

"그 회사는 팀 기반의 회사였습니다. 하지만 회사가 성장하면서 매우 근시안적으로 변해갔죠. 젊은 기업가들에게 가장 힘든 일 중 하나가 자신이 모든 것을 알지는 못한다는 사실을 받아들이는 것이죠. 예를 들어 제 동업자들은 자신이 만든 제품이 잘 작동하지 않는다는 고객의 피드백을 받아들일 수 없었습니다. 자존심의 문제였으니까요." 골든은 동업자들에게 컨설팅을 받아보자고 제안했지만 그들은 단호히 거절했다. 회사를 처음 시작할 때는 한 마음이었던 이들의 관계는 2006년에 회사가 90명의 직원을 둔 300만 달러 가치의 회사로 성장하자 극도로 악화되었다. "직접 경험해보지 않고는 누구와 함께 사업을 할 것인지 판단하기 힘들죠." 골든은 결국 이 회사를 떠났다. 동업에 대한 쓰라린 기억을 미처 지우지 못한 채로 골든룰 테크놀로지Golden Rule Technologies라는 회사를 다시 시작했다.


## 멘토를 찾아라

골든이 불행한 동업에서 빠져나와 한 첫 번째 일 중 하나가 '경영자 모임'에 가입한 것이었다. 경험이 많은 경영자들로부터 더 많은 것을 배우고 싶었던 것이다. 어떠한 기업가든 배움의 시간을 단축하고 경험과 연륜이 묻어난 지혜를 얻기 위해 멘토를 찾는 것은 현명한 선택이다. 실제로 베이비부머 세대의 베테랑 경영자와 업스타트의 동업은 이상적인 조합이다. 업스타트들이 새로운 아이디어를 잔뜩 내놓고, 베테랑 경영자들은 그 아이디어를 지속가능한 사업으로 바꿀 경영과 관리의 노하우를 제공한다.

29살인 만게쉬 하티쿠두르와 윌 피어슨은 자신들의 첫 번째 퀴즈잡지인 멘탈 플로스를 시작할 때 전문적인 조언을 받기 위해 인터넷을 뒤졌다. 이 두 명의 듀크대 학생들은 《너만의 잡지를 출간하라Launch Your Own Magazine》라는 책을 쓴 미시시피 대학의 사미르 후스니Samir Husni 교수를 찾아냈다. 그는 '미스터 매거진'이라고 불릴 만큼 잡지에 정통했다. 피어슨은 이렇게 말했다. "우리는 이메일로 그에게 만남을 요청했고 결국 그는 컨설팅 비용을 받지 않고 우리와 만나주기로 했죠. 그래서 우리는 미시시피로 갔어요. 그는 엄청난 속도로 잡지를 훑어보더니 어디가 지루하며, 어디에 재미를 더해야 하며, 우리가 잡지를 바라보는 방식을 재고해야 하는 이유 등을 알려줬죠." 하티쿠두르가 덧붙였다. "그는 우리에게 잡지를 전채요리와 메인요리, 디저트로 이어지는 비싼 코스 요리로 생각하라고 말했어요. 잡지의 시작부터 끝까지 독자들의 입에 침이 고이게 하라고요. 그의 조언 덕분에 우리는 우리의 야망을 훨씬 더 크게 키웠죠." 멘탈 플로스의 첫 발행 후에 두 동업자는 즉시 〈타임〉 지와 〈뉴스위크〉 지의 전 편집장들을 포함한 멘토 위원회를 모집했다. "그들은 우리에게 조언을 해주었고, 새로운 문을 열어주었으며, 우리의 벤처에 많은 믿음을 보여주었죠." 현재 멘탈 플로스는 전국의 신문가판대에서 판매되고 있고, 한 달에 200만 명이 넘는 사람들이 웹 사이트를 방문한다. 하퍼콜린스와 여러 권의 책도 계약했으며, 200만 달러의 수익을 올리고 있다. 여전히 동업자로 남아 있는 하티쿠두르와 피어슨은 이제 미국의 서로 다른 지역에서 일을 하고 있다. 이들이 어떻게 멘탈 플로스를 명실상부한 회사로 성장시켰는가에 관해서는 7장에서 좀 더 자세히 살펴볼 것이다.

32살의 탈리아 메시아Talia Mashiach 또한 시카고에서 처음으로 이브드 서비스Eved Services를 시작했을 때 멘토의 도움을 많이 받았다. 바로 시카고 힐튼 호텔의 연회 담당자인 에드 첸Ed Chen이었다. 현재 이브드 서비스는 9백만 달러 가치의 회사로 성장했으며 호텔에 기업 고객을 위한 이벤트 대행 서비스를 제공하고 있다. 호텔의 기업단체 손님들에게 이동수단을 제공하고, 비디오 촬영과 의자 대여, 오락 프로그램 등을 제공하는 것이다. 메시아는 이렇게 말한다. "제가 처음에 에드를 만난 것은 남편의 밴드 일 때문이었어요. 그는 저에게 기업을 위한 이벤트 서비스 회사를 시작해보라고 권했죠."

호텔의 큰 행사에는 보통 많은 식탁보와 꽃이 필요하다. 그리고 호텔은 고객들에게 다양한 서비스를 제공하기 위해 외부의 업체들과 접촉한다. 메시아의 사업 아이디어는 기업 고객의 이벤트를 준비하는 호텔과 수많은 외부업체들 간의 중계자 역할을 하는 것이었다. 하지만 그녀는 호텔 업계에 대해 아는 것이 거의 없었다. "저는 조언을 받기 위해 에드의 사무실 밖에 앉아서 기다리곤 했죠. 결국 제 끈질김에 두 손을 든 에드는 제게 이렇게 말했어요. '내가 출근하는 시간인 아침 8시 15분에 전화하세요.' 저는 그것이 제게 할애된 시간이라는 것을 알았죠. 그 후로 저는 매일 아침 제 사업 아이디어에 대해 얘기하려고 전화했어요. 그리고 그는 저에게 호텔업계에 대해 가르쳐줬죠."

제 멘토는 저를 믿어줬습니다. 그리고 제가 처음 계약을 따낼 때 나를 돕기 위해 기꺼이 자신의 이름을 걸었죠.

• 탈리아 메시아, 이브드 서비스

첸은 메시아에게 멘토가 되어주었을 뿐만 아니라 그녀가 첫 번째 계약을 따내는 것을 도와주기 위해 자신의 이름을 걸기도 했다. "그의 도움 덕분에 우리 회사는 적어도 2년은 앞서나갈 수 있었어요. 실수를 저지르기 전에 그에게서 미리 배울 수 있었기 때문이죠." 이브드 서비스는 이제 시카고 지역의 35개 호텔과 일하고 있으며 밀워키와 인디아나폴리스까지 사업을 확장했다. 메시아는 '판을 바꾸는 자' 이자 '일터의 반항아' 이기도 한데, 그녀에 관해서는 3장과 7장에서 좀 더 자세히 살펴볼 것이다.

## 조언자는 많을수록 좋다

때로는 한 명의 멘토만으로는 부족하다. 28살의 브라이언 애덤스 Brian Adams는 더 빨리 배우기 위해 한 명이 아닌 12명의 조언자를 구했다. 그가 6년 전 처음 휴스턴에서 레스토레이션 클리너 Restoration Cleaners를 시작했을 때, 그는 드라이클리닝 업계에 대해 아무것도 알지 못했다. 그가 알고 있던 것은 곰팡이와 화재, 물로 인한 손상의 복구가 텍사스에서 큰 사업이 될 수 있다는 점이었다. 왜냐하면 보험회사들이 이러한 손해들을 보상해주고 있었기 때문이다. 애덤스는 말한다. "이 업계는 매우 제각각이었죠. 저는 이미 존재하는 서비스라도 향상된 질로 승부하면 성공할 수 있을 거라고 생각했습니다."

하지만 애덤스는 전문가의 도움이 필요하다는 것을 알았다. 그래서 그는 업계의 동료들을 모으는 것을 도울 컨설턴트를 고용했다. 결국 서로 활동 영역이 다른 12명의 클리닝 업자들이 분기별로 돌아가며 모임을 주최하게 되었다. 이들은 업계의 트렌드와 경영 이슈, 신기술, 현재 자기 회사의 어려움 등에 대해 얘기했다.

애덤스의 이야기를 들어보자. "이들 중에서 가장 어린 사람이 저보다 15살이나 많았죠. 또 그 중에는 3대 째 가업을 이어오고 있는 사람도 있었어요. 저는 이 사람들 주위에 둘러싸여서 그저 듣기만 했습니다. 저는 업계의 이런 저런 통계를 알 수 있었고 규제에 대해서도 배웠죠. 처음에 그들은 제가 단단히 미쳤다고 생각했습니다. 하지만 이제 그들은 제가 미쳤다고 생각하지 않습니다." 2008년 레스토레이션 클리너의 수익은 560만 달러였다. "이제 우리 회사는 휴스턴에서 가장 큰 호텔 클리닝 업체이죠." 애덤스는 현재 가구 손질 회사, 전자제품 수리회사 등 유사한 서비스 기반의 회사들을 인수하려고 한다. "저의 목표는 성공한 사람들을 제치고 저만의 회사를 만드는 것입니다."

## 전략적 협력관계를 디딤돌로

업계 전문가들의 조언도 가치를 따질 수 없을 정도로 소중한 것이기는 하지만 적당한 전략적 협력관계를 통해 빠른 수익성장을 이룰 수 있다. 300~500만 달러의 수익을 올리고 있는 브라스 미디어의 CEO인 25살의 브라이언 심스Bryan Sims가 그 대표적인 경우이다. 심스는 재정 문제에 관해서는 능숙한 편이었다. 그는 15살 때부터 일을 했고 그렇게 번 돈을 주식시장에 투자했다. "저는 돈을 벌었죠. 고등학생 때 투자 동아리를 만들 정도였죠. 40~50명 가량의 십대들이 모였죠. 축구팀이나 밴드, 체스 동아리에서 온 친구들이 자신이 맥도날드에서 아르바이트를 해 번 돈을 화이자Pfizer 같은 회사에 투자했죠. 동아리의 목적은 투자 교육이었습니다. 모두가 투자할 회사에 관해 조사를 해야 했어요. 꽤 멋진 경험이었습니다. 동아리에서 투자한 돈이 2만 5000달러나 됐거든요."

심스가 고등학교 3학년이 되자 돈을 버는 것은 그에게 전혀 다른 의미가 되었다. 2001년 당시에 9/11의 여파가 그의 집에까지 들이닥쳤다. 체육관 시공회사의 부사장이던 아버지가 투자자금이 끊기면서 직장을 잃었다. 그리고 이어진 차 사고로 아버지는 더 이상 일을 할 수 없게 되었다. "저는 돈을 벌기 위해 일주일에 80시간 씩 서빙을 했습니다." 그는 다음 해 가을에 장학생으로 오리건 대학에 입학했다. 대학에서 그는 어느 때보다 친구들에게 투자전략과 현금 운용을 가르치는 데 열정을 쏟았다.

그는 〈브라스〉라는 금융잡지에 관한 사업계획을 세웠다. 그리고 이 것을 대학이 후원하는 사업계획 대회에 제출했다. 이 대회의 심사관 중 한 명은 로그 연방신용조합Rogue Federal Credit Union의 진 펠햄Gene Pelham이 었다. 펠햄은 심스의 아이디어에 끌렸다. 하지만 그는 심스에게 신문가 판대에서 잡지를 파는 것에 초점을 맞추지 말고, 금융기관들이 젊은 고객 들을 사로잡을 수 있도록 돕는 방향으로 생각해보라고 제안했다. "그것 은 사업의 초점을 완전히 바꾸어놓았죠. 그의 조언이 없었다면 지금의 회사도 없었을 겁니다."

펠햄은 심스의 멘토가 되었다. 그는 심스를 지역의 여러 회사에 소개 해주었고 심스가 2004년 초에 마침내 자신의 벤처를 시작했을 때 고객이 되기도 했다. 그의 아버지인 스티브는 브라스 미디어라는 회사의 COO를 맡았다. "아버지는 만약 브라스 미디어가 잘못되면 파산신청을 해야 할 지도 모른다고 말했어요. 그래서 저는 장학금을 포기하고 회사에 전념했 습니다. 아버지와 저 둘 다 전력을 다했죠." 두 사람은 200명이 넘는 잠재 적인 투자자들에게 접근했다. 그리고 결국 두 명의 주식중개인과 퇴직 교사, 퇴직 의사, 부동산개발업자, 소송에서 이긴 버스 운전사, 동부 오리 건에서 온 일본인 양파 농부에게서 몇 십만 달러를 확보할 수 있었다.

브라스 미디어의 창간호는 10개의 금융기관을 통해 30,000명의 독자 에게 배포되기로 되어 있었다. 오늘날 이 회사는 200개의 협력 금융기관 과 50만 명의 독자와 37명의 직원을 가진 회사로 성장했다. 심스는 또한 자신과 전략적 협력관계에 있는 지역의 신용조합을 통해 학교에 특별판 을 배포하기 시작했다. "우리는 경제학과 수학, 사회 분야의 선생님들이 아이들에게 돈과 실생활의 문제들을 가르칠 때 우리 잡지를 활용하도록

했습니다." 심스는 현재 뉴욕과 위스콘신에 있는 모든 공립학교에 이 잡지를 배포하고 있다. 다른 주에서도 브라스 미디어와의 협력에 관심을 보이고 있다고 한다. "사람들은 저희와 협력을 맺습니다. 왜냐하면 그들은 어떻게 Y세대에게 접근할지 정말로 모르기 때문이죠."

예를 들어 위스콘신 신용조합연합은 1년 넘게 위스콘신 지역에 있는 603개의 모든 공립 고등학교에 브라스를 배포해왔다. 위스콘신 신용조합연합의 질 웨버Jill Weber는 이렇게 말한다. "저는 브라이언이 신용조합을 대상으로 한 세미나에서 Y세대 시장에 접근하는 법에 관해 강연하는 것을 들었습니다. 저는 그의 이야기와 열정에 정말 큰 인상을 받았습니다." 교실에서 이 잡지를 사용하는 선생님들을 위해 브라스는 웹 사이트에 수업 계획과 추가 자료를 올리고 있다. 웨버는 거의 300명에 달하는 교사가 그 사이트에 가입했다고 말한다. 그리고 많은 교사들이 브라스의 콘텐츠를 자신의 교과과정에 포함시키고 있다. "우리는 그 잡지가 아이들 사이에서 퍼져나간다는 사실을 알고 있습니다. 왜냐하면 그것은 강압적이고 고지식한 방식이 아니기 때문이죠." 웨버는 사이트에서 실시한 설문에 참가한 교사의 79%가 이 잡지를 계속 받기를 원했다고 말한다.

신용조합은 브라스 미디어와의 협력을 통해 젊은 고객을 확보할 수 있는 기반을 다지길 바라고 있다. 잡지에는 위스콘신에 있는 모든 신용조합의 목록이 포함되어 있다. 또한 은행과 신용조합의 차이를 설명하고 있다. 웨버는 조기 금융교육을 통해 나이 많은 고객들보다 상식이 더 풍부한 젊은 고객들이 신용조합으로 올 것을 기대하고 있다. "현재 우리 경제가 많은 문제를 가지고 있는 것은 '내가 이것을 살 능력이 될까?'에 대한 교육이 부족한 탓도 있습니다. 한 살이라도 어릴 때 신용을 현명하게 사용하는 법을 배우는 것이 좋지요." 웨버가 말한다.

전략적 협력관계가 없었다면 브라스는 소리 없이 사라지는 신생 잡지 중 하나에 불과했을지도 모른다. 심스는 잡지 배포의 경로가 되는 큰 금융기관들과 협력관계를 맺음으로써 젊은 독자들에게 더 효과적으로 그리고 훨씬 더 경제적으로 접근할 수 있었다.

## 창업자들 간의 시너지

브라이언 심스는 Y세대에게 접근하고자 하는 금융기관과 협력을 맺는 방식으로 수익모델을 수정했다. 29세의 앤더슨 쉰록Anderson Schoenrock은 시장에서 경쟁사들과 차별화하고 별도의 비용 없이 고객에게 추가 서비스를 제공하여 회사를 성장시키기 위해 전략적 협력관계를 이용했다.

쉰록은 캘리포니아에 있는 스캔디지털ScanDigital의 CEO이다. 이 회사는 고객들의 오래된 사진이나 슬라이드, 비디오, 릴 필름을 디지털 형태로 전환해주는 웹 기반의 서비스를 운영한다. 스캔 후 복원과 색 보정을 거쳐 완전히 디지털화된 사진들은 CD나 DVD에 담겨 원본과 함께 고객에게 전달된다. 스캔디지털은 회사의 사진 공유사이트를 통해 고객들에게 영구적인 온라인 사진 저장 공간도 제공한다. 그 역시 무료 서비스로 고객들이 원하면 추가적인 이미지들을 업로드할 수 있다.

2008년 6월 쉰록은 캡즐스Capzles와의 전략적 협력관계를 성사시켰다. 캡즐스는 온라인 커뮤니티로, 사용자들이 자신의 사진이나 동영상 등을 업로드한 후 사이트의 플래시 기반 인터페이스를 사용해 자신만의 배경과 음악을 가진 앨범을 제작할 수 있도록 돕는다. 인터넷 앨범 서비스를 제공하는 플리커Flickr보다 좀 더 발전된 사이트라고 생각하면 된다.

"그것은 사진 공유에 대한 새로운 접근이었어요. 시간에 따라 사람들의 삶을 추적할 수 있는 거죠. 하지만 10년 전의 사진을 디지털 포맷으로 가지고 있는 사람은 아무도 없었지요. 그래서 그들은 우리와의 협력관계를 원했고, 우리 사이트는 캡즐스의 사이트로 통합되었죠." 이제 스캔디지털은 캡즐스와 독점적인 협력을 맺고 있다.

쉰 록은 이렇게 말한다. "상대적으로 젊은 창업자들이 흔히 직면하게 되는 어려움 중 하나가 소비자 인식입니다. 많은 사람들이 우리 서비스를 필요로 하지만 존재하는지조차 모르고 있습니다. 따라서 광고와 홍보는 고객기반을 다지는 좋은 방법입니다. 입소문 역시 저희의 성장에 매우 중요한 역할을 해왔습니다. 하지만 결정적인 역할을 한 것은 정말로 강력한 전략적 협력관계였죠. 이를 통해 완전히 새로운 고객층에 접근하는 문을 열수 있었죠. 캡즐스가 초점을 맞추고 있는 고객층은 사진을 통해 자신의 삶을 다른 사람들과 공유하고 개인적 역사를 보존하려는 사람들입니다. 이러한 고객들은 저희에게도 이상적인 고객이지요." 스캔디지털 역시 고객들에게 스캐닝 서비스를 제공함으로써 자신의 서비스에 더 쉽게 접근할 수 있도록 만들었다. 잠재적인 경쟁자들로부터 회사를 차별화하는 방법을 찾아낸 것이다.

## 멘토 그리고 투자자

적절한 동업자와 멘토, 전략적 협력관계는 회사의 성장에 필수적이다. 하지만 적절한 자금 없이는 어떤 일도 할 수 없다. 훌륭한 아이디어 말고는 가진 것 없는 젊은 기업가들에게 큰 손의 투자자이자 멘토인 사람을 만난다면 꿈이 이루어진 것과 다름없다. 루크 스컬만은 카네기 멜론 대학 학부 때 칼리지 프로울러를 시작했다. 그리고 처음 몇 년간 그의 성장은 고통스러울 정도로 더뎠다. 회사는 학생들이 직접 자신이 다니는 학교에 대해 쓴 대학안내서를 출판했다. 글을 써주는 학생들에게 주는 비용으로 100달러밖에 들지 않았기 때문에 스컬만은 첫 번째 책을 매우 빨리 그리고 저렴하게 만들 수 있었다. 이렇게 책을 만들기 시작한 지 몇 달 후인 2002년 가을에 그는 솔트레이크 시티에서 열린 대학입학상담사 전국대회에 소개할 9권의 책을 확보했다. "우리는 이 대회에서 처음으로 두 건의 주문을 받았습니다. 240달러를 벌었을 뿐이지만 우리의 아이디어가 검증된 것 같았죠." 하지만 칼리지 프로울러가 전국적으로 인정받는 데까지 1년이 넘게 걸렸다. 가장 먼저 퍼블리셔스 위클리Publisher's Weekly에 언급되었고, 그 다음에 CNN, 보스턴 글로브, 뉴욕타임즈, 워싱턴포스트에 소개되었다. 하지만 스컬만은 여전히 회사의 느린 성장에 좌절하고 있었다. 2003년에 수익은 3만 7천 달러였다.

하지만 이 모든 상황은 스컬만이 2004년 봄에 카네기 멜론의 학장인 자레드 코혼에게 조언을 구면서 바뀌게 된다. 코혼은 칼리지 프로울러의 팬이었고 스컬만의 결단력을 존중했다. 그래서 그는 스컬만을 대학 이사회와 벤처투자자인 글렌 미켐Glen Meakem에게 소개해주겠다고 제안했다. 스컬만은 이렇게 회상한다. "6주 후에 저는 글렌을 만났습니다. 우리는 뜻이 잘 맞았죠. 글렌은 55만 달러를 투자했고 갑자기 저는 5명의 직원에게 제대로 된 임금과 의료보험을 제공할 수 있게 되었죠." 스컬만은 또한 자신의 대학안내서를 보강할 수 있었다. 분량도 늘리고 서점에서 더 눈에 띄도록 제본도 바꾸었다. 이제 이 회사의 가장 큰 주주인 미켐은 이렇게 말한다. "학생이 생산한 대학에 관한 콘텐츠라는 아이디어 자체가 혁신적이고 특별하다고 생각했습니다. 그리고 스컬만은 매우 설득력 있는 친구였지요. 그는 자신의 사업에 열정적이었습니다. 똑똑하고 열심히 일하는 좋은 리더였지요."

젊은 창업자들이 자신을 차별화하는 것은 초기에 누구를 만나느냐에 달려 있다.

• 데이비드 코헨, 테크스타

돈도 중요했지만 적절한 조언이 뒤따랐다. 미켐은 스컬만에게 우선 가격을 올리라고 조언했다. "사업을 처음 시작한 사람들은 자신의 제품에 대해 제 값어치를 받겠다는 자신감이 없는 경우가 많습니다. 스컬만도 마찬가지였지요. 제품의 가치는 당연히 가격에 반영되어야 한다고 생각합니다. 그래서 우리는 하룻밤 사이에 가격을 5.95달러에서 14.95달러로 올렸지요. 하지만 아무런 반발도 없었고 출고량도 더 늘어났습니다." 2005년 12월에 회사에 50만 달러를 더 투자한 미켐은 스컬만에게 칼리지 프로울러의 콘텐츠를 디지털화하라고 제안했다. 칼리지 프로울러는 현재 250개가 넘는 학교의 안내서를 출판하고, 약 90만 달러의 수익을 올리고 있으며 연회비를 받고 웹 사이트의 안내서 콘텐츠를 서비스하고 있다. 이제 스컬만은 미켐의 지속적인 조언에 힘입어 비즈니스 모델을 다시 한 번 다듬는 과정에 있다. 이에 대해서는 8장에서 자세히 살펴볼 것이다.

## 인적 네트워크 구축하기

하이어 원Higher One의 공동창립자들은 자금 확보를 위해 약간 독특하지만 매우 효과적인 접근법을 시도했다. 코네티컷에 있는 이 회사는 대학과 학생들에게 온라인뱅킹과 예금 운용 서비스를 제공한다. 이 회사는 2000년에 세 명의 예일대생들에 의해 설립되었다. 31살의 마일스 라자스터와 마크 볼첵, 30살의 션 글라스는 대학이 학생들에게 금융 서비스를 제공하는 방식이 매우 비효율적이라는 것을 알았다. 예를 들어 학생들이 대출금을 받으려면 줄을 서서 종이 수표를 받아야 했고, 그 다음에 그것을 은행계좌에 입금해야 했다. 이 젊은 창립자들은 이렇게 생각했다. '우리가 학생들의 돈 관리를 도울 수 있도록 학생 ID와 연결된 카드 기반의 시스템을 개발하면 어떨까?'

볼첵은 이렇게 말한다. "첫 단계는 대학에 있는 사람들에게 조언을 구하는 것이었습니다. 학생들은 우리에게 자신이 원하는 것을 말해주었지요." 결국 알고 보니 많은 대학들이 금융관리 문제로 큰 행정 부담을 안고 있었다. 하지만 대학은 그 과정을 좀 더 효율적으로 만들어줄 기술에 투자할 여력이 없었다. 학생의 입장에서 그들의 요구는 단순했다. 자신의 돈을 더 빨리 간편하게 받는 것이었다.

그들은 대학생들의 숨은 욕구를 찾아냈다고 확신했다. 하지만 그들 앞에는 큰 과제가 있었다. 2000년 당시는 닷컴이 몰락하던 시기였기 때문이다. "우리는 예일대 동창생들에게 100통의 편지를 보냈습니다. 그리고 그들에게 우리가 시작하고자 하는 사업에 대해 조언을 구했지요." 라자스터가 회상한다. 편지 속에는 자금 요청에 대한 공공연한 언급은 없었지만 편지를 받은 사람들 중 약 절반이 그들에게 관심을 가졌다. 그리고 그들은 조언자들과 전화나 직접 대면을 통해 약 50번의 모임을 가졌다. 조언자들 중 일부는 투자에 매우 큰 관심을 보였다. 2000년 여름에 하이어 원은 회사의 30% 지분을 포기하고 60만 달러를 확보했다. 조언자들과 투자자들은 하이어 원의 자금 확보를 위한 네트워크 확장을 도왔다. 세 명의 창립자들은 이들에게 많은 편지를 보내서 조언을 구했으며 더 많은 투자자들을 끌어들였던 것이다.

교육수준이 높고 자원이 풍부한 사람들에게 창업계획을 완전히 공개하는 것은 너무 위험부담이 큰 것은 아니었을까? 이들은 자신의 사업계획을 보고 시장에 먼저 진입하는 잠재적인 경쟁자가 생길지도 모른다는 염려를 하지 않았을까? 볼첵은 이렇게 말한다. "아이디어를 훔치는 것이 그렇게 쉽다면 아마 당신이 그것을 출시하자마자 누군가는 훔치겠지요. 나가서 사람들과 얘기할 때는 자신감을 가져야 해요. 그것이 돈을 모으고 좋은 조언을 얻는 유일한 방법이지요."

하이어 원의 경우 초기의 60만 달러로 견고한 기술 기반을 형성할 수 있었을 뿐만 아니라 경험이 많은 영업 부사장을 고용할 수 있었다. 월터 힌크풋Walter Hinckfoot은 그들이 대학 시장에 접근할 수 있도록 도왔다. 다음해인 2002년에 그들은 CEO로 딘 하튼Dean Hatton을 고용했다. 그는 인상적인 경력의 소유자였다. 다시 한번 볼첵의 이야기를 들어보자. "우리는 항상 사업을 확장하기 위해 관리팀을 만들려고 생각했죠. 우리는 통제보다 성공에 가치를 뒀습니다." 결국 이것은 효과적인 전략으로 드러났다. 하이어 원의 2007년 수익은 2900만 달러였고 〈Inc.〉 지의 '500대 기업' 목록에서 87위를 기록했다. 그리고 2008년에 수익은 4400백만 달러로 치솟았다. 라자스터는 하이어 원이 여전히 연 60~80%의 성장률을 보이고 있으며, 250개의 대학에 서비스를 제공하고 있다고 말한다. 그들은 협력 관계를 계속해서 확장하고 있다. 전문가들에게 조언을 받을 뿐만 아니라 대학생 고객들의 지식까지 끌어들이고 있다.

## 협력관계의 고정관념을 깨다

집단지능collective intelligence이라는 용어는 제임스 서로위키의 《대중의 지혜》라는 책과 돈 탭스코트, 앤서니 윌리엄스의 《위키노믹스》를 통해 우리에게 익숙해졌다. 《위키노믹스》가 출간된 해에 〈타임〉 지의 올해의 인물은 '당신(You)'이었다. 이 잡지는 2006년에 이렇게 선언했다. '전에 보지 못했던 규모의 커뮤니티와 협력이 등장하고 있다. …… 이것은 다수가 소수로부터 힘을 되찾는 것이며, 다른 사람을 아무 이유 없이 돕는 것이다. 그리고 이것은 세상을 변화시킬 뿐 아니라 세상이 변하는 방식을 바꾼다.' 이것은 당시만 해도 허무맹랑한 말이었다. 하지만 3년 간 급속도로 네트워크화된 우리 사회는 정말로 〈타임〉 지가 예견한 그대로 변화하고 있다. 《위키노믹스》의 공동저자인 탭스코트와 윌리엄스는 또한 '새로운 종류의 사업이 등장하여 세상에 새로운 문을 열어주고, 모든 사람과 함께 혁신하며(특히 고객들과), 전에는 완벽히 차단되었던 자원들을 공유하고, 대규모 협력의 힘을 이용하고, 뭔가 새로운 방식으로 행동하는 진정한 글로벌 회사'를 주목했다.

이 설명은 이 책의 여러 회사에 적용될 수 있다. 하지만 쓰레드리스 Threadless만큼 잘 들어맞는 회사도 없다. 시카고의 티셔츠 회사(그렇다, 티셔츠다)로 2008년 6월에 〈Inc.〉 지에서 '미국에서 가장 혁신적인 작은 회샤'로 선정되었다. 다른 훌륭한 회사들처럼 쓰레드리스의 성공 비결은 제품이 아닌 회사의 프로세스에 있다. 그리고 그 프로세스란 제품 개발을 원하는 누구에게든 기회를 개방하는 것이다. 비용이 들지 않는 것은 말할 것도 없다.

이 회사는 제이크 니켈Jake Nickell과 자콥 데하트DeHart에 의해 2000년에 취미로 시작되었다. 이들은 디자이너들이 출품한 작품 중에서 투표로 최고를 뽑는 온라인 티셔츠 디자인 대회를 시작했다. 니켈은 일리노이 예술원에 다니고 있었고 데하트는 퍼듀대학에 다니고 있었다. 물론 그들은 자신의 취미가 언젠가는 스키니콥SkinnyCorp이라는 수백만 달러짜리 회사의 인기 브랜드가 되리라고는 생각하지 못했다. 하버드 경영대학의 케이스 스터디 주제가 될 거라고도 상상하지 못했다. 하지만 2002년에 쓰레드리스가 10만 달러의 매출을 달성했을 때, 두 사람은 자신들이 뭔가 특별한 것을 만들어냈다는 것을 알았다. 그리고 그것은 단순한 티셔츠 회사가 아니었다.

쓰레드리스의 성장 원동력은 70만 명의 소셜 네트워크였다. 그들 중 많은 수가 다자이너이자 고객이었다. 이들은 회사의 온라인 포럼에서 다른 사람들과 채팅을 했고 현재 진행 중인 디자인에 관한 글을 올리고 댓글을 달기도 했다. 그리고 포럼의 글을 모니터하고 있는 쓰레드리스의 직원들에게서도 피드백과 도움을 받았다. 수백 명의 사용자들이 매주 티셔츠 디자인을 내놓았다. 그리고 가장 좋은 디자인에 투표를 했다. 마침내 유명 의류업체인 아메리칸 어패럴과 프룻 오브 더 룸Fruit of the Loom이 쓰레드리스의 브랜드로 티셔츠를 제작했다. 1등을 차지한 디자이너는 2,000달러의 상금과 쓰레드리스로부터 500달러 상당의 상품권을 받았다.

쓰레드리스에는 항상 새로운 디자인이 넘쳐났다. 커뮤니티 회원들이 활동했기 때문이다. 이렇게 제작한 제품을 고가로 판매했기 때문에 마진은 엄청났다(약 30%). 회사는 2006년에 1800만 달러의 수익을 올렸고 6백만 달러의 이윤을 남겼다. 2006년 말에 인사이트 벤처 파트너스Insight Venture Partners로부터 벤처 자금 확보에 성공한 니켈은 현재 수익을 밝히지 않고 있다. 그는 쓰레드리스의 현재 수익이 2000만 달러를 넘겼다고만 말한다.

쓰레드리스는 그저 커뮤니티였는데 어쩌다보니 티셔츠를 팔게 된 것이죠.

• 카림 라카니, 하버드 대학

직원들이 사무실에서 탁구와 기타 히어로, 엑스박스를 즐기는 이 변덕스러운 회사의 성공은 그저 요행일까? 쓰레드리스 케이스 스터디를 공동 진행한 하버드 대학의 조교수인 카림 라카니Karim Lakhani는 그렇지 않다고 생각한다. "이 같은 사업의 선구자는 리눅스Linux, 아파치Apache 그리고 파이어폭스Firebox입니다. 이들 역시 커뮤니티를 통해 발전했지요. 그러니 우리 세대의 괴짜들이 이 일을 꽤 오래 해온 셈입니다. 여기서 주목할 점은 우리가 경제적 기회를 얻기 위해 커뮤니티를 이용할 수 있다는 것입니다. 이것이 새로운 세대의 트렌드이지요. 그들은 페이스북과 마이스페이스를 사용하며 자랐습니다. 그러니 커뮤니티를 포함한 비즈니스 모델이 이들에게는 자연스러운 것이지요."

## 커뮤니티 기반의 사업

22살의 벤 카우프만Ben Kaufman도 여기에 동의한다. 롱아일랜드 태생인 카우프만은 버몬트 챔플레인 대학 재학 중에 아이팟의 부속품 생산업체인 모피Mophie(자신의 두 애완견 몰리와 소피의 이름에서 따온)를 시작했다. 모피의 첫 번째 제품은 신축성 있는 헤드폰이 딸린 아이팟 케이스였고, 두 번째 제품은 팔과 허리에 부착 가능한 케이스로 2006년 1월 맥월드MacWorld의 혁신대회에서 최고상을 받았다. 카우프만에게는 행운이 계속되었다. 하지만 그는 자신이 치열한 경쟁 속에 서 있다는 것을 잘 알고 있었다. 아이팟의 부속품을 만드는 회사들은 아주 많았다. 그래서 그는 자신의 풋내기 회사에 Y세대만의 재주를 부렸다.

맥월드 엑스포 2007이 다가오자 카우프만은 부스를 샀다. 하지만 현재 판매중인 제품을 전시하는 대신에 부스를 현장 '작업실'로 만들었다. 엑스포에 참가한 사람들이 이곳에서 애플 제품을 향상시킬 새로운 아이디어를 내놓았다. "우리는 펜과 종이를 나눠주고 '낙서하라'고 말했죠. 4시간 동안 120개의 괜찮은 제품 아이디어를 모을 수 있었습니다. 그날 밤 120개의 아이디어를 전부 스캔해서 컴퓨터로 옮기고는 온라인 투표에 부쳤죠." 이 중 세 개의 아이디어가 최종적으로 선택되어 3개월 후 첫 번째 제품이 생산되었다. 바로 아이팟 셔플의 케이스로 병따개이기도 하고 열쇠고리이기도한 '베비Bevy'라는 이름의 제품이었다. 카우프만은 디자인과 기능 등 제품의 제작 과정을 모두 공개하면서 정기적으로 블로그에 올렸다.

혁신에 대한 카우프만의 접근법은 아이디어 창조를 회사 안에 한정하는 것이 아니라 커뮤니티의 지혜에 큰 가치를 두는 것이었다. 그는 커뮤니티를 활용한 자신의 접근법이 독특한 브랜드 정체성과 마니아 고객 형성에 기여하며 시장에서 회사를 차별화해줄 거라고 생각했다. 늘 새로운 아이디어를 제시해야 하고 수익이 오르락내리락하는 치열한 시장에서 고객충성도는 매우 가치 있다는 것이다. 제이크 니켈은 쓰레드리스의 성공에 고객충성도가 가장 큰 역할을 했다고 말한다. "사람들은 우리 아이디어를 따르려고 하지만 우리 고객들이 화를 내지요. 왜냐하면 그들이 주인의식을 갖고 있으니까요."

　　카우프만은 커뮤니티 기반의 혁신이라는 개념에 사로잡혀 사업의 핵심 프로세스도 커뮤니티 기반으로 바꾸기로 결심했다. 그는 2007년 가을에 아이팟 부속품 브랜드인 모피를 팔고, 그 돈으로 커뮤니티 기반의 접근법을 사용하는 순수한 제품 개발 연구소를 탄생시켰다. 그가 클러스터Kluster라고 이름 붙인 이 회사는 매우 유명한 행사를 통해 그 시작을 알렸다. 바로 테드(TED : 미국의 비영리 재단으로 정기적으로 열리는 기술, 오락, 디자인에 관련된 강연회를 개최하고 있다)였다. 이 회의에는 세계에서 가장 똑똑한 1,000명의 사람들이 모이며 참가비는 1만 달러이다. 테드의 운영위원은 카우프만이 맥월드에서 활동하는 것을 보았고 그의 커뮤니티 기반의 혁신 개념을 구체적으로 보여주기 위해 그를 회의에 초청했다. 카우프만의 목표는 테드에 참석한 사람들이 72시간 만에 완전히 새로운 제품을 개발하도록 하는 것이었고 그것을 해냈다. 클러스터의 기술 기반을 사용해 참가자들은 제품 아이디어를 제안했고 협력해서 디자인을 만들었으며 자신의 노력에 대한 금전적 보상을 받았다. 테드의 참가자들은 '오버 데어Over There' 라는 교육적인 보드게임을 만들었다. 서로 다른 문화 간의 이해를 촉진하기 위한 게임이었다.

테드 회의 이후로 카우프만은 클러스터의 비즈니스 모델을 다듬었다. 그는 클러스터의 프로세스를 내부의 아이디어 발생 수단으로 사용하고자 하는 회사들에 팔려고 했다. 그리고 클러스터 프로세스를 사용한 여러 사업을 시작하기로 결심했다. 첫 번째로 뉴스룸Knewsroom이라고 불리는 커뮤니티 주도의 온라인 신문을 시작했지만 37일 만에 문을 닫았다. "신문은 클러스터의 프로세스와는 맞지 않더군요. 너무 복잡해졌거든요." 두 번째로 시작한 네임디스닷컴NameThis.com은 웹기반의 사업으로 새 제품이나 서비스의 이름을 짓기 위해 클러스터 커뮤니티의 도움을 받는 것이다. 고객이 99달러를 지불하고 커뮤니티(1만 1천 명이 참여하는)는 제품이나 서비스의 이름을 제안한다. 그리고 자신들이 가장 선호하는 이름에 와츠Watts라는 클러스터 사이트 내의 자체 화폐를 투자한다. 48시간 후에 클러스터는 최종 승자를 선택하고 그 이름을 만들거나 선택하는 데 영향을 미친 회원들에게 80달러를 나누어준다. 그리고 이 돈은 마스터카드 브랜드의 신용카드에 적립된다. 현재 네임디스닷컴은 1000개가 넘는 프로젝트를 진행하고 있으며 4만 5천 명의 참가자들이 14만 개의 이름을 만들어냈다. 카우프만이 성공이라고 부르기에 충분한 숫자이다. 2008년에 클러스터는 거의 100만 달러에 가까운 수익을 올렸다.

하지만 카우프만은 자신의 회사가 아직 진화과정에 있다는 것을 알고 있다. 그리고 그는 클러스터가 진화하는 과정을 실시간으로 지켜보는 것이 즐거웠다(클러스터가 어떻게 진화해나갔는지에 대해서는 8장에서 살펴보겠다). 결국 이것은 협력에 관한 실험이었다. 그는 투명한 회사를 만들려고 노력했다. 심지어 회사의 실수까지 공개했다. 실제로 카우프만과 클러스터의 직원들은 수시로 회사 블로그 '클러스터FCK(Klusterfck : fck는

fostering community knowledge, 커뮤니티 지식 육성하기)'에 글을 올린다. 이 곳에서 직원들은 네임디스닷컴과 클러스터에 대한 글을 올리는 사용자들과 교류한다. 이 블로그는 쓰레드리스와 비슷하지만 훨씬 더 작은 규모이다.

그렇다면 기업은 쓰레드리스와 클러스터의 교훈에서 무엇을 얻을 수 있을까? 카림 라카니는 이렇게 생각한다. "이러한 회사들을 매우 강력하게 만드는 데는 공통점이 있습니다. 만약 당신이 마이스페이스와 페이스북 뒤에 숨어 있는 폭발력과 비즈니스 모델을 발견한다면 그것은 바로 커뮤니티 정신입니다."

카림이 혁신과 사업개발을 위해 급진적이며 새로운 접근법을 제안하는 것처럼 보일지도 모른다. 하지만 이러한 제안을 무시할 수 있는 회사는 거의 없을 것이다. 당신이 고객 기반의 집단지능을 이용해 최소의 경비와 영업력, 홍보, 유통비용으로 제품이나 서비스를 생산하고 판매할 수 있다면 안 할 이유가 없지 않은가.

## 트랙1. 협력을 마음에 새겨라

**1. 동업에 현명하게 대처하라.** 당신의 장점을 칭찬하고 당신의 약점을 보완해 줄 동업자를 선택해야 한다. 시작할 때부터 모든 사람의 역할을 정의하고 소유권과 책임소재를 분명히 해야 한다. 변호사의 도움으로 이 모든 것을 문서화한다. 또한 동업이 깨지기 쉽다는 것을 기억해야 한다. 당장은 대학의 룸메이트나 직장 동료가 완벽한 동업자처럼 보이겠지만 회사가 성장해 나가면서 서로 다른 방향으로 갈라질 수 있다. 미래의 고통을 최소화하기 위해서 초기에 그 가능성에 대비해야 한다. 서로 갈라서는 것은 어려운 일이다. 하지만 관계를 복구할 수 없다면 끝내야 한다. 법적인 명시가 없다면 지저분한 분쟁을 초래할 수 있다. 심지어 둘 다 손을 떼면서 끝나게 될 수도 있다.

**2. '팀'의 정의를 확장하라.** 동업자와 직원은 매우 중요하다. 하지만 사업을 성장시키는 데는 더 많은 멘토와 조력자 집단이 필요하다. 특히 시작 단계에서 당신이 가장 유능한 사람을 고용할 능력이 없는 경우에 그렇다. 당신의 지식이 결핍된 곳을 채워줄 수 있는 조언자들의 모임을 결성하라. 당신이 모르는 것이 무엇인지 알고 조언을 구하는 것을 두려워하지 말라. 갓브이메일의 창립자들은 교수들로부터 마케팅과 금융모델에 관한 지도를 받았다. 하이어 원의 창립자들은 조언을 구하기 위해 100명이 넘는 예일대 동창들을 끌어 모았다. 벤 카우프만은 새로운 아이팟 부속품의 혁신적인 디자인을 위해 생면부지인 사람들의 아이디어를 사용했다.

**3. 멘토를 찾아라.** 멘토를 구하기에 너무 어리거나 늙은 나이란 없다. 당신이 이제 막 사업을 시작했든, 어느 정도 경영을 해왔든 당신보다 더 많이 알고 있는 사람은 항상 있기 마련이다. 멘탈 플로스의 창립자들은 구글 검색을 통해서 자신들만의 멘토인 잡지 전문가 사미르 후스니를 찾았다. 후스니에게 간청한 덕분에 그들은 컨설팅 비용을 내지 않고 조언을 얻을 수 있었다. 이브드 서비스의 탈리아 메시아는 호텔 업계의 베테랑에게 접근했다. 그리고 업계에 대해 가르쳐 달라고 설득했다. 브라스 미디어의 브라이언 심스는 자신의 멘토인 진 펠햄의 조언이 없었다면 지금의 회사는 없었을 거라고 말한다.

**4. 동료 집단에 참여하라.** 경영자협회 같은 전국적인 단체는 업종별로 다양한 지부를 가지고 있어 기업가들이 서로 경영상의 문제를 해결하는 것을 돕는다. 또한 브라이언 애덤스가 시작한 집단을 고려해볼 수도 있다. 이 집단은 동종 업계의 회사들만으로 구성되었는데, 지리적으로 서로 경쟁하지 않는 회사들로 이루어져 있다. 애덤스는 수년 간 그 사업에 종사한 사람들로 이루어진 집단의 도움으로 500만 달러의 수익을 내며 회사를 빠르게 성장시킬 수 있었다.

**5. 영리한 전략적 협력관계를 성사시켜라.** 전략적 협력을 추구하되 협력자를 신중하게 평가하라. 협력자는 당신의 시장을 확장해줄 수 있을 뿐만 아니라 현재 고객들에게 부가가치 제품이나 서비스를 제공할 수 있어야 한다. 스캔디지털의 앤더슨 쉰록은 최근에 사진과 동영상 저장 사이트인 캡즐스와 협력을 맺었다. 이 회사는 고객들에게 스캔 서비스를 제공하는 스캔디지털과 완벽하게 보완되는 회사였다. 이 협력관계는 캡즐스에게도 득이 되었다. 왜냐하면 캡즐스는 고객들에게 무료로 스캔 서비스를 제공할 수 있기 때문이다. 브라스 미디어가 신용조합과 학교와 맺은 협력관계는 회사의 핵심 타깃에 도달할 수 있도록 도와주었다.

**6. 강력한 커뮤니티 연대를 형성하라.** 당신의 제품과 서비스에 대한 가장 좋은 정보의 원천은 고객들의 커뮤니티이다. 고객들의 집단지능을 이용하기 위해서 꼭 쓰레드리스나 클러스터 같은 비즈니스 모델이 필요한 것은 아니다. 회사의 블로그를 이용해서 당신의 회사에 대한 열린 토론을 격려하라. 그리고 새로운 제품과 서비스에 대한 조언을 청해라. 하지만 진지하게 임할 각오가 되어 있어야 한다. 그리고 고객들에게 그들의 조언을 실제 제품에 적용할 만큼 진지하다는 것을 알려야 한다.

# 기술의 대가:
# 기술은 가장 훌륭한
# 차별화 전략이다

CHAPTER

새로운 기술을 빠르고 효율적으로 습득하고 개발하며 수정하고 적용하는 능력은 기업가의 성공에서 중요한 요소이다. 업스타트들에게 이러한 기술은 실제로 제 2의 본능과 같다. 이 모든 것은 Y세대들이 1주일에 평균 12.2시간을 사용하는 인터넷에서 시작된다. Y세대는 미국의 성인들보다 두 배나 많이 친목을 도모하기 위해 네트워크에 참여한다. 그리고 이들은 동영상과 블로그의 열광적인 소비자들이다(동시에 생산자이기도 하다). 그리고 이들이 사용하는 기술은 같은 세대의 슈퍼스타 기업가가 만들어낸 기술인 경우가 많다. 마크 주커버그는 그들에게 페이스북을 제공했다. 채드 할리와 스티브 첸은 유튜브를 설립했으며 케빈 로즈Kevin Rose는 인기 있는 커뮤니티 뉴스 포털인 디그Digg를 만들었다. 워드프레스

WordPress의 CEO인 매트 뮬렌웨그Matt Mullenweg, 식스 어파트Six Apart의 공동 창립자인 메나Mena와 벤 트로트Ben Trott는 웹에 가장 인기 있는 두 개의 블로그 사이트를 만들었다. 이러한 회사들에게 인터넷과 기술의 세계는 그저 놀이터가 아니라, 매우 성공적인 사업의 영역으로 우리가 세상과 소통하는 방식을 변화시키고 있다. 게다가 기술 기반의 회사를 시작하는 것은 닷컴 시대보다 훨씬 더 비용이 적게 들고 쉬운 일이다.

"웹 기반의 사업에 뛰어들려는 사람들에게 기술적인 장벽은 이제 매우 낮습니다. 그래서 사업을 시작하겠다는 생각 자체가 더 이상 거창해 보이지 않지요." 레인메이커 씽킹Rainmaker Thinking의 CEO이자 《모든 사람이 승리하는 것은 아니다Not Everyone Gets a Trophy》의 저자인 브루스 툴간Bruce Tulgan은 말한다. "Y세대들은 사업을 시작하는 것이 전보다 훨씬 더 쉽다는 것을 잘 알고 있습니다." 물론 Y세대들은 웹 기반 사업의 함정도 잘 알고 있다. 그들은 최첨단 기술이 얼마나 금세 진부해지는지 너무나 잘 알고 있는 것이다. "지식은 매우 빨리 진부해집니다. 덕분에 Y세대가 어리고 경험이 없다는 전략적 약점이 상쇄되지요."

실제로 어리고 경험이 없다는 것은 이제 전략적 이점인 경우가 많다. 자신의 컴퓨터를 만지작거리다가 크게 성장한 회사를 갖게 된 수많은 Y세대 기업가들이 이를 증명한다. 10대 때 그들은 지역의 기업들을 위한 웹 사이트를 만들었고 집에서 IT회사(몇 달러를 받고 나이 많은 이웃들의 집에 컴퓨터를 설치해주는 일)를 시작했다. 그들은 이베이에서 물건을 사고 팔면서 온라인 상점의 세계를 경험한다. 이렇게 배운 것을 통해 나중에 자신만의 온라인 상점을 만드는 것이다. 이들에게 현재 유행하는 기술은 친숙하다. 아웃룩이나 포토샵처럼 말이다. 심지어 이 기술들을 완벽하게 만들려고 한다. 어떤 이들은 페이스북에 도전할 정도로 용감하다. 가지고 놀다가 자신이 쓰기 편하게 만들려다 보니 전에 없던 새로운 업종이 탄생하는 것이다.

## 풋내기, 믹 재거의 파트너가 되다

브렌단 시에코Brendan Ciecko는 뿔테 안경을 쓴 키가 크고 호리호리한 친구이다. 자루걸레 같은 짙은 머리카락은 얼굴위로 마구 흘러내리고, 믹 재거와 같은 거물들과 사업을 하는 사람에게서는 기대할 수 없는 겸손한 태도를 가졌다. 21살의 시에코는 텐 미닛 미디어Ten Minute Media의 CEO이다. 이 회사는 매사추세츠에 있는 웹 사이트 개발회사이자 마케팅 회사이다. 하지만 그는 얼마 전까지만 해도 대부분의 시간을 자신의 방에서 컴퓨터와 함께 보내는 전형적인 오타쿠였다. 그는 음악도 매우 좋아했는데 지역의 록밴드에서 기타를 연주하지 않을 때는 밴드를 위한 웹 사이트를 디자인했다. 그는 사업을 시작할 생각이 조금도 없었다. 그는 자신이 하고 싶은 일만 하면서 시간을 보내는 전형적인 10대 소년이었으며 지극히 평범한 아이였다.

시에코가 13살 때, 그가 가장 좋아하는 밴드인 슬릭 슈즈Slick Shoes는 팬들을 대상으로 밴드 웹 사이트의 플래시 인트로 디자인 대회를 열었다. 시에코는 이 대회에서 우승해서 공짜 CD와 티셔츠를 받았다. 그 후에 그는 밴드 매니저에게 자신이 공짜로 밴드 웹 사이트를 다시 만들어주겠다고 제안했다. "그들은 막 떠오르고 있는 밴드였기 때문에 음악계의 많은 사람들이 그들의 웹 사이트를 방문했죠." 사이트 방문객 중에는 전 세계에서 가장 큰 인디 레코드 레이블 중 하나인 바그란트 레코드Vagrant Records의 임원들도 있었다. LA에 있던 간부들은 시에코의 작업에 감탄하여 술 한 잔 하자며 그를 뉴욕으로 초대했다. "어, 저는 당신 생각보다 좀 어린데요. 저는 아직 고등학생입니다." 시에코가 난색을 표했지만 그의 젊음은 장점으로 작용했다. "그들은 저를 신동이라고 불렀어요." 시에코는 그저 소년에 불과했지만 기술과 자기 세대에 관해서만큼은 어른들보다 더 잘 알고 있었다.

고등학교에 다니는 동안 그는 계속해서 레코드 회사들을 위해 일했다. 배관공과 스쿨버스 운전사라는 직업을 가진 부모님은 아들이 벌어오는 돈의 액수를 보고 놀랐다. "부모님이 결국 제게 '네가 학교에 갈 필요가 있겠냐'고 물었죠. 그때까지 저는 그것이 그렇게 큰일인지 몰랐어요." 시에코는 고등학교를 졸업했고 집 근처에 있는 햄프샤이어 대학에 지원했다. 그곳은 교육환경이 매우 좋지 않기로 알려진 학교였다. 그는 학교에 입학했지만 계속해서 사업을 운영했다. 나탈리 콜Natalie Cole이나 클리어 채널Clear Channel이 그의 고객이었다. 클리어 채널은 자신들의 R&B와 힙합 스튜디오의 웹 디자인을 개편하기 위해 그를 고용했다. 그 후에 그에게 정말로 큰 기회가 찾아왔다.

시에코는 캐피톨 레코드Capitol Records의 마케팅 부서의 부사장으로부터 일을 의뢰받았다. 그리고 시에코의 창의성과 기술적 노하우는 부사장에게 큰 인상을 남겼다. 부사장은 어느 날 시에코에게 전화를 걸어 말문이 막힐 정도의 엄청난 제안을 했다. "지금 믹 재거하고 차를 타고 가고 있는 중인데 자네 작품을 보여줬더니 그가 관심을 갖더군. 솔로 앨범을 위한 웹 사이트가 필요하다는데 뉴욕에 와서 만나보겠나?"

그래서 2007년 10월 시에코는 자신의 BMW를 끌고 맨해튼으로 갔다. 자신의 삶에서 가장 기억에 남게 될 만남을 위해서 말이다. 딱 붙는 하얀 바지에 정장 코트를 입은 재거는 시에코와 함께 앉아 자신이 정확히 어떤 사이트를 원하는지 설명했다. "저에게는 정말로, 정말로 대단한 사건이었어요. 그는 매우 열정적인 달변가였죠. 만남이 끝나고 저는 믹 재거와 그의 매니저, 보디가드와 함께 엘리베이터를 탔어요. 그때 저는 마음속으로 웃고 있었죠. 제 사업의 성장 잠재력이 엄청나다는 것을 깨달은 거죠." 시에코는 회사를 설립하고 대학을 포기해야 했지만 인상적인 고객명단을 확보하게 되었다. 밴 모리슨Van Morrison, 레니 크래비츠Lenny Kravitz, 뉴키드온더블록, 케이티 페리Katy Perry, 테일러 힉스Taylor Hicks가 그를 고용했다. 덕분에 2008년에 그의 수익은 45만 달러로 뛰어올랐다.

자신의 두뇌 말고는 아무것도 투자하지 않았고 이제 막 제대로 사업을 해보기로 결심한 사람의 수익치고는 나쁘지 않았다. 텐 미닛 미디어는 시에코의 기술과 열정 그리고 취미가 자연스럽게 사업으로 확장된 경우이다. 시에코의 회사에 관해서는 8장에서 좀 더 자세히 살펴볼 것이다.


## 기술의 유혹이 시작되다

취미가 시장성과 규모를 갖춘 아이디어로 진화하는 경우 기술은 다음과 같은 세 가지 역할을 맡게 된다.


- 인맥 형성하기, 아이디어 공유하기, 네트워크 확장하기
- 현존하는 기술을 응용하거나 기술 기반을 고객맞춤형으로 만들기

●제품을 생산하고 알리며 판매하는 전통적인 방법을 향상시키기

페이스북이나 유튜브 같은 사업은 Y세대에게 큰 영향을 미쳤다. 이러한 회사를 비난하는 사람들은 이들이 그저 온라인상의 오락거리일 뿐이라고 말하지만 그보다 훨씬 더 큰 의미를 갖고 있다. 이들은 가상 커뮤니티의 힘을 결집하고, 콘텐츠의 생산을 민주화하며, CEO의 독백을 줄이고 고객과 소통할 때 기업가가 얼마나 상당한 이익을 낼 수 있는지 보여주고 있다. 소셜 네트워킹 기술의 진화에 활발히 참여했던 젊은 기업가들은 이제 자신들의 기술과 시장에 대한 지식을 바탕으로 새로운 기업의 탄생을 예고하고 있다.

《디지털 네이티브》의 저자인 돈 탭스코트는 '네트 세대'라고 불리는 Y세대의 8가지 특징을 언급했다. 그 특징 중 한 가지는 맞춤형을 사랑한다는 것이다. 그는 이렇게 말한다. "제품을 개인화할 수 있는 여지를 두는 것은 네트 세대에게는 중요한 일이다. 실제로 제품을 전혀 변화시키지 않는다고 하더라도 말이다. 이들은 나만의 것으로 만들고 꾸미고자 하는 욕구가 강하다." 단적인 예가 개인화된 페이스북과 마이스페이스 페이지이다. 하지만 Y세대의 맞춤형에 대한 사랑은 단순히 미적인 것을 넘어서 다른 기능성의 세계로 옮겨가고 있다. Y세대 기업가들은 기존의 기술을 비틀어 자신만의 것으로 만드는 데 능숙하다.

샌프란시스코에 있는 숍니Xobni(inbox의 철자를 거꾸로 적은 것)의 공동 창립자인 24살의 애덤 스미스Adam Smith와 28살의 매트 브레지나Matt Brezina는 마이크로소프트 아웃룩의 메일함을 정리해주는 무료 프로그램을 개발했다. 아웃룩 화면 왼쪽에 수직으로 자리 잡는 숍니는 메일을 보낸 사

람 기준으로 분류함으로써 아웃룩에 소셜 네트워킹 기능을 추가한 것이다. 때문에 이메일을 통한 대화의 흐름을 따라잡는 것이 훨씬 쉬워진다. 메일함에서 아무 이메일이나 클릭하면 숩니는 자동적으로 보낸 사람의 프로필을 생성하여 대화의 이력과 주고받은 파일의 목록을 보여준다. 또한 전화번호를 추출해내고(번호를 클릭하면 인터넷 전화가 바로 연결된다) 페이스북에 친구로 등록되어 있는지 여부도 알려준다. 이 프로그램은 후버스Hoovers, 야후 이메일과도 호환된다.

"이런 종류의 혁신은 소프트웨어 업계에서 오래 굴러먹은 베테랑이나 아웃룩을 오랜 시간 사용한 사람들에게서 나올 수 없습니다. 왜냐하면 그런 사람들은 불편함에 무감각해졌기 때문이지요. 우리는 페이스북 세대입니다. 그리고 다양한 의사소통과 네트워킹 도구를 사용하지요. IM, 링크드인, 페이스북 같은 것들이지요. 이메일이 존재한 지 15년이나 됐는데 아웃룩은 이러한 변화에 적응하지 못한 겁니다." 브레지나의 말이다. 그래서 숩니의 사명은 이러한 도구들을 아웃룩으로 통합하는 것이다. 이를 통해 세계에서 가장 인기 있는 이메일 소프트웨어인 아웃룩을 날짜와 시간이 아닌 사람과 그들의 관계 중심으로 바꾸는 것이다.

이 두 사람은 젊은 하이테크 창업자들에게 조언과 자금을 제공하는 조직인 매사추세츠 케임브리지의 Y콤비네이터로부터 초기 자본 1만 2천 달러를 지원받아 2006년 여름에 회사를 시작했다. 이미 한 번 투자받아 사업성을 인정받은 덕분에 몇 달 후 코슬라 벤처스Khosla Ventures로부터 벤처자금 426만 달러를 추가로 받을 수 있었다. 그리고 2007년 9월에 브레지나와 스미스는 테크크런치40(TechCrunch40 : IT 전문 블로그 사이트인 테크크런치가 주최하는 회의)에 초청받았다. 이 행사는 매우 참가하기 힘든 연례 회의로 장래가 있는 창업자들이 자신의 시제품을 소개할 수 있다. 이후 12시간 만에 1만 명의 새로운 사용자들이 숩니를 다운로드 받았고, 회사는 회원 가입을 일단 중단했다. "우리는 9개월 간 사용자들과 함께 작업했고 사용자들의 문제를 해결했습니다." 브레지나가 말한다. 이들은 새로운 CEO인 제프 본포르테Jeff Bonforte를 고용해 많은 도움을 받았다. 그는 야후 메신저가 AIM을 앞지르도록 한 장본인이었다. 그리고 그들은 마이크로소프트의 사업개발 담당인 돈 도지Don Dodge의 관심을 이끌어냈다. 도지는 회사의 창업 촉진 프로그램에 숩니를 초대했다. 이것은 마이크로소프트 제품과 연동하여 작동하는 제품을 만드는 유명한 창업자들을 양성하는 프로그램이었다. 빌 게이츠는 2008년 2월에 마이크로소프트 오피스 개발자 회의에서 숩니 소프트웨어를 시연해본 후 "정말, 정말 멋집니다. 다음 세대의 소셜 네트워크가 될 겁니다"라고 말했다.

두 달 후 마이크로소프트가 숩니를 2000만 달러에 사겠다고 제안했다. 브레지나와 스미스는 그 제안에 대해 언급하지 않았다. 그들은 숩니로 아직 한 푼도 벌지 못했지만 그 제안을 거절했다. 얼마 후 시스코Cisco는 숩니에 투자했다. 2009년 1월에 시스코는 700만 달러의 자금을 투입하며 숩니의 대주주가 되었다. 이제 포춘 500대 기업 가운데 몇몇 회사들이 대기업을 위해 맞춤화된 숩니를 시험적으로 사용 중이다. 물론 여기가 바로 큰 돈이 숨어 있는 시장이다.

이와 더불어 창립자들과 19명의 직원들은 유료로 사용자들에게 제공할 프리미엄 제품을 개발하고 있었다. 또한 무료 사용자들을 통해 수익을 낼 수 있는 다양한 방법들을 모색하고 있었다. 이미 150만 명의 사람들이 자신의 컴퓨터에 숩니를 다운로드 받았다. 하지만 아웃룩 사용자가 4억 명인 것을 생각하면 시장 잠재력은 엄청나다. 브레지나는 이렇게 말했다. "당장은 많은 사람들이 사용할 제품을 만들 수 있기를 바랄 뿐이에요. 우리 제품은 세계 제일의 의사소통 프로그램인 아웃룩에 연동시키는 제품입니다. 하지만 아웃룩에 골칫거리가 많다는 점 또한 사실이지요." 만약 숍니가 메일함을 맞춤화함으로써 사용자들의 골칫거리를 해결해줄 수 있다면 이 회사의 창립자들과 투자자들이 성공하게 될 가능성은 매우 높다.

### 모바일 기술, 소셜 네트워크를 만나다

숍니가 메일함을 맞춤화하는 프로그램을 만들었다면, 루프트Loopt는 스마트폰을 맞춤화한 프로그램이다. 23살의 샘 알트만Sam Altman은 캘리포니아에서 마운틴 뷰Mountain View를 공동 창립했다. 이 회사는 GPS처럼 전화에 내장되어 있는 장치를 통해 자신의 친구들이 어디에 있는지 추적할 수 있는 휴대폰 소프트웨어를 개발했다. 왜냐고 물으신다면? 모바일 장치는 우리 삶의 어디에나 있다. 그리고 우리는 이러한 장치들을 점점 더 원하고 있다. 이들 장치로 이메일을 보내거나 음악을 듣거나 길을 찾거나 스케줄을 관리하는 것만으로는 충분하지 않은 것이다. 언젠가는 모든 인간관계가 스마트폰을 통해 이루어진다는 것은 기정사실화되어 있다. 그렇다면 스마트폰으로 친구의 위치를 추적하지 못할 이유가 어디 있겠는가?

알트만은 스탠퍼드 대학 2학년일 때 루프트에 관한 아이디어를 떠올렸다. 친구들이 항상 어디에 있는지 알고 싶었던 것이다. 그는 스마트폰을 흘끗 보는 것만으로도 가장 가까이 있는 친구가 누구인지 알고 싶었다. 이 역시 경험을 맞춤화하기 위해 기술을 사용하는 좋은 예이다.

알트만과 그의 학교 친구 닉 시보Nick Sivo는 대략적인 사업계획서를 작성했다. 그리고 숩니의 동업자들처럼 그것을 Y콤비네이터에 보냈다. 알트만은 그 시절을 이렇게 회상한다. "돈이 필요했던 게 아닙니다. 조언을 구하기 위해서 한 거였어요. 기술을 기반으로 한 젊은 사업가들에게 가장 힘든 점은 기술 이외의 것들에 대해서는 거의 알지 못한다는 거지요. 모든 일에 겁이 난 겁니다." Y콤비네이터는 알트만과 시보를 컨설팅 프로그램에 받아들였다. 그리고 1년 후에 이 조직의 공동창립자인 폴 그레이엄Paul Graham은 루프트를 '우리가 지금껏 자금을 댄 창업자들 중 가장 전망 있다'고 묘사했다. 그는 알트만이 MIT에서 연설하는 것을 보고 그의 인상에 대해 이렇게 말했다. "그를 만난 지 3분 안에 저는 이렇게 생각했습니다. '아, 빌 게이츠가 19살 때 딱 저랬겠군.'"

알트만은 실망하지 않았다. 그는 쟁쟁한 벤처회사인 세콰이어 캐피탈Sequoia Capital과 뉴 엔터프라이즈 어소시에이츠New Enterprise Associates로부터 1700만 달러의 자금을 확보할 수 있었다. 그리고 2006년 말에 그는 휴대폰 회사인 스프린트Sprint를 설득해 젊은 층을 대상으로 한 브랜드 부스트Boost의 사용자들에게 루프트를 제공했다. 이것은 결코 쉬운 일이 아니었다. "부스트는 우리 같은 회사들에 사업제안서를 요구하고 있었어요. 하지만 우리는 마지막 순간까지 그것을 알지 못했죠. 3개월 동안 20개의 다른 회사들이 부스트와 접촉하고 있었죠. 그런데 우리는 법인조차 아니었습니다." 하지만 알트만과 6명의 팀원은 단념하지 않았다. 그들은 LA로 날아가서 자신들의 매력을 한껏 뽐냈다. 그리고 어렵게 부스트를 설득할 수 있었다.

"우리는 정말로 임기응변으로 대처했습니다. 우리는 그들에게 이렇게 말했어요. '우리가 바로 타깃 시장의 고객이다. 우리는 이것을 우리 자신을 위해 만들었다.' 저는 이것이 엄청난 기회라는 걸 알았죠. 왜냐하면 스프린트가 부스트를 소유하고 있고, 부스트를 잡으면 스프린트도 잡을 수 있기 때문이었죠." 부스트의 간부들은 루프트의 본사를 방문하겠다고 요청할 정도로 감명을 받았다. 알트만과 시보는 재빨리 친구들을 모아 그들의 젊은 회사가 실제보다 더 커 보이도록 만들었다. 그것은 통했다. 집요한 끈기와 젊음을 장점으로 내세움으로써 루프트 팀은 마지막 순간에 경쟁자들을 제치고 거래를 성사시켰다. 2007년 초반에 루프트는 부스트 네트워크에 가입한 10만 명의 사용자들에게 서비스를 제공했다. 그리고 여름이 끝나갈 무렵 스프린트와도 계약을 맺었다.

루프트는 그 이후 먼 길을 걸어왔다. 회사는 사용료 기반의 수익모델(사용자들이 매달 3달러를 지불하는)을 광고를 통한 수익모델로 바꾸었다. 이 덕분에 자신들의 전화에 팝업 광고가 뜨는 것을 참을 수 있는 사용자들에게 서비스를 무료로 제공할 수 있었다. 2008년 말에 GPS가 내장된 약 100여 개의 핸드폰에서 루프트 사용이 가능해졌다. 루프트는 아이폰에 무료로 서비스를 제공했고 애플은 2008년 11월 말에 TV광고로 이 사실을 알렸다. 덕분에 루프트는 가장 많이 다운로드 된 아이폰 애플리케이션 중 20위를 차지할 수 있었다. 페이스북과 마이스페이스를 제친 순위였다.

알트만은 또한 지역의 온라인 리뷰 사이트인 옐프Yelp와 협력을 맺었다. 이 회사는 31살의 업스타트인 제레미 스토펠만Jeremy Stoppelman과 30살의 러셀 시몬스Russell Simmons가 창립한 회사였다. 루프트가 친구의 위치를 알려준다면, 옐프가 근처의 가장 인기 있는 레스토랑을 추천해준다. 루프트의 또 다른 서비스인 믹스Mix는 아이폰 사용자들이 그들 근처에서 비슷한 관심사를 가진 새로운 사람들을 찾을 수 있도록 해준다. 예를 들어, 클럽이나 회의, 또는 어떤 행사에서 그들과 직접 만날 수 있도록 주선해주는 것이다. 믹스 때문에 루프트는 어쓰콤버Earthcomber라는 시카고의 작은 회사로부터 특허 위반 소송을 당했다. 알트만은 그 소송이 기각되었다고 말한다. 하지만 이것은 모바일 애플리케이션 업계의 경쟁이 얼마나 치열한지를 보여준다. 한 예로 실리콘 밸리의 벤처 투자 회사인 클라이너 퍼킨스 카우필드 & 바이어스Kleiner Perkins Caufild & Byers는 아이폰 애플리케이션의 개발을 위해 특별히 조달된 1억 달러 규모의 'iFundTM' 을 운영할 정도다. 그들의 포트폴리오에는 루프트의 경쟁자인 휠Whrrl도 포함되어 있다. 또한 페이스북과 마이스페이스가 각 지역에 특화된 소셜 네트워크 업계에 뛰어든다는 소문도 있다. 이것은 월-마트가 각 지역의 슈퍼마켓을 대체하는 것과 비슷하다.

알트만은 스스로 이러한 여지를 두지 않으려고 한다. 그리고 그가 현재와 미래의 경쟁자들과 싸워 이길 준비를 하고 있다는 것은 분명하다. 그가 루프트의 수익에 관해서는 입을 꽉 다물고 있기는 하지만 더 많은 자금을 모으기 위해 한 투자은행을 고용했다는 사실을 인정했다.

### 더 간편한 포토샵은 없을까?

맞춤화customization보다 더 영향력 있는 Y세대의 표어가 있다면 그것은 아마도 민주화democratization일 것이다. "우리는 대중에게 웹 기반의 도구를 제공함으로써 예술을 민주화하고 대중을 교육합니다." 애비어리

Aviary의 공동창립자인 29살의 애비 머치닉Avi Muchnick이 말한다. 이 웹 사이트는 방문객들이 디지털 사진 편집을 위해 사용할 수 있는 브라우저 기반의 소프트웨어를 제공한다. 이것은 포토샵 대용의 온라인 프로그램이지만 비싼 가격표는 붙어 있지 않다.

머치닉은 맨해튼의 법학대학원에 재학 중이던 8년 전에 취미로 시작했던 웹 사이트인 Worth1000.com에서 이 아이디어를 발전시켰다. 당시 해당 분야의 최초였던 이 사이트는 포토샵을 사용해 수정된 사진에 대한 온라인 콘테스트를 열었다. 머치닉은 이 벤처를 즐겼지만 수익은 거의 없었다.

그리고 바로 2002년 이라크 전쟁이 일어났다. 머치닉은 '사담은 어디에 있나?'라는 주제의 새로운 콘테스트를 열었다. 사담 후세인이 숨어 있는 모습을 풍자한 사진들을 평가하는 것이었다. 커뮤니티의 회원들은 열광하며 사담의 사진을 엘비스로 만들거나, 택배 배달부, 벨리 댄서 등 수천 가지의 모욕적인 이미지로 패러디했다. 커뮤니티 회원들은 자기들끼리 조용히 낄낄거리고 있었지만, 이라크에 파병되어 있는 미군 병사들이 그 이미지를 온라인에서 발견하고는 프린트해서 바그다드 전체에 도배를 했다. 언론은 이를 대대적으로 보도했고 국방부는 자신들이 그 사진들과 아무런 관련이 없다는 입장을 발표했다. 이를 계기로 워스1000은 어둠 속에 있다가 밝은 빛 아래로 화려하게 등장했다. CNN, 굿 모닝 아메리카Good Morning America 등 거의 모든 주요 언론들이 이들을 다뤘다.

사이트는 계속해서 성장했고 머치닉은 기업들을 대신해 그들의 고객을 대상으로 콘테스트를 진행하면서 수익을 냈다. 예를 들어 유니버셜 스튜디오가 영화 킹콩의 출시 홍보를 위해 콘테스트를 진행하기도 했다.

머치닉에게 다시 한 번 행운이 찾아왔을 때 회사의 수익은 거의 100만 달러를 바라보고 있었다. 2006년 말에 그는 이름을 밝히지 않은 '유명인' 의 대변인으로부터 투자자를 찾고 있는지 알고 싶다는 이메일을 받았다. 머치닉은 이메일 주소를 추적했다. 사설 우주여행 회사인 블루 오리진Blue Origin이었다. 그는 즉시 그 익명의 유명인이 아마존닷컴의 창립자인 제프 베조스라는 것을 알 수 있었다. 그는 블루 오리진의 창립자이기 때문이었다.

알고 보니 베조스는 워스1000의 팬이었고 머치닉이 어떤 다른 아이디어를 가지고 있는지 알고 싶어 했다. 실제로 머치닉은 워스1000이 잠재적으로 수익성이 있는 시장이라는 사실을 발견했다. 수천 명이 그 사이트를 방문했지만 100여 명 만이 포토샵 콘테스트에 참여하고 있었던 것이다. 이유인 즉, 포토샵의 가격은 600달러가 넘었기 때문에 취미로 사진을 만지는 사람들에게는 너무 비쌌던 것이다. 머치닉의 아이디어는 웹기반의 소프트웨어를 만드는 것이었다. 그리고 이 소프트웨어를 사용해 누구나 사진 편집이 가능하도록 설명서를 만드는 것이었다. 베조스는 그 아이디어가 전망이 있다고 생각했다. 그래서 베조스는 투자를 했고 애비어리라는 새로운 회사의 지분 10%를 소유하게 되었다.

그 당시에 머치닉은 친구인 25살의 마이클 갤퍼트Michael Galpert를 동등한 동업자로 끌어들였다. 그리고 둘은 베조스를 만나기 위해 시애틀로 날아갔다. 그들이 아마존의 회의실에 앉아 긴장하며 베조스를 기다리고 있을 때, 갤퍼트는 회의실의 모습 때문에 충격을 받았다고 말한다. "우리는 수백만 달러의 가치를 가진 상장된 회사의 가장 중요한 방에 앉아 있었는데 중앙의 큰 테이블은 싸구려 플라스틱 책상 열댓 개를 나란히 붙여놓은 것이었습니다. 우리가 사무실 책상으로 쓰려고 코스트코에서 하나에 50달러를 주고 산 것과 같은 종류였습니다. 우리는 제프의 성공에 대한 비전이 저희와 같다는 것을 알 수 있었죠. '회사가 발전하는 단계에 있더라도 항상 초심을 잃지 마라.'"

롱아일랜드에 있는 애비어리에는 이제 11명의 직원이 일하고 있다. 갤퍼트는 이들을 '최고로 명석한 소프트웨어 개발자'들이라고 말한다. 이들 중 5명은 애틀랜타와 이탈리아, 독일, 캐나다 출신이다. 애비어리는 2008년 11월부터 일반인을 상대로 베타 버전을 운영하고 있으며, 10만 명의 사이트 회원들은 기본 버전을 무료로 사용하거나 고급 버전을 한 달에 9.99달러를 내고 사용할 수 있다. 이 소프트웨어는 이제 워스1000 사이트와도 연동되어 이 사이트의 60만 회원들도 이용가능하다. 또한 1~5만 달러를 지불하면 기업들은 이것을 자신들의 바이러스 마케팅(네티즌들이 이메일 등을 통해 자발적으로 어떤 기업이나 제품을 홍보하는 마케팅 기법)에 사용할 수 있다. 투자 커뮤니티들은 애비어리가 분명 좋은 결과를 낼 거라고 생각한다. 2008년에 두 번째 자금 확보가 이루어져서 크리에이티브 커먼스Creative Commons의 조이 이토Joi Ito와 링크드인의 레이드 호프만Reid Hoffman이 주주대열에 합류했다.

## 틈새의 발견이 곧 사업의 시작이다

마이스페이스와 페이스북은 회원 수와 웹 트래픽 면에서 볼 때 소셜 네트워크의 세계를 점령하고 있다. 그리고 그들의 압도적인 성공으로 새로운 업계가 탄생했으며 창업자들에게는 기회가 되었다. 소셜 네트워크 시장에 파고든 회사들은 장롱 안의 철사 옷걸이처럼 눈 깜짝할 사이에 늘어났다. 하지만 이들 중 가장 성공적이고 빨리 성장한 회사는 마이이어북닷컴myYearbook.com이다. 남매 사이인 19살의 캐서린Catherine과 21살의 데이브Dave, 31살의 제오프Geoff에 의해서 설립되었다. 이 회사는 기본적으로 페이스북과 같지만 고등학생을 대상으로 한다. 캐서린과 데이브는 각각 15살과 16살이던 2005년에 새로운 학교에서 친구들을 사귀기 위해 사업을 시작했다. 당시에 페이스북 회원은 대학생들로 제한이 되어 있었다. 그리고 남매는 마이스페이스는 '약간 소름끼친다'고 생각했다. 이들 남매는 고등학생을 겨냥해 만든 소셜 네트워크 사이트가 그들에게 새 친구를 만들어줄 뿐만 아니라 꽤 좋은 사업 아이디어가 될 수 있다고 생각했다. 다른 업스타트들과 마찬가지로 이들 남매 역시 자신들의 채워지지 않는 욕구를 채우기 위해 회사를 시작했던 것이다.

그들의 열정에 연료를 채워준 것은 맏형 제오프였다. 그는 이미 남매가 8살, 9살 때 매우 성공적인 대학 에세이 편집 회사를 시작했다. 캐서린이 이렇게 말한다. "우리는 오빠가 회사를 세우는 것을 보았어요. 캘리포니아에 있는 멋진 사무실에도 가보았고요." 제오프는 자신의 회사인 칼리지게이트CollegeGate를 2002년 시험대비 전문 출판사인 톰슨 앤 피터슨Tompson and Peterson's에 팔았다. 그리고 꽤 많은 돈을 벌었다. 그래서 동생들이 저녁식사 자리에서 자신들의 사업 아이디어를 설명했을 때, 그는 맏이다운 일을 했다. 제오프는 그 자리에서 2만 5천 달러 수표를 써줬다.

캐서린과 데이브는 인도 뭄바이에서 고용한 프로그래머, 고등학교 친구들 300명과 함께 2005년 4월에 마이이어북닷컴을 시작했다. "우리는 사이트를 시작하면서 정말로 멋진 티셔츠를 입고 다녔어요. 앞에는 마이이어북닷컴이라고 쓰여 있고, 뒤에는 '당신의 친구는 멋집니까?' 라고 적혀 있었지요." 5개월 후 그들은 다른 고등학교들로 확장했고 매일 3,000명의 새로운 회원이 가입했다.

이들 남매는 자신들이 성공한 것은 사용자들의 제안에 귀를 기울였기 때문이라고 말한다. 관심사가 같은 회원들끼리 연결되도록 한 것이나, 페이지 꾸미는 것을 더 쉽게 만든 것이 그 예이다. 그들은 또한 외부 개발자들이 자신의 사이트와 연동되는 프로그램을 개발하도록 두지 않고 스스로 애플리케이션을 만듦으로써 페이스북과 차별화하기로 결심했다. "우리의 목표는 수천 개의 애플리케이션을 갖는 대신에 200개의 매우 좋은 소프트웨어를 갖는 겁니다." 이들의 회사가 광고로 얻는 수익은 수십만 달러에 달한다.

제오프는 동생들이 회사를 키우기 위해 외부자금이 필요하다고 결정하기 전까지는 사업에 개입하지 않았다. 캐서린은 그 당시 심정을 솔직히 털어놓았다. "우리는 투자자들에게 '이봐요, 우리는 16살, 17살입니다. 몇 백만 달러를 저희에게 투자하세요' 라고 말하기가 겁이 났습니다." 그래서 그들은 제오프를 CEO 자리에 앉혔고, 2006년 말에 U.S. 벤처 파트너스Venture Partners와 퍼스트 라운드 캐피탈First Round Capital로부터 410만 달러를 확보할 수 있었다. 그 후 2년이 채 되기도 전인 2008년 7월에 그들은 원래 투자자들과 노웨스트 벤처 파트너스Norwest Venture Partners로부터 추가로 1300만 달러를 확보할 수 있었다.

마이이어북닷컴은 이제 매일 2만 명의 회원이 추가로 가입하고 있으며(총 회원 수는 1100만 명) 웹에서 세 번째로 크고 가장 빨리 성장하는 네트워크 사이트이다. 매달 방문자가 1억 명은 족히 넘는 페이스북과 마이스페이스에 비교하면 마이이어북닷컴의 1200만 명의 방문자는 적은 수이지만, 마이이어북닷컴의 시장점유율은 가능성을 보이며 증가하고 있다(2007년 5월부터 2008년 7월까지 384%의 성장률을 보임). 이것은 젊은 업스타트가 특정 타깃(13~19세)에게 그들의 필요에 더 잘 맞는 서비스를 제공함으로써 거대 기업에 맞서는 좋은 예이다. 이들 남매는 페이스북 사용자들이 사이트에 머무르는 평균 시간이 20분인데 반해 마이이어북닷컴의 경우 30분이라는 것을 강조한다. 그리고 광고주들은 감수성이 예민하지만 집중력은 부족한 젊은이들의 주목시간이 긴 것에 만족해 한다. 또 외국인 사용자들이 대거 모여드는 페이스북과는 달리 마이이어북닷컴의 고객 기반은 대부분 미국에 있기 때문에 광고주들에게는 좀 더 타깃이 분명한 매체가 된다.

하지만 이들은 자신들의 성공에 안주하지 않는다. 현재 조지타운 대학의 3학년인 캐서린은 마이이어북닷컴 웹 사이트를 위해 일주일에 40시간씩 일하며 학교생활을 병행하느라 바쁘게 보내고 있다. 주말에도 사무실에서 일에 매진한다. 이렇게 바쁘게 지내는 그녀에게는 새로운 계획이 있다. "장기적으로 웹에서 가장 큰 소셜 네트워크 사이트가 되고 이를 통해 수익을 내는 것이 목표입니다."

## 페이스북 안에서 탄생하는 또 다른 기업들

페이스북은 어쩌면 마이이어북닷컴의 표적일지도 모른다. 하지만 페이스북은 현재 누가 뭐래도 가장 명실상부한 소셜 네트워크이다. 온라인 고객 행동을 추적하는 컴스코어comScore에 따르면, 페이스북에 2008년 12월에만 약 2억 2천 2백만 명이 방문했다고 한다. 전 세계 인터넷 사용자의 22%가 방문한 셈이다. 페이스북의 인기는 대부분 회원들이 자신의 페이지를 꾸미기 위해 사용할 수 있는 엄청난 수의 애플리케이션 덕분이다. 2007년 5월 말에 CEO인 마크 주커버그는 외부 개발자들에게 회사의 플랫폼을 개방하여 이들이 자유롭게 자신만의 애플리케이션을 만들어 페이스북에 연동할 수 있도록 한다고 발표했다. 이 발표를 계기로 많은 젊은 기업가들이 자신들이 가장 좋아하는 소셜 네트워크 사이트를 위해 애플리케이션 개발에 뛰어들었다. 25살의 제시 테벨로우Jesse Tevelow와 23살의 조셉 아이그보보Joseph Aigboboh도 그들 가운데 하나였다. 이들은 스티키 노트Sticky Notes라는 페이스북 애플리케이션을 만들었다. 이는 사용자들이 친구의 페이스북 페이지에 가상의 포스트잇을 붙이도록 해주는 것이었다. 두 사람은 맨해튼의 한 신생 인터넷 회사에서 2006년 여름에 만났다. 테벨로우가 이 회사에서 컨설턴트로 일하고 아이그보보는 인턴으로 일하고 있었다. 그들은 친구가 되었고 함께 회사를 시작하는 것에 대해 이야기했다. 하지만 이들이 자신들의 아이디어를 구체화한 것은 2007년 여름에 콜로라도에서 열린 테크스타TechStars라는 기업가 정신 캠프에 참여한 후였다.

"우리는 훌륭한 창업자들과 팀을 찾습니다. 아이디어 자체는 그렇게 중요하지 않지요." 여러 회사의 경영자이자 테크스타의 공동창립자인 데이비드 코헨이 말한다. 이 회사는 5%의 지분을 대가로 창업가들에게 멘토와 창업자금을 제공한다. 매년 테크스타는 10개의 회사를 선발해(작년에는 300개가 넘는 회사가 지원했다) 여름 캠프를 진행한다. 이들 대부분은 유망한 기술 관련 창업자들로 사업을 시작하는 데 지원과 도움이 필요한 사람들이었다.

테벨로우와 아이그보보는 디지털 콘텐츠 공유에 초점을 맞추겠다는 막연한 아이디어를 갖고 있었다. "많은 사람들이 이메일을 통해 다른 사람들에게 링크를 보내지요. 우리는 링크를 보내는 더 좋은 시스템을 만들 수 있다고 생각했습니다. 하지만 그 아이디어는 새로운 것이 아니었습니다." 테벨로우의 아이디어에 대해 테크스타 멘토들의 반응은 그다지 좋지 않았다. 다른 테크스타의 창업자들은 아이디어를 실현하는 단계에 있었지만, 테벨로우와 아이그보보는 여전히 자신들의 원래 아이디어에 빠져 있었다. 아이그보보는 이렇게 회상한다. "긴장감 넘치는 2~3주였어요. 하지만 우리는 한 동안 갈피를 잡지 못했지요."

마크 주커버그가 외부의 개발자들이 페이스북을 위한 애플리케이션을 개발해도 좋다고 발표한 것이다. 그래서 테벨로우와 아이그보보는 그 기회를 잡기로 결심했다. 자포자기였을까? 글쎄, 그럴지도 모른다. 테벨로우는 캠프에서 폭풍 때문에 전기가 나갔던 밤을 떠올렸다. 그와 아이그보보는 멘토들에게 이런 질문을 받으며 계속 압박을 당했다. "자네 둘은 도대체 뭐하는 건가?" 바로 이때 그들은 페이스북을 위한 애플리케이션을 개발하기로 결심했던 것이다. 그들은 이틀 동안 스티키노트를 개발했고 그것을 페이스북 애플리케이션 목록에 등록했다. 그리고 그것을 페이스북에 있는 몇몇의 친구들에게 소개했다. 일주일 만에 3만 명의 사용자들이 그 애플리케이션을 설치했다. 광고주들은 스티키 노트의 인기가 높아지는 것을 보고는 그들에게 전화를 했다. 그리고 이 두 창립자들은 곧 비디오 에그Video Egg와 구글 애드센스Google AdSense 같은 광고주들을 통해 수익을 낼 수 있었다.

자신들의 회사에 제이-스퀘어드 미디어라고 이름 붙인 두 사람은 8

월에 캠프를 떠날 무렵 테크스타에 참가한 팀 중 수익을 내는 제품을 개발한 유일한 팀이었다. 아이그보보는 이렇게 말한다. "테크스타에서 강조한 것 중 하나가 빨리 실패하라는 것이었습니다. 우리는 그 말을 마음에 새겼지요."

여름이 끝나갈 무렵 그들은 집으로 돌아갔고 웨스트 필라델피아에 있는 허름한 연립주택 지하에 사무실을 차렸다. 이곳에서 그들은 매달 4만 5천 달러의 광고수익을 올리기 시작했다. 350만 명의 페이스북 회원들이 스티키노트를 사용했으며, 스티키노트는 페이스북 애플리케이션 중 상위 1% 안에 포함되었다. 회사를 시작하고 몇 달 되지 않았을 때 이들은 대부분의 기업가들이 거절하기 힘든 제안을 받았다. 한 소셜 네트워크 회사가 300만 달러에 그들의 회사를 사고 싶다고 제안한 것이다. 단 창립자들이 계속 회사에 머무른다는 조건이 있었다. 테벨로우와 아이그보보의 가족들은 못마땅해 했지만 그들은 이 제안을 거절했다. 두 사람은 경영자로서의 자유를 포기하고 싶지 않았다. 그리고 자신들의 소유권을 포기하지 않고 회사를 성장시킬 수 있다고 믿었다.

그 후 스티키노트의 인기는 줄어들었지만 테벨로우와 아이그보보는 이에 개념치 않았다. 두 사람은 '1년 정도 걸리는 꽤 진지한 프로젝트'를 시작했다고 말했다. 스티키노트의 수익 덕분에 그들은 충분한 연구개발 시간을 가질 수 있었다. 그들은 앞으로 새로운 소셜 네트워크 관련 제품을 선보일 거라고 말한다.

페이스북 애플리케이션 사업이 그저 일시적인 유행에 지나지 않는다고 생각하는 사람들이 있을지도 모른다. 나는 이들에게 캘리포니아에 있는 두 벤처 투자회사를 소개하려고 한다. 베이 파트너스Bay Partners와 알

투라 벤처스Altura Ventures는 페이스북 애플리케이션만을 위한 투자 펀드를 조성했다. 페이스북의 창립자인 마크 주커버그 역시 2007년 가을에 자신이 조성한 1000만 달러의 펀드인 fb펀드를 발표했다. 페이스북은 벤처투자 회사인 엑셀 파트너스Accel Partners, 파운더스 펀드Founders Fund와 함께 전도유망한 개발자 25명을 선발해 매년 2만 5천 달러에서 25만 달러의 상금을 지급한다는 것이다. 이 상금에는 아무런 조건도 없다. 단, 벤처투자 회사들은 최종 선발자들에 투자의 우선권을 갖게 된다. 첫 해에 600개의 회사가 지원했고 2008년 가을에 25개의 회사가 선정되었다.


## 의도하지 않은 커뮤니티 마케팅

당신은 업계의 판도를 바꾸는 모바일 기술이나 새로운 소셜 네트워크 사이트를 시작하지는 않을지도 모르지만, 당신의 사업을 마케팅하기 위해서 온라인 커뮤니티를 사용하지 않는다면 기회를 놓치는 것이다. 블로그와 카페, 고객들의 가상 커뮤니티는 새로운 회사의 성장과 탄생뿐만 아니라 모든 회사들이 자신의 브랜드를 마케팅하고 혁신하며 고객에게 서비스하는 방식에까지 점점 더 많은 영향을 미치고 있다.

딜로이트 서비스Deloitte Services에서 신제품 개발부서장을 맡고 있는 에드 모란Ed Moran은 많은 회사들이 이러한 커뮤니티를 적절히 사용하는 법을 모른다고 말한다. 2008년 7월에 딜로이트는 온라인 커뮤니티를 만들려는 〈포춘〉지 선정 100대 회사들과 시작단계에 있는 회사들을 대상으로 '사업의 부족화에 대한 조사(Tribalization of Business Survey)'를 시행했다. "우리는 Y세대들의 세계에서 어떤 일이 벌어지고 있는지 알고 싶었습니다. 그리고 대기업들에게 이것이 엄청난 사업기회라는 것을 보여주고 싶었습니다." 모란은 많은 회사들이 블로그나 자신들이 후원하는 온라인 커뮤니티를 홍보의 공간으로 사용한다고 말한다. 고객들에게 새로운 제품을 광고하거나 그들의 브랜드에 대해 일방적으로 설명하는 장으로 사용하는 것이다. 모란은 그것이 잘못된 접근법이라고 말한다. "많은 회사들이 미묘한 변화 한 가지를 놓치고 있습니다. 브랜드를 만드는 일은 더 이상 회사가 통제할 수 있는 일이 아니라는 것이지요. 사람들이 스스로 어떤 제품이나 서비스 주위로 모여들고 당신의 회사보다는 제품 자체에 더 강한 호감을 가지게 됩니다. 그리고 이것이 엄청난 파급효과를 가지고 오지요."

온라인 커뮤니티의 진정한 가치는 회사가 사용자들의 말에 얼마나 귀 기울이며 그들의 집단지능을 이용해 어떻게 새로운 제품을 만들거나 기존 제품을 향상시키는지에 달려 있다. 큰 회사들 중 일부는 이것을 이해하고 있다. 예를 들어 델Dell의 경우 자신들의 온라인 커뮤니티를 세심히 관찰하고 고객들이 제품과 관련해 어떤 문제를 갖고 있는지를 살핀다. 그리고 그것을 고객지원센터에 알린다. 이 회사의 커뮤니티 중 아이디어스톰IdeaStorm은 델이 윈도우 대신에 리눅스를 운영체계로 채택해야 한다고 제안했고 델은 이것을 수용했다. 스타벅스의 하워드 슐츠Howard Schultz는 델의 선례를 따라 마이스타벅스아이디어닷컴MyStarbucksIdea.com라는 고객 커뮤니티를 운영하고 있다. 이곳에서 고객들은 자신의 아이디어를 제안할 수 있고 그러면 다른 고객들이 이에 대한 점수를 매긴다. 이렇게 실제 적용된 아이디어 중 하나가 바로 커피를 젓는 막대기로 입구를 막는 것이었다. 걸을 때 커피가 쏟아지지 않도록 하기 위해서 말이다.

델과 스타벅스는 여전히 예외적인 경우이다. 모란은 이렇게 말한다. "제가 보기에 많은 회사들이 온라인 커뮤니티와 소셜 네트워크를 그저 단순히 친목으로만 생각하고 있는 것 같아요. Y세대 기업가들은 소셜 네트워크가 매우 빠르게 마케팅 수단으로 변화하고 있다는 것을 알고 있습니다." 다시 말해 사람들이 처음에는 친목 목적으로 온라인에 접속할지라도 자신들이 원하는 것과 필요한 것에 대해 대화를 나누면서 급속하게 고객들의 포럼으로 진화하는 것이다. 특히 젊은 고객들 말이다. 업스타트들은 이것을 어떻게 활용해야 하는지 알고 있다. 그리고 이들은 온라인 커뮤니티를 효과적으로 사용해서 사업을 시작하거나 매우 전통적인 업계에서 경쟁력을 얻는 데 사용하는 경우가 많다.

### 커뮤니티 먼저, 사업은 나중에

캘리포니아 산타바바라에서 180만 달러의 성공을 거둔 22살의 조나단 레비Jonathan Levi와 23살의 닉 팔레프스키Nick Palefsky가 바로 그런 경우다. 이들의 회사인 제이레비 스트리트베르크스Jlevi StreetWerks는 웹 기반의 회사로 자동차 부품을 판매한다.

2004년 당시 레비는 부모님이 생일 선물로 사준 중고 BMW 328Ci를 개조하기로 결심한 16살의 자동차 마니아였다. 하지만 그의 부모님은 개조(엔젤 아이라고 불리는 헤드라이트 부속품)에 필요한 돈을 주지 않았다. 왜냐하면 부모들이 보기에 그것은 정말 쓸 데 없는 짓이었기 때문이다. 하지만 이 수완 좋은 10대는 차를 개조하기 위한 다른 방법을 찾아냈다. 그는 온라인 BMW 애호가 포럼에서 만난 엔젤 아이 소매상에게 접근했다. 그리고 동업을 제안했다. 엔젤 아이를 할인받는 대신에 자기 고등학교에 엔젤 아이를 홍보하겠다는 것이었다. 하지만 이 소매상은 좀 다른 생각을 갖고 있었다. 그는 레비에게 자신에게서 엔젤 아이 5개를 사서 다시 파는 것이 어떻겠냐고 했다. 해변 쪽에 가게를 하나 마련해서 설치비도 받고 말이다. 그는 자신의 저금통을 따서 부속품을 사는 데 전부 써버렸다. 이렇게 해서 자기 집 창고에서 사업이 시작되었다.

17살의 닉 팔레프스키는 BMW 애호가 행사에서 만난 그의 초기 고객 중 하나였다. 레비는 자신이 자주 글을 올리는 온라인 자동차 카페에서 다른 고객들을 찾았다. "하지만 저는 카페에서 너무 많은 관심을 받기 시작했지요. 카페 운영자가 제게 광고비를 내라고 했어요." 레비는 카페 사용료를 감당하기 위해서 제품 라인을 확장하고 자신만의 온라인 쇼핑몰을 만들어야 한다는 것을 깨달았다. 그는 처음 사업을 시작하도록 도와준 도매상에게서 엔젤 아이와 다른 몇 가지 제품을 받아 판매했다. 2005년 8월까지 총 수익이 25만 5천 달러에 달하게 되었다. UC 버클리에서의 대학생활을 준비하고 있던 레비는 사업이 커지자 도움이 필요하다고 생각했다. 그래서 그는 팔레프스키를 동업자로 데려왔고 교사인 어머니에게 주문과 배송 업무를 맡겼다. 다음 해에 매출은 두 배 이상으로 뛰었고 벤처를 '부업'으로 생각했던 두 동업자는 자신들의 사업이 진짜 돈벌이라는 것을 깨달았다.

팔레프스키와 레비는 외부 자금 없이 창고를 소매점으로 변모시켰다. 마케팅 전략 역시 처음의 방법을 계속 고수했다. 그들은 신문에 광고를 실어보았지만 결과는 실망스러웠다. 구글 키워드 광고도 그렇게 성공적이지는 않았다. 그들의 제품이 아주 작은 틈새를 기반으로 하고 있었기 때문이다. 온라인 카페는 계속해서 제몫을 했다. "고객들에게 직접 마케팅하고, 고객들과 토론하고 질문에 대답하며 정보를 올리는 게 우리 회사에는 훨씬 더 잘 맞았죠." 레비가 말한다. 이것은 아마도 레비와 팔레프스키가 온라인 커뮤니티에서 오랜 시간 열정적으로 활동한 덕분에 커뮤니티 회원들이 그들을 인터넷 마케터가 아닌 지식이 풍부한 자동차 애호가로 인식하고 그들의 제품 역시 신뢰했기 때문일 것이다. 하지만 여기에는 한 가지 조건이 있기는 하다. 만약 그들의 정보가 별로이고 제품의 질이 떨어진다면 커뮤니티 회원들은 그들을 비난할 것이다. 하지만 레비와 팔레프스키는 커뮤니티가 그들이 성장하는 데 가장 중요한 수단이라는 것을 잘 알고 있다.

## 포로가 된 청중

29살의 마커스 아돌프슨Marcus Adolfsson 또한 온라인 커뮤니티에서 발휘한 자신의 전문성으로 큰 이익을 보았다. 이 덕분에 그는 2007년 〈Inc.〉 지의 '500대 회사' 목록에서 37위를 차지할 수 있었다. 회사를 시작하고 처음 3년 간 그는 고향인 플로리다 게인스빌에서 직원의 집 창고에서 사업을 했다. 그러니 이 남자가 1540만 달러 가치의 스마트폰 엑스퍼츠Smartphone Experts를 키워낸 것은 대성공이라고 할 만하다.

1999년, 아돌프슨은 플로리다 대학 신입생일 때 바이저센트럴VisorCentral이라는 온라인 커뮤니티를 시작했다. 이곳은 핸드스프링Handspring 사가 새로 출시한 스마트폰인 바이저Visor 사용자들이 제품에 대해 정보를 교환하는 커뮤니티였다. 그저 재미로 시작한 일이기는 했지만 사이트 광고로 돈을 벌 수 있었다. 그는 핸드스프링 사가 인기 스마트폰인 트레오Treo를 내놓았을 때 트레오 센트럴Treo Central 사이트도 시작했다. 대학 졸업 후 그는 레전더리 마케팅Legendary Marketing이라는 회사에 CTO로 취직했지만 사이트도 계속 운영하고 있었다. 이곳은 어느 순간 단순한 토론의 장에서 아돌프슨이 실제로 전화와 부속품들을 파는 온라인 쇼핑몰로 변모했다. 그는 점심시간에 회사 휴게실에서 고객들의 문의전화를 받았다. "저에게는 스트린트Sprint 사의 전화를 팔 수 있는 면허가 있었어요. 집의 빈 방에 사무실을 차렸죠. 당시에는 온라인에서 트레오600이나 휴대폰 부속품을 파는 사람이 아무도 없었어요. 그리고 저에게는 카페라는 완벽한 마케팅 수단도 있었죠." 그가 재미로 시작했던 카페의 회원들은 포로가 된 청중(captive audience : 싫지만 듣지 않을 수 없는 청중)이었던 것이다.

그는 중국에서 500달러어치의 부속품(휴대폰 케이스와 충전기)을 주문했다. 그리고 온라인 쇼핑몰을 만들어 판매 첫째 날 200개가 넘는 트레오600을 팔았다. 그리고 이틀 안에 중국에서 구입한 모든 부속품이 품절되었다. 스프린트에서 받는 수수료와 부속품의 큰 마진 덕분에 그는 한 달에 4000달러의 이윤을 보았고 첫 주 동안 매출이 5만 달러나 되었다. 이중 신용카드 결제액도 2만 달러나 되었다.

2003년 가을에 그는 직장을 그만두고 자신의 회사 스마트폰 엑스퍼츠에 헌신했다. 그는 6개월 간 자기 집 빈 방에서 일했고, 첫 번째 직원이자 전 회사 동료인 다이애나 킹그리Diana Kingree를 고용한 후로 그는 그녀의 집 뒷마당에 있는 창고로 회사를 옮겼다. 회사가 성장하자 직원뿐만 아니라 제품을 위한 공간이 더 많이 필요하게 되었다. 아돌프슨과 킹그리는 6개의 창고를 지었다. 아돌프슨은 허름한 회사 때문에 고민이었다. "직원이 6~8명 됐는데 이들이 모두 다이애나 집 진입로에 차를 댔지요.

우리는 그 지역 주민들의 항의가 걱정되기 시작했습니다. 그리고 거래업체들을 다이애나 집 뒷마당으로 부르는 것이 창피하기도 했고요." 아돌프슨은 2005년에 460평방미터 크기의 창고로 회사를 옮겼고 당시 스마트폰 엑스퍼츠의 연 매출은 1000만 달러였다. 다음해 매출은 1600만 달러를 기록했다. 이 덕분에 회사는 〈Inc.〉 지의 '500대 회사' 목록에 오를 수 있었다. 하지만 아돌프슨은 그저 휴대폰과 그 부속품을 판매해서 성공한 것이 아니었다.

미국의 통신회사들도 결국 자신들의 사이트를 통해 전화를 판매하는 것이 좋겠다고 결정하게 되었다. 이로 인해 핸드폰 계약 성사 수수료는 내려갔고 부속품의 경우 여전히 마진이 많기는 했지만 경쟁이 심해졌다. 하지만 다행히도 아돌프슨의 회사는 결코 단순한 온라인 쇼핑몰이 아니었다. "우리는 커뮤니티를 먼저 시작했고, 쇼핑몰은 그 다음이었죠." 아돌프슨은 회사를 차별화하기 위해 더 많은 커뮤니티 사이트를 만들고 블랙베리와 아이폰으로까지 영역을 확장했으며 사용자들의 콘텐츠와 리뷰들을 통합했다. 그는 온라인 쇼핑몰의 원동력이 커뮤니티라는 것을 알았다. "우리는 고객들과 매우 가까이에 있죠. 그래서 우리는 고객에게 들은 것을 바탕으로 제품을 변형할 수 있었어요." 제품의 변형은 그가 남아프리카와 중국의 회사들과 독자적인 부속품 생산 계약을 맺었기 때문에 가능했다. 독자적인 생산으로 제품 디자인을 개선시킬 수 있었을 뿐만 아니라 마진율도 더 향상되었다. 이것은 그가 1999년에 처음 바이저센트럴을 시작했을 때만 해도 상상할 수 없던 일이었다. 아돌프슨의 커뮤니티 이용은 계속 진화를 거듭하는데, 이에 대해서는 8장에서 자세히 살펴보겠다.

사실 제이레비 스트리트베르크스나 스마트폰 엑스퍼츠가 판매하는 제품에는 특별한 구석이라곤 전혀 없다. CEO가 전문성을 갖고 거대한 온라인 커뮤니티와 관계를 맺으며, 커뮤니티 구성원들에게 가치 있는 정보를 제공했다. 이 덕분에 그들이 나중에 쇼핑몰을 시작했을 때 고객들의 신뢰를 받았던 것이다. 그리고 이것은 온라인 경쟁자들뿐만 아니라 전통적인 소매업자들을 상대로도 엄청난 강점으로 작용했다.

## 진부한 제품도 신나게 파는 법

조엘 홀렌드Joel Hollend도 자신이 파는 제품에 특별한 것이 전혀 없다고 말한다. 바로 풍경 영상이다. "풍경 영상은 요즘 매우 일반적이죠. 저희 회사 제품이 다른 회사 제품보다 더 뛰어나지는 않을 겁니다. 하지만 제가 차별화하는 방법은 항상 새로운 기술을 사용한다는 것입니다." 푸티지 펌Footage Firm의 창립자 24살의 홀렌드는 고등학교 2학년 때 버지니아 레스톤에서 처음 사업을 시작했다. 당시 그는 유명인사와 CEO들이 젊은이들에게 들려주는 조언을 영상으로 담는 텔레비전 프로젝트에 참여하고 있었다. 할리우드에서 아놀드 슈워제네거와의 인터뷰를 마치고 버지니아로 돌아온 홀렌드는 인터뷰 영상을 편집하면서 할리우드 사인이나 명예의 거리를 찍어오지 못한 것을 후회했다. 그러면 인터뷰 영상을 좀 더 다채롭게 만들 수 있었기 때문이다. 그에게는 두 가지 선택사항이 있었다. 캘리포니아에 다시 간다. 또는 누군가에게 돈을 지불하고 그 장면을 찍도록 한다. 두 가지 선택사항 모두 엄청나기 비쌌다. 그래서 그는 둘 다 포기했지만 인터뷰 영상에 만족하지 못했다. "저는 이렇게 생각했습니다. '왜 이런 일을 하는 회사는 없는 거지?' 저는 제게 뭔가가 필요하다면 다른 사람들도 그것을 필요로 할 거라고 생각했지요."

만약 당신이 마이스페이스와 페이스북의 비즈니스 모델을 들여다본다면 커뮤니티 정신이 그 중심에 있다는 사실을 발견할 것입니다. …… 이러한 사업의 상업적 가치는 커뮤니티가 정립된 후에야 생겨나는 것입니다.

• 카림 라카니, 하버드 대학

홀렌드는 웹디자인을 해서 번 돈으로 워싱턴 DC 주변의 풍경을 찍을 고성능 카메라를 샀다. 그리고 그는 이렇게 찍은 영상을 비디오 편집을 위한 영상이라고 이름 붙이고 이베이에서 팔았다. "저는 같은 영상을 30개의 다른 이름으로 경매에 붙였습니다. 그리고 어떤 이름의 영상이 더 좋은 반응을 보이는지 엑셀로 정리했지요." 이 수완 좋은 16살짜리 업스타트는 이렇게 푸티지 펌을 시작했다. 그가 회사 이름을 이렇게 지은 이유는 푸티지(footage : 장면, 화면)라는 단어가 가장 좋은 반응을 얻었기 때문이었다.

이베이에서의 성공으로 그는 틈새시장을 발견했다는 것을 확신했다. 그리고 그는 더 많은 미국 도시들의 풍경 영상을 찍기 시작했다. 또한 그는 이베이에서 철수하고 자신만의 웹 사이트를 만들었다. 그가 고등학교 졸업반일 때, 한 유명한 프로덕션이 디스커버리 채널에서 방영할 마피아에 관한 다큐멘터리를 위해 뉴욕시 영상을 사갔다. 푸티지 펌이 믿을 만한 회사로 추천되었던 것이다. 이 덕분에 회사는 신뢰와 성장의 추진력을 얻었다.

홀렌드는 그가 시작했을 때는 경쟁이 거의 없었다고 말한다. "MGM 같은 큰 회사가 있었고 그들에게는 이러한 영상들이 모두 있었지만 가격이 너무나 비쌌죠. 저는 훨씬 더 저렴하게 가격을 매길 수 있는 디지털 비디오 해상도의 영상을 만들었죠." 그리고 그는 온라인 목록에서 쉽게 찾아볼 수 있도록 하여 모든 것을 판매했다. 이러한 서비스는 그가 처음 시작했을 때는 어디에서도 하지 않는 것이었다.

이제 60명이 넘는 프리랜서 작가들이 푸티지 펌을 위해 미국 100개 도시와 80개 국가의 영상을 제공하고 있으며, 회사는 5만 명의 개인과 프로덕션 고객을 가지고 있다. 푸티지 펌은 프리랜서들에게 영상에 대한 비용과 더불어 판매가 될 때마다 일정액의 수수료를 추가로 지불한다. 영상이 거래되는 가격은 평균 149달러이지만 홀렌드는 '거래량이 매우 많고 마진도 매우 높다'고 설명한다. 왜냐하면 그가 이 분야의 창시자인 데다가 좋은 품질의 믿을 만한 회사라는 명성까지 얻고 있기 때문이다. 새로 이 사업에 뛰어든 사람들은 그에게서 고객을 뺏어오는 데 어려움을 겪고 있다. 게다가 푸티지 펌의 제품은 고객들의 입장에서 매우 저렴하기 때문에 그들은 굳이 거래업체를 바꾸려고 하지 않는다. 게다가 홀렌드는 경쟁사들을 주시한다. 어느 회사가 구글광고에 돈을 가장 많이 쏟고 있는지 확인하고는 그들의 영상을 50:50의 수익 분배로 자신의 사이트에서 판매하자고 제안한다. 품질을 확실히 하기 위해서 자신이 팔고 있는 모든 영상을 직접 확인하기도 한다. 그는 이러한 전략적 협력관계로 고객들에게 직접 다가갈 수 있을 거라고 확신했다.

푸티지 펌의 수익은 이제 100만 달러에 달한다. 그리고 홀렌드의 고객 중에는 유명한 회사들도 포함되어 있다. ABC와 디즈니, 제이 레노, 히스토리 채널, 코미디 센트럴이 그들의 고객이다. 워싱턴 DC의 배경 영상은 작년에 NBC의 인기 시트콤 '30 Rock'에 등장하기도 했다. 그는 이제 새로운 시장에 도전하고 있다. 프리랜서 작가들이 뉴스 제작사로부터 주문을 받아 영상을 제작하도록 하는 온라인 커뮤니티 사이트인 디브이프로페셔널닷컴DVprofessionals.com을 시작한 것이다. 홀렌드는 이 사이트를 통해 작가들이 미래의 고객에게 자신들의 작업을 선보이고 다른 작가들과 소통하고 모임을 형성할 수 있도록 했다. 그렇지만 주요 목적은 뉴스 제작사가 자신을 위한 영상을 촬영할 작가들을 찾고 고용할 수 있는 장을 마련하는 것이다. "영상 제작은 일이기도 하지만 제 열정이자 취미생활이지요."

사이트를 이용하는 것은 무료이다. 홀렌드는 이곳에서 판매되는 영상에 대한 수수료를 받지 않는다. 대신 그는 이 사이트를 푸티지 펌의 서비스를 광고하는 곳으로 사용한다. 즉 자신의 제품을 선보이는 일종의 전시장 같은 역할을 하고 있는 것이다. 그는 또한 스톡푸티지포프리닷컴stockfootageforfree.com이라는 또 다른 사이트도 시작했다. 이곳에서 취미로 영상을 제작하는 사람들(유투브에 자신의 비디오를 올리는 사람들)은 공짜로 영상을 다운로드 받을 수 있다. 정말 공짜일까? 취미로 시작한 사람들도 결국은 더 좋은 영상을 더 많이 원하게 되기 때문에 이 사이트는 푸티지 펌의 잠재적 고객 기반이 된다.

홀렌드는 진부한 제품을 파는 업계에서 사업을 시작했지만 그것을 웹 기반으로 만듦으로써 Y세대만의 재주를 발휘했다. 그는 착실한 프리랜서들과 2명의 직원으로 시작해 지금의 회사로 성장했다. "과거부터 있던 영상 사업에 새로운 기술을 적용해서 한 번에 전부 구입이 가능한 곳으로 만든 것이죠. 저는 이베이에서 새로운 사업을 시작할 생각은 전혀 없습니다. 또 다른 이베이를 만들고 싶은 거지요."

### 건강관리에 기술을 접목하면

홀렌드는 과거에도 존재했던 영상 사업에 온라인 비즈니스 모델을 접목했다. 하지만 기술이나 커뮤니티 요소가 전혀 없는 업계에 온라인 비즈니스 모델을 접목하는 것도 좋은 방법이다. 바로 두 명의 브라운대학 의대생들에 의해 설립된 쉐입업더네이션Shape Up the Nation이 이러한 경우이다. 이 회사는 직원들의 건강관리를 돕고자 하는 큰 조직이나 회사에게 팀 주도의 웹 기반 건강관리 프로그램을 판매한다. 26살의 의대생 라지흐 쿠마르와 28살의 브레드 바인버그는 미국에 만연한 비만에 관심이 많았다. "58가지가 넘는 질병들이 비만과 관련 있습니다. 저는 공중보건의 일환으로 이 문제에 무척 관심이 많았죠. 저는 팀을 통해 사람들이 자신의 생활방식을 바꾸도록 동기 부여하는 방법을 검토하기 시작했습니다."

결국 2006년 1월에 쿠마르는 비영리단체인 쉐입업로드아일랜드Shape Up Rhode Island(6장 참고)를 시작했다. 이것은 전국에 퍼져 있는 커뮤니티 단위의 팀들 가운데 12주 동안 가장 많이 체중을 줄인 팀이 승리하는 대회였다. 팀들은 자신들만의 운동계획을 짰고 '팀 트랙커Team Tracker'라는 웹 기반의 프로그램에 자신들의 운동 진행상황을 기록했다. 그리고 대회 내내 동기 부여에 도움이 되는 뉴스레터와 운동에 필요한 조언을 받기도 했다. 지역의 회사들과 커뮤니티 그룹들, 정치인들의 후원을 받은 이 프로그램은 큰 성공을 거두었다. 첫 해에 참가자는 2000명이었는데 2007년에는 그 수가 세 배 이상인 7000명으로 뛰었다. 그리고 체중감량 결과가 무척 좋아서 지역의 회사들은 자기 회사를 위한 프로그램을 요청하기 시작했다.

이 시점에서 바인버그가 쿠마르와 합류했다. 의학대학에 가기 전에 바인버그는 이벤트 이-매니지먼트Event E-Management라는 회사를 운영했다. 이 회사는 대학에 온라인 행사 등록과 행정 지원을 제공하고 있었다. 그는 전국의 참가자들에게 탄탄한 지원서를 제공할 수 있는 기술 배경을 가지고 있었던 것이다. 두 사람은 쉐입업더네이션이라는 별도의 영리 회사를 시작했다. 유료로 개인 고객에게 이 프로그램을 제공하는 것이었다. 이들의 사업 아이디어는 로드아일랜드 주의 사업계획 대회뿐만 아니라 브라운대학의 대회에서도 우승을 차지했다. 두 학생은 엔젤 투자자들로부터 약 30만 달러를 확보했다. 그들은 처음에는 의과대학의 학업과 벤처회사를 병행했지만, 새로운 회사를 시작하는 것이 더 즐거웠던 두 사람은 결국 휴학을 했다.

쉐입업더네이션은 기업들에 완전한 건강관리 프로그램을 제공했으며 직원 참가자 한 사람당 비용은 약 50달러였다. 모든 참가자들이 만보기와 기념 팔찌, 온라인 시스템 접속권을 받았다. 이 프로그램이 웹 기반이라는 것은 두 가지 면에서 매우 유용했다. 우선 기업 인사부서의 행정 부담을 줄여주고 운영비용이 들지 않는다. 두 번째로 직원으로 이루어진 팀들은 팀의 진도를 확인하고 커뮤니티를 형성할 공간을 가질 수 있었다. "요새 건강관리 분야에서 이슈가 되는 단어는 바로 '보상'입니다. 하지만 우리는 사람들이 건강을 관리하도록 하기 위해 돈을 지불한다는 것은 잘못되었다고 생각했습니다. 운동을 하지 않는 사람들의 가장 흔한 변명은 '시간이 없다' 와 '같이 할 사람이 없다' 입니다. 그래서 우리는 사람들이 자신을 도와줄 다른 사람을 찾을 수 있는 시스템을 만들었습니다. 한 대기업에서는 직원 50%의 참여율을 보였지요. 이것은 전례가 없는 일이었습니다." 기업 입장에서도 이 프로그램은 그만한 값어치를 하고 있었다. 쉐입업더네이션 참가자 전원의 체질량지수(BMI) 수치가 떨어진 것이다. 한 연구에 따르면 BMI 수치가 1씩 떨어질 때마다 의료 및 의약품 비용 202달러를 절약하는 것과 같다.

CVS, 폴라로이드, UPS 등 유명한 기업들을 고객으로 맞으면서 회사는 2008년에 거의 100만 달러의 수익을 기록했다. 그리고 2009년에는 250만 달러를 향해 나아가고 있다. 경기침체에도 불구하고 이들은 2008년 말 이후에도 계속 엔젤 투자자로부터 50만 달러를 추가로 확보할 수 있었다. "기업 입장에서는 직원들의 사기가 떨어질 때야말로 팀 기반의 무언가에 투자할 적기이지요. 우리 프로그램이 시기적절하게 그 역할을 한 셈이지요."

## 트랙2. 혁신과 차별화를 할 수 있는 기술을 사용하라.

**1. 현재 사용되는 기술에서 골칫거리를 찾아라.** 당신이나 당신의 고객들이 매일 사용하는 기술의 문제점은 무엇인가? 숍니의 창립자인 매트 브레지나와 애덤 스미스에게 그것은 지저분한 아웃룩 메일함이었다. 이러한 골칫거리를 찾아낸 덕분에 그들은 빌 게이츠가 '차세대 소셜 네트워크'라고 부른 소프트웨어를 탄생시킬 수 있었다. 현재 사용되는 기술을 관찰하고 그것에서 문제가 되는 지점을 발견하고 독창적인 해결방법을 마련하라.

**2. 제품 출시는 빠르고 불완전하게 하라.** 제품이 고객들의 손에 들어가기 전까지는 고객들이 어떤 반응을 보일지 확실히 알 수 있는 방법은 없다. 제품을 빨리 출시한 후에 고객의 피드백을 받아서 제품을 완벽하게 만들고 수정을 가하는 것이 최선이다. 숍니의 창립자들은 자신들의 아웃룩 플러그인 소프트웨어의 다운로드 횟수를 1만 회로 제한했다. 그 후 9개월간 문제점을 수정해 더 나은 제품을 만들어냈다. 루프트의 경우 전원 남성으로 구성된 팀이 개발한 스마트폰 GPS 소프트웨어는 여성 사용자들의 질책을 당했다. 여성들은 보안이 좀 더 강화된 것을 원했던 것이다. 루프트는 다음 버전의 소프트웨어에 이러한 요구를 반영했다. 소비자의 피드백이 없었다면 결코 알아내지 못했을 문제였다. 여기서 교훈! 빨리 출시하고, 제품의 수정에 고객들의 도움을 받아라. 그럼 당신은 돈을 절약할 수 있을 뿐만 아니라 고객들이 자신이 제품에 기여했다고 느끼게 되고 더 나은 제품을 생산하게 될 것이다.

**3. 기술이 요구되지 않는 업계에 신기술을 접목하라.** 전통적이고 기술이 요구되지 않은 비즈니스 모델을 살펴보기 바란다. 그리고 이 사업이 기술을 통해서 어떻게 하면 좀 더 경쟁력을 가질 수 있는지 자문해보자. 쉐입업더네이션의 창립자들은 기업과 그 직원들이 온라인에서 건강관리 목표를 설정하고 성취과정을 한 눈에 볼 수 있는 탄탄한 프로그램을 만들었다. 이것은 운영자 입장에서 전통적인 건강관리 프로그램보다 더 쉽고 비용이 저렴한 프로그램이기 때문에 어려운 경제 속에서 기업에 이득이 된다. 쓰레드리스(1장 참고)는 티셔츠 디자인에 비용이 전혀 들지 않는다. 온라인 커뮤니티 사용자들의 투표 시스템으로 디자인이 탄생하기 때문이다.

**4. 소셜 네트워크를 이용하라.** 마이스페이스와 페이스북의 창립자들은 새로운 업종을 만들어냈고 이제 많은 사람들이 이 업종에 뛰어들고 있다. 마이이어북닷컴을 창립한 남매는 마이스페이스와 페이스북의 성공을 이용했다. 하지만 특정 집단을 타깃층으로 잡아 사이트를 만들었다. 바로 10대, 고등학생 시장이다. 마이이어북닷컴은 이제 웹에서 가장 빠르게 성장하는 소셜 네트워크 사이트 중 하나이다. 푸티지 펌의 조엘 홀렌드는 뉴스 제작사에 배경 영상을 판매한다. 하지만 그는 자신의 웹 사이트에 프리랜서 작가들을 위한 소셜 네트워크 기능을 추가했다. 그는 이러한 커뮤니티를 운영함으로써 자신이 유통하는 작품을 만드는 사람들과 더 깊은 연대를 형성할 수 있었다.

**5. 온라인 커뮤니티를 이용해 전문성을 정립하라.** 하지만 영업을 해서는 안 된다. 믿을 수 있고 풍부한 지식의 원천으로 자신의 명성을 정립하는 것이 목적이 되어야 한다. 이때 무엇보다도 중요한 것은 관대한 공헌자가 되는 것이다. 마커스 아돌프슨은 스마트폰 엑스퍼츠를 시작하기 전에 스마트폰 사용자 커뮤니티를 만들었다. 그에게 마침내 팔 물건이 생겼을 때 그는 이미 견고한 명성과

포로가 된 고객이 있었다. 제이레비 스트리트베르크스의 창립자인 조나단 레비와 닉 팔레프스키는 여전히 자신들의 주된 마케팅 수단으로 온라인 커뮤니티를 이용한다. 물론 자신들의 자동차 부속품 온라인 판매를 위해 설치를 위한 사업소를 운영하고 있다.

**6. 기존 사업에서 새로운 기회를 찾아라.** 애비 무니크는 자신의 이전 사업인 워스1000에서 브라우저 기반의 무료 사진 편집 소프트웨어를 제공하는 웹 사이트인 애비어리에 대한 아이디어를 얻게 된다. 워스1000은 포토샵으로 수정된 사진들의 콘테스트를 진행하는 웹 사이트이다. 무니크는 콘테스트에 참여하는 사람들의 수가 사이트를 방문하는 사람들의 수보다 훨씬 적은 것을 발견하고는, 그것이 포토샵의 비싼 가격 때문이라고 생각했다. 이러한 발견 덕분에 그는 애비어리를 시작할 수 있었다. 여기서 교훈! 당신의 다음 사업 아이디어는 당신이 지금 하고 있는 사업의 문제점 속에 있을지도 모른다.

# 판을 뒤집는 자 :
# 현상 유지를 거부하고
# 판을 뒤집기

업스타트들은 과거의 규칙을 따르지 않으려 한다. 그들은 전통적인 비즈니스 모델에서 비효율성이나 결함을 찾아내고 새로운 비즈니스 모델을 고안해낸다. 그리고 다른 사람들도 거기에 합류하라고 설득한다. 우리는 거의 모든 영역에서 업계를 휘젓고 다니며 어떤 면에서는 업계의 기준을 높이는 업스타트들을 발견할 수 있다. 결국 기존 기업가들은 머리를 긁적이며 이들을 따라잡기 위해 서두르게 된다. 기존 기업들은 무료 온라인 안내광고 사이트인 크레이그리스트Craigslist, 1시간 단위로 차를 빌려주는 지프카Zipcar, 온라인으로 신발을 파는 자포스Zappos 같은 회사의 선례를 따라간다.

업스타트들은 현상 유지를 거부하며 항상 어떤 일이 왜 그렇게 돌아가는지 자문한다. 그리고 이러한 노력은 노쇠한 업계에 새 생명을 불어넣는 일종의 실험으로 이어지는 경우가 많다. 이들은 비즈니스 모델을 변형해서 업계의 판도를 바꾼다. 결국 업계 전체의 균형을 무너뜨리게된다. 그리고 이들은 경쟁자들이 지나가길 두려워하는 길에 대해 당당히소유권을 선언한다. 이번 장에서 만나게 될 업스타트들은 뻔뻔함으로 무장했다. 자신이 만든 토크쇼를 후원해달라고 큰 회사에 떼를 쓰는 제이크 사제비유Jake Sasseville 같은 사람들이다. 이들은 오랫동안 큰 회사들에의해 장악된 업계에서 사업을 시작할 새로운 방법을 찾는다. 페덱스Federal Express나 디에이치엘DHL이 장악한 세계에서 경쟁하는 저스틴 브라운Justin Brown의 퍼스트 글로벌 익스프레스First Global Xpress가 그렇다. 칼리지 헝크스 하울링 정크의 창립자들도 마찬가지다. 이들은 영세화되어 있던 업계를 전문화했다. 이들은 또한 지금까지와 전혀 다른 공급망을 만들어내기도 하고 가업을 새롭게 변모시키기도 한다. 우리는 이 모든 경우에서 젊음의 독창성과 혁신의 정신이 평범한 사업과 결합했을 때 어떤일이 벌어지는지 보게 될 것이다.

## 너는 지금 이대로가 좋니?

22살의 제이크 사제비유는 현상 유지를 거부했다. 그는 5년 전 고등학교 3학년 때 지역케이블 방송에서 '더 엣지The Edge' 라는 토크쇼를 시작했다. 매일 똑같은 텔레비전 쇼가 지겨웠기 때문이다. "저는 친구들과 스튜디오에서 미친 짓을 하면서 재미를 좀 봐야겠다고 생각했습니다. 그 일에그 이상의 의미가 있을 거라고는 생각도 하지 못했지요." 그리고 2004년에 그는 약삭빠른 방법으로 '윌 앤드 그레이스(Will and Grace : 미국의 유명 시트콤)'의 세트장으로 들어가 출연자들과 인터뷰를 할 수 있었다. "저는 그 쇼의 프로듀서인 애덤 바Adam Barr가 저희 지역 출신이라는 걸 알아냈죠. 그래서 그의 어머니에게 구구절절한 편지를 썼습니다." 그는 유명 배우 빌리 크리스털Billy Cristal의 어머니와 애쉬톤 커처Ashton Kutcher의 어머니에게도 직접 연락을 취했다. 유명 인사를 섭외하기 위한 궁여지책이었다. 바의 어머니는 사제비유를 불쌍하게 여겼고, 그를 자신의 아들에게 소개해주었다. 두 달 후 그는 LA로 떠났다. 사제비유는 라디오방송국이 자신과 스태프들의 여행비용을 지불하도록 설득할 수 있었다. 애덤 바가 자신에게 제공한 것을 라디오 청취자들의 퀴즈 선물로 주겠다는 것이었다. 바로 LA 비행기 티켓 2장과 윌 앤드 그레이스 녹화 관람권이었다. 윌 앤드 그레이스 인터뷰의 대성공 덕분에 사제비유의 프로그램은 지역 방송이 아니라 폭스 채널에서 방영될 수 있었다.

이것은 사제비유가 지닌 뻔뻔한 수완의 시작에 불과했다. 2004년 9월에 그가 뉴욕 기술전문학교에 입학하기 위해 맨해튼으로 이사했을 때, 그는 좀 더 공격적인 잡초근성을 발휘했다. 자신의 쇼를 ABC 방송국의 '지미 키멜 라이브(Jimmy Kimmel Live! : 미국의 인기 토크쇼)' 바로 다음 시간인 새벽 1시에 내보내려고 작정한 것이다. 그는 제이크애프터지미닷컴JakeAfterJimmy.com이라는 웹 사이트를 만들고 그것을 최대한 활용했다. 사이트에는 그 쇼가 자기 지역에서 방영되고 있는지를 알아보기 위해 클릭할 수 있는 링크가 포함되어 있었다. "물론 대부분의 지역에서 방영되지 않고 있었지요. 하지만 이 링크에 댓글을 올릴 때 자신의 이메일 주소를 적을 수 있었고, 그들이 '등록' 버튼을 클릭하면, '나는 지미 다음에 제이크를 원해요'라는 제목의 편지들이 본인들 모르게 디즈니와 ABC, 지미 키멜 쇼의 제작진들, 그리고 편지를 보내는 사람들이 살고 있는 주의 지역 방송의 편성 담당자에게 보내졌다. 6개월이 넘는 시간 동안 그런 댓글이 1만 개 정도나 달렸죠." 잠깐 짚고 넘어가자면 디즈니는 즐거워하지 않았다고 사제비유는 말한다.

이 캠페인은 사제비유에게 약간의 추진력을 안겨주었다. 그리고 그의 쇼는 별로 크지 않은 27개 지역에서 방영될 수 있었다. 초기에 그는 방송 시간을 사서 자신의 쇼를 자체적으로 방송하려 마음먹은 적이 있었다. 그런 다음 큰 기업들의 광고를 따내려는 계획이었다. 이것은 일반적인 비즈니스 모델이 아니었다. 재정적으로 여유가 없었던 사제비유에게 이것은 위험한 모험이었다. 그는 마침내 처음으로 큰 광고주인 오버스톡닷컴Overstock.com과 계약을 성사시켰다. 오버스톡닷컴은 25세 이상의 여성을 타깃으로 삼고 있었기 때문에 Y세대를 공략할 계획을 갖고 있었다. 사제비유는 그들에게 자신의 장점을 설명했다. 그는 오버스톡닷컴의 마케팅 및 고객관리 부사장인 스토미 시몬Stormy Simon과 2시간 동안 대화를 나누며 이렇게 설득했다. "저는 단지 토크쇼를 하기 위해서 토크쇼를 원하는 얼빠진 풋내기가 아닙니다."

시몬은 이렇게 말한다. "내 생각은 그랬습니다. '여기 한 젊은이가 있는데 재미있고 설득력 있군. 무엇보다 토크쇼를 정말로 원하고 말이야.' 일단 그와 얘기해보면 당신은 그를 믿게 될 겁니다." 한 달 후에 그는 처음으로 '수십만 달러'의 광고계약을 성사시켰다. 그는 이 돈을 더 많은 지역의 방송권을 따내는 데 사용했고, 포드Ford와 에어트랜AirTran 같은 다른 광고주들을 끌어들이는 데도 사용했다.

이 쇼는 2008년 2월에 토크쇼가 가미된 리얼리티 쇼의 형태로 ABC 방송국의 29개 지부에서 방영되었다. 쇼의 내용은 바로 시골에서 온 22살짜리 청년이 자신만의 토크쇼를 만들기 위해 분투하는 내용이었다. 동시에 쇼 안에서 자신의 토크쇼를 진행하기도 했다. 시청자들은 그가 직원들의 월급을 마련하고, 몇 명 되지 않는 스태프들과 방송내용을 궁리하며, 던킨도너츠에 임시 스튜디오를 설치하고, 지하철 아카펠라 합창단을 쇼에 출연하도록 꾀어내는 모습을 지켜보았다.

30록30Rock의 카트리나 보덴Katrina Bowden과 더 오피스The office의 레인 윌슨Rainn Wilson, 가수인 와이클리프 진Wyclef Jean 외에 그다지 유명한 게스트는 없었다. 그 사이에 사제비유는 쇼에 광고주들을 등장시켰다. 예를 들어 자신이 포드 자동차를 몬다든가, 베드 헤드(Bed Head : 세계적인 헤어 스타일링 전문 브랜드) 제품으로 머리를 매만진다든가 하는 것이었다. 이 상황들은 모두 조잡하게 연출되었지만 그것이 목적이었다.

사제비유는 자신의 쇼가 Y세대를 대변하는 쇼가 되기를 바라고 있었다. 그의 쇼는 2008년에 4회까지 방영된 이후 돈이 바닥나버렸다. 하지만 2009년 3월에 사제비유에게는 새로운 광고주들이 줄을 서고 있었다. 이 중에는 데니스(Denny's : 미국의 패밀리 레스토랑 브랜드)와 퓨즈(Fuze : 미국의 음료 브랜드)도 포함되어 있었다. 퓨즈는 5월부터 36개의 지역에서 15주짜리 광고를 계획하고 있었다. 물론 그의 쇼가 1, 2년 안에 기억 속에 사라지게 되리라는 것은 분명했다. 그렇다고 해서 22살 사제비유의 성취를 깎아내릴 수는 없다. 큰 기업들의 광고를 유치하고, 주요 방송사 지부들에 토크쇼를 방영했다는 사실은 변함없다. 사제비유는 자신의 쇼가 일부 지역에서는 코난 오브라이언Conan O'Brien 쇼를 앞섰다고 말한다. 이 모든 일을 열악한 재정상황 속에서 이루어냈다. 그는 당당하게 이렇게 말한다. "전통에 반항하는 것이 중요합니다."

## 오래된 업계에서 새로운 기회 엿보기

비효율성이나 시대에 뒤떨어지는 방식이 어떤 조직이나 업계에 뿌리 깊이 박히면 사람들은 불편함에 무감각해지는 경우가 많다. '임금님은 벌거숭이'라고 당당히 외칠 수 있기 위해서는 새로운 시각이 필요하다.

자레드 아이작만은 16살에 고등학교를 그만두고 신용카드 회사의 IT 부서에 취직했다. 그는 이곳에서 우연히 자신의 회사 유나이티드 뱅크 카드United Bank Card에 대한 아이디어를 얻었다. "은행들은 사람들의 지갑에 신용카드를 집어넣는 데만 관심을 갖고 상인들로부터 은행으로 흘러들어오는 돈에는 아무 관심도 없더군요. 우리 업계에서는 기술이라고는 찾아볼 수도 없었고, 효율성도 없었으며, 상인들이 지불해야 하는 비용은 많았지만 서비스는 형편없었습니다." 그는 회상한다. 1999년 당시에 기업가적 열정을 가진 평범한 학생이던 그는 자신이 더 잘할 수 있다고 생각했다. 그래서 그는 할아버지에게 받은 주식 1만 달러를 현금화하고 변호사의 도움을 받아 법인을 세웠다. 그는 집 지하실에 회사를 차리고는 이름을 유나이티드 뱅크 카드라고 지었다. 그의 어머니가 회계업무를 맡았고 경보기 업계에서 마케팅과 영업을 했던 그의 아버지가 잠재적 고객들의 접대를 맡았다. 아이작만은 아직 술을 마시거나 운전을 할 수 있는 나이가 아니었기 때문이다.

처음에 아이작만은 '일단 만들어 놓으면 사람들이 올 것이다'라는 생각을 가지고 있었다. 꽃집 주인이나 피자가게 주인 같은 영세 상인들은 고객들로부터 신용카드를 받고 싶었지만 이들에게는 서비스가 제대로 제공되지 않고 있었고, 이 때문에 영세 상인들의 삶은 점점 힘들어졌다. 그래서 기술력을 갖고 있는 아이작만은 판매자들이 자신의 거래를 관리하고 추적할 수 있는 온라인 시스템을 만들었다. 그리고 그는 상인들에게 당일 승인을 받을 수 있을 거라고 약속했다. "우리의 시스템과 마케팅, 홍보는 다른 사람과 사업을 하는 판매자들을 공략했습니다. 다른 회사들이 치즈버거를 배달하는 데 1시간이나 걸리는 패스트푸드점이었다면 우리 회사는 1분 안에 배달하는 회사였지요."

이 아이디어는 제대로 적중했다. 유나이티드 뱅크 카드는 시작한 지 몇 년 되지 않아 1만 2천 개의 새 계좌가 개설되었다. 하지만 성공적인 반항아가 되는 데는 한 가지 문제점이 있었다. 만약 당신이 어떤 업계에서 틈새와 비효율성을 찾아내고 그것을 채움으로서 이익을 내면 다른 경쟁자들이 몰려드는 게 현실이다.

바로 이런 일이 아이작만에게도 일어났다. 2004년까지 수익은 1260만 달러에 달했지만 이 젊은 CEO는 자신의 사업이 정체기에 도달했다는 것을 깨달았다. "우리는 시장을 다시 한 번 뒤흔들 필요가 있었어요." 그래서 그는 당시만 해도 매우 극단적인 결정을 내렸다. 그는 회사의 영업이사에게 상인들에게 250달러짜리 신용카드 처리 단말기를 나눠주라고 말했다. 다른 경쟁사들은 여전히 그것을 판매하거나 대여해주고 있었다. 이러한 전략으로 회사의 새 계좌 수는 2004년 1만 2천 개에서 2005년 3만 5천 개로 세 배 늘어났다. 그해 봄에 아이작만은 회사의 계좌 1만 5천 개를 경쟁자에게 4400만 달러의 현금을 받고 팔았다. 이 덕분에 그는 계속해서 무료 단말기 프로그램을 진행할 수 있었다. 또한 이것으로 회사는

〈Inc.〉지 '500대 기업' 목록에서 6위를 차지하게 되었다. 지금도 지속적으로 성장하고 있기 때문에 그의 회사는 앞으로 몇 년간 이 목록에 오르게 될 것이다.

최근 아이작만은 다시 한 번 업계를 흔들고 있다. 이 혁신이야말로 제품의 노후화로 인한 정체를 딛고 사업을 성장시키는 데 도움이 될 거라고 생각했다. 바로 신용카드 처리 단말기가 그것이었다. 18개월 전에 그는 큰 회사들에 의해 사용되는 3~4만 달러짜리 단말기를 사용할 능력이 없는 중소기업을 위한 적당한 가격의 POS시스템(유통업체 매장에서 판매와 동시에 품목, 가격, 수량 등의 유통정보를 컴퓨터에 입력해 정보를 분석, 활용하는 관리시스템)을 개발하기 위해 팀을 고용했다. "신용카드 단말기는 과거의 산물입니다. POS시스템은 신용카드 단말기가 갖고 있는 모든 기능을 가지고 있습니다. 게다가 어떤 사업에든 적용할 수 있습니다. 그래서 투자수익률도 더 좋지요." 회사의 연구개발의 결과로 하버터치Harbortouch라는 5,000달러짜리 시스템이 2008년 여름에 시장에 출시되었다. 그리고 현재도 이 시스템은 계속 판매되고 있다. 아이작만에 따르면 하버터치는 경쟁사들이 판매하는 시스템의 1/4 가격이라고 한다. 또한 유나이티드 뱅크 카드가 훈련시킨 300명의 설치 기사들이 시스템을 설치하고 장비를 수리한다. "시장에서 저희 제품이 유일하지요." 그는 이렇게 자랑하지만 그것이 오래가지는 않을 것이다. 물론 경쟁사들이 그를 따라 잡았을 때쯤에는 아이작만은 이미 다른 혁신을 준비하고 있을 것이다.

## 출판사는 이제 끝난 거 아냐?

26살의 조던 골드만은 반항아였다. 그의 회사인 유니고Unigo는 시작한 지 얼마 되지 않았지만 골드만은 이미 〈뉴욕타임즈〉에 소개된 인물이다. 그리고 〈월스트리트 저널〉 월트 모스버그Walt Mossberg의 IT 칼럼에도 소개되었다. 유니고는 학생들이 직접 작성한 300개가 넘는 대학에 관한 정보를 무료로 제공하는 웹 사이트이다. 골드만은 전통적인 출판업계가 미래의 대학생들을 만족시키는 데 실패했다고 생각하여 이 회사를 시작했다. 《피스크 대학 안내서Fiske Guide to Colleges》 같은 책은 한 대학 당 몇 페이지만 할애되어 있었고 학생들의 의견은 거의 없는 입학처의 관점으로 기록된 전형적인 안내서였다. 과거의 세대들은 이정도 정보에 만족했을지도 모른다. 하지만 골드만은 매우 치열한 입학 경쟁 속에서 4년 교육을 위해 20만 달러가 넘는 돈을 써야 하는 사람들이라면 더 나은 정보를 원할 것이라고 생각했다. 스테이튼 섬에서 태어나 웨슬리안 대학을 졸업한 골드만은 그가 신입생 때 《학생들이 만든 대학 안내서The Students' Guide to College》를 공동편집하면서 처음으로 출판계에 발을 담갔다. 그는 100개의 캠퍼스에 관한 정보를 제공할 무급 대학생 인턴을 활용했다. 펭귄에서 출간된 이 책은 비교적 잘 팔렸다. 하지만 골드만은 학생이 제공하는 콘텐츠에 관한 자신의 아이디어를 한 단계 더 끌어올리기로 했다. 그는 웹을 기반으로 하는 사업 아이디어를 가지고 있었다. 현재 대학에 재학 중인 학생들이 자신의 학교에 대한 정보(동영상이나 사진을 포함해)를 웹에 올리도록 하는 것이었다. "제 계산으로 대학에 대한 정보를 찾는 고등학생이 약 1500만 명이었고, 아이들의 대학입학에 관심을 갖고 있다고 밝힌 부모들은 4500만 명에 달했습니다. 그리고 자신의 대학이 실제로 어떤 모습인지 보여줄 수 있는 공간을 갖고 있지 못한 대학생이 1500만 명이었지요." 골드만이 말한다. 유니고는 이 모든 사람들을 역동적인 하나의 커뮤니티로 불러 모았다. 이곳에서 회원들은 끊임없이 새로운 정보를 주고받았으며 서로 직접 소통할 수 있었다.

실제로 이러한 공간을 만드는 일은 쉽지 않았다. 골드만은 도움이 필요했다. 자금과 조언이 필요했으며 대학생들에게 접촉할 직원도 필요했다. 하이어 원의 동업자들처럼 골드만 역시 부유한 졸업생들의 관심을 끌기 위해 대학 동문 네트워크를 활용했다. "당시 저는 23살이었습니다. 제가 존경하는 사람들에게 무작정 메일을 보냈지요. 그리고 그들에게 답장을 받았습니다." 젤니크 미디어Zelnick Media의 CEO의 스트라우스 젤니크Strauss Zelnick와 비엠지 엔터테인먼트BMG Entertainment의 전 CEO가 골드만과 만나 그의 비즈니스 모델에 대해 논의하기로 했다. 전에 소로스 사적자금운영에서 일했던 프랭크 시카Frank Sica 역시 미끼를 물었다. 그는 엔젤 투자자로서 골드만에게 갓 대학을 졸업한 25명의 직원을 고용할 수 있을 만한 넉넉한 창업자금을 투자했다. 골드만은 그때를 회상하며 즐거워했다. "우리는 대학들에 관해 조사를 하고 학교투어 가이드와 학생신문에 글을 기고하는 사람들을 찾아 나섰습니다. 우리는 하나씩 일을 진행시켜 나갔습니다. 그것은 정말 가장 순수한 형태의 청소년운동이었죠."

정해진 규칙은 거의 없었다. 학생들은 어떤 것이든 올릴 수 있었다. 물론 유니고의 직원들에게는 비방의 소지가 다분하거나 사실이 아닌 정보를 삭제할 권한이 있었다. "저는 대학에서의 경험을 있는 그대로 보여주고 싶었습니다. 만약 자신이 관심을 갖고 있는 대학이 매일같이 맥주파티가 열리는 곳이라면 미리 알고 있는 편이 낫겠지요." 회사는 2008년

9월에 공식적으로 문을 열었고 1만 5천 명의 학생들이 정보를 등록했다. 웹 사이트가 문을 연 첫 주에 사이트의 페이지 조회수는 150만 회였고 많은 광고주들이 이 사이트에 광고를 하고 싶어 했다.

저는 출판계의 진부한 운영방식을 보고 이렇게 생각했습니다. '세상은 앞으로 나아가고 있는데 출판계는 언제나 그 자리에 머물러 있다.' 그래서 우리 회사는 정체된 출판계를 흔들어놓으려 한 것입니다.

• 조던 골드만, 유니고

골드만은 지금도 창업자로서 정신없는 하루하루를 보내고 있다. 그는 잠도 거의 자지 않고 대부분의 시간을 웹 사이트를 다듬고 경영하는 법을 배우는 데 쓰고 있다. 하지만 그는 자신이 뭔가 해낼 거라고 믿는다. 이 웹 사이트를 시작하기 전에 그는 자신이 꿈꾸는 젊은 감성의 광고주 목록을 작성한 적이 있다. 그런데 실제로 목록에 있는 광고주들 모두가 그에게 연락을 해왔다. 현재 이 사이트의 광고주 중에는 애플과 델, 반스 앤드 노블스, 텍스트북닷컴Textbook.com, 빅토리아 시크릿이 포함되어 있다.

## 거인이 발을 들여놓을 수 없는 곳을 찾아서

당신은 페덱스와 UPS, DHL 같은 회사와 어떻게 경쟁할 수 있겠는가? 당신이 뉴욕에서 국제 항공운송사업을 막 시작한 CEO라면 이 회사들 때문에 아마도 밤잠을 설치고 말 것이다. 하지만 퍼스트 글로벌 익스프레스

First Global Express(FGX)의 CEO인 29살의 저스틴 브라운은 예외다. FGX는 이들 거대 기업들과 경쟁하지 않기 때문이다. 이 회사는 완전히 다른 비즈니스 모델을 통해 스스로 차별화했다. 이 비즈니스 모델 덕분에 회사의 수익은 2002년 100만 달러에서 2008년 1000만 달러로 급성장하기도 했다.

거대한 운송회사들은 톤 단위로 화물을 선적하고 대도시 터미널 집중 방식의 인프라를 가지고 있다. 쉽게 말해 비행기에 짐을 가득 채우기 위해 최종 목적지인 해외로 운송하기 전에 미국 내의 대도시 공항에 집결하는 것이다. 반면 FGX는 뉴욕에서 출발하는 짐만을 운송하는 데 고객들의 짐을 직항으로 운송하기 위해 100개의 상업 항공사와 협력관계를 맺고 있다. 브라운은 이러한 전략이 시간과 돈을 절약해줄 뿐만 아니라 FGX를 '친환경' 회사로 포지셔닝하는 것이라고 말한다. 왜냐하면 운송하는 거리가 적다는 것은 이산화탄소 배출의 감소를 의미하기 때문이다.

이 회사에 대한 아이디어를 처음 내놓은 사람은 DHL에서 수년간 일한 베테랑인 43세의 제임스 다우드James Dowd였다. 그는 2001년에 FGX의 영업을 위해 브라운을 고용했는데 그를 동업자로 만든 후 2007년 말에는 CEO 자리를 그에게 넘겨주었다. "저는 저스틴이 리더로 성장하고 있으며 훌륭한 CEO가 될 거라고 확신했습니다. CEO 자리를 넘겨주면서 저스틴은 비전을 실현하는 데 집중하고, 저는 회사를 더 효율적으로 운영하기 위해 시간을 할애할 수 있었지요." 처음부터 그들은 특정 지역으로의 대량 운송에 초점을 맞췄다. 그래야 항공사와 운송비용 협상을 더 잘할 수 있었기 때문이다. 그는 미래의 고객들을 이렇게 설득했다. "우리는 짐을 더 빨리, 더 싸게 운송할 수 있습니다." 그들의 초기 고객들은 크게 두 부류였는데 문서를 운반하는 국제 법률회사와 LP 레코드 도매업자들이었다. "브루클린과 퀸즈에 LP 레코드 도매업자들이 많았습니다. 그리고 서유럽과 아시아에서 LP 레코드에 대한 수요가 급증하고 있었죠. 그래서 우리는 이 회사들과 거래를 맺고 3달 동안 매일 수천 킬로그램의 LP 레코드를 실어 날랐습니다." 레코드는 부피가 작았기 때문에 짐칸에서 많은 공간을 차지하지 않았다. 물론 상대적으로 무게는 많이 나갔다. 이러한 LP 레코드의 특징 덕분에 FGX가 항공사들과 좋은 가격으로 협상할 수 있었다.

항공사들과 관계를 형성하는 것은 쉬운 일이 아니었다. 하지만 고객의 신뢰를 얻는 것은 훨씬 더 어려웠다. 브라운은 그때 고민을 이렇게 말했다. "만약 페덱스가 실수를 하면 그것은 페덱스의 잘못이었지만, 우리가 실수를 하면 그것은 우리를 고용하기로 결정한 한 사람의 잘못이었습니다. 우리는 고객들이 작은 회사와 거래하는 데 대한 두려움을 극복할 수 있도록 도와줘야 했습니다." 해결책은 '새로운 고객에 대한 약속'이었다. 새 고객들이 FGX의 운송 서비스에 완전히 만족하지 못하면 요금을 내지 않는 조건으로 1주일 간 사용하는 것이었다. 회사의 혁신적인 배송 추적 시스템과 24시간 이내 배송 약속 덕분에 회사는 많은 고객을 끌어들일 수 있었다.

이제 상황이 역전되어 항공사들이 비행기의 화물칸을 채우기 위해 FGX의 비위를 맞추려고 있다. 하지만 FGX에는 모든 항공사들이 충족시킬 수는 없는 엄격한 기준들이 있었다. 예를 들자면, 한 항공사가 버진 항공사에서 맡고 있는 운송계약을 빼앗을 기회를 엿보고 있었다. 버진 항공은 하루에 다섯 번 FGX의 짐을 히드로 공항으로 운송하고 있었다. 그 회사는 브라운과 다우드를 접대했지만 결국 허사였다. "그들의 화물 회수 시간이 우리의 기준에 맞지 않았습니다." 이 회사가 짐을 비행기에서 내려서 최종 목적지로 옮기는 데는 3시간이 걸렸다. 하지만 버진 항공의 회수 시간은 1시간이었다. 결국 버진 항공이 계속 운송을 맡게 되었다.

> 우리는 UPS나 페덱스와 경쟁하고 싶지 않습니다. 우리는 틈새를 공략할 겁니다.
>
> • 저스틴 브라운, FGX

현재는 뉴욕에서 출발하는 짐만을 운송하고 있지만, 브라운은 5년 안에 동부 해안 10개 도시로 사업을 확장하기 위해 자금을 모으고 있다. 그와 다우드는 경기침체의 영향을 받지 않았다. 브라운은 이렇게 말한다. "저는 경기침체가 이렇게 재미날 수 있을 거라고는 생각하지 못했습니다." FGX의 운송 마진은 대기업 마진보다 2배 이상 많았고 회사에는 빚도 거의 없다. FGX는 오히려 경기침체를 이용해 회사를 포지셔닝한 것이다. "우리 경쟁사들 중 하나는 우리 때문에 뉴욕 사업부에서 상당 인원을 감원했습니다. 저는 감원된 사람들 중에서 가장 능력이 출중한 5명을 고용할 생각입니다. 더불어 저는 새로운 온라인 기술에 투자해 국제운송 시스템을 혁신할 생각입니다." 아마 운송업계의 거물들은 앞으로의 계획에 대해 이렇게 말하기 힘들 것이다.

## 공급망의 고정관념을 뒤집어라

브라운과 다우드의 성공 비결은 전통적인 운송에 대한 대안으로 더 싸고 빠르며 친환경적인 서비스를 제공함으로써 고객들을 만족시키는 혁신적인 방법에 있다. 2500만 달러 가치의 회사인 퍼시픽 칼럼스Pacific Columns의 CEO인 29살의 로버트 셀렉Robert Selleck은 공급망 혁신을 통해 반항아로서 이름을 떨쳤다. 셀렉이 판매하고 있는 물건은 최고급 건축 자재이지만 그의 사업 롤모델은 마이클 델Michael Dell이다. 델은 소비자들이 전화 대신에 컴퓨터를 사는 일이 결코 없을 것이라는 선입견에 도전한 사람이다. 경쟁사들도 깜짝 놀란 고객들과의 직접접촉과 대량 맞춤화에 대한 헌신 덕분에 델은 〈포춘〉지의 '500대 기업인' 목록에서 가장 부유하고 젊은 CEO 중 하나가 되었다. 셀렉은 자신의 업계에 델보다 좀 더 온건하지만 비슷한 혁신을 일으키고 싶었다. 그의 회사는 시작부터 좋은 성과를 거뒀다. 캘리포니아에 있는 이 회사는 2007년에 〈Inc.〉지의 '500대 기업' 목록에서 372위를 차지했다. 그리고 2008년에는 〈Inc.〉지 '5000대 기업' 목록에서 1,081위를 차지했다. 이 회사 수익의 반 이상은 인터넷에서 나왔는데, 이것은 그의 공급망 혁신의 일부일 뿐이었다.

셀렉은 고등학교 때 아버지의 목세공 전문 회사에서 일했고, 이때 업계의 유통망에 대해 배울 수 있었다. 그리고 거기서 약점을 발견했다. "우리 업계는 두 단계의 유통 시스템을 거칩니다. 제조업자는 도매업자에게만 팔고, 도매업자는 소매업자에게만 파는 것입니다. 하청업자는 소매업자에게서만 살 것이고, 고객들은 하청업자들에게서 살 뿐입니다." 하지만 퍼시픽 칼럼은 이 시스템에 도전했고 모든 사람에게 팔기로 결심했다. "우리처럼 한꺼번에 여러 경계를 거스른 사람은 없었습니다."

물론 어떤 회사가 기존 업계에서 뭔가 새로운 것을 시도하려고 할 때면 두려움과 저항이 있기 마련이다. 하지만 젊고 경험이 부족했던 셀렉은 겁먹지 않고 새로운 아이디어를 밀어붙였다. 대신 셀렉은 공급망에 있는 모든 사람들에게 인센티브를 제공함으로써 저항에 맞섰다. 그는 현재 45개의 제조업자들과 협력관계에 있으며 이들을 위한 맞춤형 웹 사이트를 갖고 있다. 그는 또한 이들에게 저렴한 가격으로 공동 광고를 할 수 있는 기회를 제공한다. 그리고 이들에게 투자수익률(ROI) 자료를 제공하고 새로운 제품을 만들기 위해 이들과 협력한다. "이 사람들은 모두 저보다 나이가 많고 인터넷을 두려워하죠. 하지만 이들도 인터넷의 필요성만큼은 알고 있습니다. 인터넷을 안다는 이유로 저에게는 일종의 권력이 생긴 겁니다. 우리를 일종의 마케팅 파트너라고 여기는 것이죠." 그는 하청업자들에게도 제품을 직접 판다. 하청업자들은 자신들이 원하는 대로 제품을 웹 사이트에서 디자인할 수 있고 72시간 안에 물건을 받을 수 있기 때문에 퍼시픽 칼럼을 좋아한다. 회사는 DIY 인구의 증가에 발맞춰 아키텍츄럴디포닷컴architecturaldepot.com이라는 특별한 웹 사이트를 만들기도 했다. 이곳에서 고객들은 기둥이나 덧문, 울타리 등 거의 모든 종류의 건축 자재를 구할 수 있다.

업계가 사양길로 접어들면 변화의 압력을 받기 마련입니다. 이제 마진을 위해서라면 무엇이든 바꾸는 것이지요. 그래서 과거의 공급망을 뒤엎는 새로운 회사에 기회가 열리는 것입니다.

• 로버트 셀렉, 퍼시픽 칼럼

온라인 기술의 사용 덕분에 회사는 가격 면에서 경쟁력을 가질 수 있었고, 힘든 업계에서 견딜 수 있었다. 경기침체로 평균 주문 수가 줄기는 했지만 매출과 수익은 안정적이라고 셀렉은 말한다. "이것은 우리가 고객 기반을 강화해야 한다는 뜻이지요. 물론 우리는 지금까지 잘하고 있습니다."

원래 셀렉의 목표는 회사를 저가 판매업체로 포지셔닝하는 것이 아니었다. 공급망을 바꾸어 업계의 전반적인 효율성을 높이려는 것이었다. 그가 이 업계에 뛰어들 때 업계의 부진을 예상하지는 않았지만 그의 공급망 혁신은 결과적으로 그에게 커다란 경쟁력이 되었다.

## 모든 서비스를 한 방에 해결해줘라

탈리아 메시아는 자신의 회사, 이브드 서비스로 비슷한 결과를 이뤄냈다. 이 회사는 단체 기업 고객들에게 이동수단과 오락, 영상, 식당 예약 등의 서비스를 제공하는 호텔들과 협력관계를 맺고 있었다. 보통 호텔이 기업 고객에게 서비스를 제공할 때는 수많은 외부 업체에 외주를 주어야 한다. 그녀는 남편이 하고 있는 밴드의 행사 예약을 관리하는 일을 하면서 회사에 대한 아이디어를 떠올렸다. 그녀는 호텔의 입장에서 기업 고객을 위해 고용하는 모든 외주 업체들을 관리할 시스템이 필요하다는 것을 발견했다. 그녀는 온라인 기술을 활용해 외주 업체들의 목록을 관리하고 정리했다. 그녀는 이 시스템을 들고 호텔의 기업 고객 담당자들을 만나러 다녔다. "제 기술력으로 호텔과 외주업체들 사이의 연결을 자동화할 수 있는 플랫폼을 만들 수 있습니다. 그리고 여기에 서비스라는 중요한 요소를 접목시켰습니다. 단순히 호텔과 외주업체들을 연결시켜주는 것이 아니라 외주업체들이 자기 일을 제대로 하도록 관리해야 했으니까요."

원래 메시아는 이 시스템을 통해 호텔들이 그녀가 추천하고 관리하는 외주업체들에게 직접 연락하길 원했다. 하지만 호텔 매니저들은 이브드 서비스가 외주업체를 고용하고 관리하는 전 과정을 맡는 것이 더 효율적이라고 생각했다. 그것은 일리가 있었다. 메시아는 앞이 막막했지만 이러한 요구를 받아들였다. 4000명의 제약회사 간부들을 공항에서 태워서 4개의 다른 호텔에 나눠 투숙시키고 55개의 다른 식당에서 식사를 제공하는 이 모든 일을 실수 없이 실행하는 것은 쉬운 일이 아니었기 때문이다.

이제 920만 달러 가치를 갖는 회사로 성장한 이브드 서비스는 2008년 〈Inc.〉 지 선정 '500대 기업' 목록에서 188위를 차지했다. 3년 간 매출이 1200%나 성장했던 것이다. 메시아는 회사의 성공을 외주업체들과의 관계 덕분이라고 생각하고 있다. 그녀는 외주업체를 매우 세심히 선별하고 엄격한 과정을 거쳐 계약한다. 외주업체들의 서비스가 자신의 기준에 맞는지 꼼꼼히 확인한다. 이브드 서비스의 외주업체들은 행사를 마친 후에 고객들로부터 평가를 받기 때문에 이브드 서비스와 계속 사업을 하기 위해서는 고객 평가를 어느 수준 이상으로 유지해야 한다.

메시아는 외주업체들의 서비스 기준을 높여놓기도 한다. 예를 들어 공항 접객 업체 직원들은 밝은 노란색 티셔츠를 입어야 한다. 공항의 혼란 속에서 돋보이기 위해서이다. 그리고 그들은 고급스러운 표지판을 들고 다닌다. 하지만 그녀가 외주업체들과 좋은 관계를 유지할 수 있는 것은 무엇보다도 웹 사이트 덕분이다. 모든 외주업체들은 웹 포털로 연결되어 있는데 그들은 이곳에 자신들의 제품 사진과 동영상 등을 올릴 수 있다. 그러면 이브드 서비스의 영업팀은 이 자료들로 고객들을 위한 제안서를 만든다. 이렇게 해서 제안이 승인되면 웹을 통해서 승인된 외주 업체에 주문이 들어간다. 이 시스템은 매우 효율적으로 운영되고 있는데, 메시아는 자신의 기술에 특허를 받고 다른 업계로 회사를 확장할 계획이다. "호텔업계에 저희 같은 회사는 어디에도 없습니다. 온라인 기술을 가지고 있는 회사도 없지요."

셀렉과 메시아는 자신들의 제품과 서비스 공급망을 근본적으로 바꾸어 놓았다. 그 결과 그들의 고객관계는 근본적이고 극적인 변화를 겪었다. 이들은 자신들이 제공하는 제품을 바꾼 것이 아니라 그저 마케팅과 유통을 좀 더 믿을 수 있고 저렴하게 바꾸었을 뿐이다. 그 동안 이들 업계의 고객들은 비효율적인 기준을 당연하게 받아들여 왔다. 우리가 어떤 제품의 고객지원 센터에 연락할 때 기다리는 것을 당연하게 받아들이는 것과 마찬가지다. 하지만 누군가가 전통적인 사업방식이 비효율적이고 진부하다는 것을 보여주기만 한다면 판은 완전히 달라질 수 있다.


## 영세한 업계를 전문화하기

세상에는 약간의 세련됨이 요구되는 영세한 업계들이 많다. 예를 들어 자동차 수리나 운송업, 이발소가 그런 업계이다. 기술과 브랜드로 강화하고 서비스 기준을 높이며 시스템과 절차를 표준화하기만 한다면 당신이 업계를 주도할 수도 있다.

어린 시절 친구인 27살의 오마르 솔리만Omar Soliman과 닉 프리드만

Nick Friedman의 경우가 이에 해당한다. 대학 졸업 학력의 이들은 동업을 할 거라고는 생각도 하지 못했고 그것도 쓰레기 수거 회사를 하게 되리라고 는 꿈도 꾸지 않았다. 하지만 칼리지 헝크스 하울링 정크는 2008년 350만 달러의 매출을 기록했고 동업자들은 이제 자신들의 고향인 플로리다 탬 파에서 회사를 프랜차이즈화하고 있다. 솔리만은 칼리지 헝크스 하울링 정크의 프랜차이즈를 운영하고 있는 사람들 중 상당수가 젊은 사람들이 라고 말한다. 프랜차이즈 사업에서 회사가 어떤 일을 하는가는 별로 중 요하지 않다. 그보다는 업계의 영세한 경쟁자들과 자신을 어떻게 차별화 하는지가 중요하다. 칼리지 헝크는 쓰레기 수거 운영방식을 차별화했던 것이다.

당시 솔리만은 마이애미 대학 4학년이었고 프리드만은 포모나 대학 4학년에 재학 중이었다. 여름 방학 기간 동안 두 사람은 돈을 좀 벌 방법 을 찾고 있었다. 워싱턴 DC에서 가구점을 운영하던 솔리만의 어머니는 자신의 낡은 짐차를 내주며 아들에게 그것으로 돈을 벌어보라고 했다. "닉과 저는 사람들의 차고를 청소해주면 되겠다고 생각했습니다. 우리는 재미있는 이름을 짓고는 돈을 벌어서 놀러갈 생각에 사로잡혀 있었습니 다." 그들은 '칼리지 헝크 하울링 정크(College Hunks Hauling Junks, 대학의 덩치들이 쓰레기를 치운다)'라는 이름을 지어놓고는 낄낄 거렸다. 다음 날 그들은 전단지를 만들어 그것을 동네에 도배했다.

"우리는 하루에 두 건씩 일을 했습니다. 그렇게 두 달이 지나니까 현 금 1만 5천 달러가 생기더군요. 저희는 더 이상 그 일을 할 이유가 없었습 니다. 그런데 한 달 후에 제가 학교로 돌아왔을 때까지 핸드폰으로 일을 맡기는 전화가 계속 걸려 오더군요." 예상치 못한 성공에 힘입어 솔리만은 칼리지 헝크에 대한 사업계획서를 쓰기로 결심했다. 그리고 그것을 마이애미 대학의 사업계획 대회에 제출했다. 그들이 방학 동안 실제 사업을 운영한 것은 130명의 다른 참가자들과 분명 차별화가 되었다. 그는 이미 시장과 매출을 확보했던 것이다. 그는 결국 대회에서 우승하여 상금 1만 달러를 획득했다.

솔리만과 프리드만은 졸업 후인 2004년에 워싱턴 DC로 돌아왔다. 하지만 사업을 시작하지 않고 남들처럼 회사에 취직했다. 6개월 후에 그들은 대부분의 Y세대들처럼 스스로 이렇게 묻고 있었다. "왜 내가 흥미 없는 일 때문에 고생하고 있지?" 그래서 그들은 솔리만이 받은 상금 1만 달러로 새 덤프트럭을 구입했다. 여기저기 신청한 대출이 모두 거절당했지만 가족들이 그들에게 투자했다. 그리고 마침내 아메리카 은행에서 5만 달러를 대출받을 수 있었다. 그들은 이 돈으로 회사 로고와 웹 사이트를 만들고 마케팅에도 투자했다. 고작 쓰레기 수거 회사를 위해서? 그렇다.

솔리만과 프리드만은 영세한 쓰레기 수거 업계에서 회사를 차별화하기 위해서는 그들이 고객들에게 새로운 경험을 제공해야 한다는 것을 알았다. 폴로 티셔츠와 군복을 차려입은 단정하고 예의바른 대학생 수거원들이 바로 그것이었다. 그들은 깨끗한 주황색 트럭에 굵은 녹색 글씨로 회사의 이름을 쓰고 근육질의 남성 이미지를 로고에 그려 넣었다. 회사는 또한 고객들에게 수거한 쓰레기의 60~70%를 재활용하겠다고 약속했다. 이러한 친환경 전략은 환경을 염려하는 고객들에게 좋은 반응을 얻었고, 쓰레기 처리장에서는 무게 단위로 요금을 매겼기 때문에 회사는 돈을 절약할 수 있었다.

회사 시작 후 2년이 지난 2007년에 칼리지 헝크는 120만 달러의 매출을 기록했고 워싱턴 DC에서 8개의 트럭을 운영할 수 있었다. 그 시점에서 창립자들은 회사를 프랜차이즈화하기로 결심했다. 그들은 브라이언 스쿠다모어Brian Scudamore가 캐나다 밴쿠버에서 18살 때 설립한 1-800-정크를 롤 모델로 삼았다. 솔리만은 이렇게 말한다. "그 회사는 쓰레기 수거 업계의 코카콜라와 같습니다. 그 회사는 제복을 입은 운전사와 고객 서비스에 대한 헌신을 내세워 브랜드를 만든 첫 번째 회사였죠. 그에 비하면 우리는 펩시 정도의 회사였다고 할까요?"

솔리만은 워싱턴 DC에서 벌어들인 돈 20만 달러 정도를 프랜차이즈 사업에 재투자했다. 이 중 4만 달러는 체계화된 프랜차이즈를 위한 맞춤화된 소프트웨어와 매뉴얼을 만드는 데 사용되었다. 동업자들은 또한 프랜차이즈 경력 25년의 베테랑인 조지 팔머George Palmer를 프랜차이즈 개발 이사로 고용했다. 그리고 그들은 회사를 워싱턴 DC에서 탬파로 옮겼다. 이곳은 콜센터에 채용할 사람들도 더 많고 비용도 저렴한 곳이었다. 프랜차이즈 사업을 시작한 지 1년이 지나자 15개의 프랜차이즈가 36개의 독립된 사업체를 운영하게 되었다. 프랜차이즈 소유주 중 4명은 30살 이하였고 90%가 자신들의 매출 목표를 달성하고 있었다. 그렇다면 이 과정에서 솔리만과 프리드만에게 가장 힘든 일은 무엇이었을까? "우리는 모든 사람들이 우리와 같을 거라고 생각했습니다. 우리는 그들 모두가 첫해에 50만 달러를 벌거라고 생각했지만 그렇지 못했지요. 그래서 생각을 바꿔야 했어요." 그럼에도 회사는 2008년에 조직 전반에 걸쳐 350만 달러의 매출을 달성했다.

다른 Y세대 기업가들처럼 솔리만과 프리드만도 회사를 성장시킬 필요가 있었다. 이것은 쉬운 일이 아니었다. 그래도 그들에게는 프랜차이즈 사업을 안내해줄 팔머가 있었다. 그들은 워싱턴 DC 사업부를 다른 분야의 프랜차이즈를 위한 인큐베이터로 사용할 계획이었다. 예를 들어 재활용 센터 같은 곳 말이다. 그리고 그들은 매우 적극적으로 회사를 친환경 회사로 포지셔닝했다. "제조회사들은 고객들에게 자신들이 얼마나 재활용을 잘하는지 보여주기 위해 우리와 거래를 했습니다." 이것은 영세적인 쓰레기 수거 사업과는 매우 거리가 멀다. 하지만 그것이 목적이었다. 그들은 현재 다른 사업 아이디어들도 개발 중이다.

## 가업의 재구성

2007년 미국 가족기업 조사에 따르면 약 40%의 가족기업 소유자들이 10년 안에 은퇴를 계획하고 있다. 하지만 이들 중 1/3만이 다음 세대로 가업이 이어질 것이다. 삼대로 가업이 이어지는 경우(12%)는 훨씬 더 적다. 가족기업은 그것을 운영하는 가족들만큼이나 복잡하다. 때문에 사업에 실패하는 이유도 매우 다양하다. 하지만 살아남는 회사들에는 적어도 한 가지 공통점이 있다. 그것은 이전 세대가 수년에 걸쳐 축적한 지식을 후계자에게 효율적으로 전수하는 동시에 자손들이 사업에 자신들만의 독특한 흔적을 남기도록 격려한다는 것이다. Y세대는 자신만의 독특한 흔적을 남길 수 없다면 아마 가업을 이어받지 않을 것이다.

29살 에밀리 파웰Emily Powell의 이야기를 살펴보자. 그녀는 미국에서 가장 크고 유서 깊은 소규모 독립 서점 체인의 상속인이다. 에밀리의 할아버지가 시작한 파웰즈 북스Powell' s Books를 현재는 그녀의 아버지가 운영하고 있다. 이 회사는 업계(독립 서점들이 반스 앤드 노블과 아마존 같은 대

기업의 공격을 받고 있다)에서 뿐만 아니라 가족기업 사이에서도 독특한 회사이다. 에밀리는 '6000만 달러의 매출을 올리는 파웰즈 북스는 흔들림이 없다'고 말한다.

그녀의 아버지는 자신이 70세가 되는 2010년에 CEO 자리에서 물러나려는 계획을 세웠고 그녀는 자라면서 가끔씩 가게 일을 돕다가 2004년부터 본격적으로 회사를 물려받을 준비에 매진해왔다. 그녀는 금전출납기에 손이 닿지 않던 어린 시절부터 가게 일을 도왔다. "저는 이 가게와 함께 숨 쉬고 성장했어요. 제가 넘겨받은 책임을 매우 중요하게 생각합니다."

그녀가 넘겨받은 책임에는 좋은 것을 더 좋게 만드는 일도 포함되어 있다. 아마 여러 가지 힘든 일도 있을 것이다. "아버지는 회사를 귀중히 여기기만 하고 아무것도 바꾸지 않으면 실망할 거라고 하셨죠." 6개의 점포를 갖고 있는 이 회사는 이미 혁신에 관해서 큰 명성을 얻고 있다. 그녀의 아버지는 1994년에 회사의 재고목록을 온라인에 올렸다. 당시는 아마존이 등장하기도 전이었다. 이 덕분에 회사 매출의 30%가 인터넷을 통해 달성되었다. 또한 웹 사이트를 통해 50만 명의 사람들에게 뉴스레터를 발송하고 있으며 저자들의 인터뷰를 담은 짧은 영상을 만들어 다른 독립 서점에 배포하기도 한다.

에밀리 역시 회사에 자신만의 흔적을 남기고 있다. 바로 회사 매출의 50%를 차지하고 가장 큰 마진을 남기는 중고 책 부분에서다. 그녀는 파웰즈 지점 매니저들을 불러 모은 후 회사 운영을 통합하고 표준화할 아이디어를 내달라고 부탁했다. 이전까지 지점 별 중고 책 재고는 각 지점의 매니저가 책임지고 있었다. 그리고 이들은 서로 재고 정보를 교환하지 않았다. 하지만 이제는 중고 책 유통센터가 만들어져 모든 점포에 책이 유통되고, 대량으로 책을 사들여 규모의 경제를 이룩할 수 있었다. 파웰즈는 또한 효율적으로 관리하기 위해 중고 책 담당자를 고용했다. 이러한 프로세스는 1년에 걸쳐 완성되었고 그 이후로 중고 책 분야는 판매가 10% 이상 성장했고 마진 역시 엄청나게 향상되었다.

"제 기여는 직원들을 적극적으로 활용했다는 데 있어요. 아버지는 책을 위해 사신 분이셨고, 저는 서점에서 성장했죠. 하지만 저는 아버지가 아니었어요. 저는 직원들로부터 무언가 아이디어를 뽑아내는 것이 제 일이라고 생각했습니다." 다시 말해 그녀는 전형적인 업스타트 스타일의 작업 환경을 만들고 있었다. 이에 대해서는 7장에서 더 자세히 살펴볼 것이다. 그녀는 550명 직원들의 집단지능에 의존해 사업을 좀 더 수익성 있고 지속가능한 것으로 만드는 혁신과 창의성을 실천했던 것이다. 이것은 파웰즈 북스를 이어갈 다음 세대를 위한 큰 유산이 될 것이다.

### 기회는 어디에나 숨어 있다

케이시 베그Kathy Vegh 역시 자신만의 유산을 만드는 데 열중하고 있다. 그녀의 아버지가 세운 데니 베그즈 빌라즈 앤드 홈Danny Vegh's Billiards and Home은 클리블랜드에서 45년간 명성을 이어온 회사였다. 케이시는 32살의 나이에 회사의 CEO가 되었다. "저는 24살이 되던 날 회사를 물려받았습니다." 베그 가족은 1956년 고향인 헝가리에서 반란이 일어난 틈을 타 오스트리아를 거쳐 미국 클리블랜드로 이주해왔다. 당시 그녀의 아버지는 돈도 거의 없었고 영어도 할줄 몰랐다. 그에게 있던 것이라고는 탁구에 대한 깊은 애정과 열정이었다. 그는 50년대 후반에 미국 챔피언과 세계 챔피언 타이틀을 획득했다. 그는 이를 통해 클리블랜드 지역의 유명인사가 되었고 당구대와 탁구대를 판매하는 회사, 탁구클럽, 당구장 등여러 사업을 시작했다.

이 중에서 당구대와 탁구대를 판매하는 회사가 결국 지금의 회사가되었다. 이 회사는 지금의 회사와는 닮은 점이라곤 전혀 없었다. 당시에회사 고객의 70%는 당구장 주인이었다. 그리고 가게는 당구대를 마구 쌓아 올려 복잡하고 지저분했다. 베그는 처음에 2년 간 청소만 해야 했다.딸이 MBA 과정을 밟고 법대를 졸업했음에도 불구하고 그녀의 아버지는그녀에게 '홍보이사' 라는 직함을 주었다. "아버지는 저를 과소평가하셨죠. 하지만 저는 제가 그 업계를 완전히 뒤집어 놓을 거라는 걸 알고 있었습니다."

2년 간 회사에서 고생하며 일하던 어느 날 그녀는 아버지에게 명함이 떨어졌으니 새로 찍고 싶다고 말했다. 하지만 그녀가 새 명함에 인쇄하고 싶은 직함은 '운영 부사장' 이었다. 아버지는 당찬 딸에게 마지못해설득 당했고 케이시는 비즈니스 모델을 대대적으로 손보기 시작했다. 결국 2003년에는 일반 고객들의 매출이 당구장과 오락실 고객들의 매출을앞질렀다. 새로 단장한 지하실에 놓을 당구대를 찾는 베이비부머들 덕분이었다. 케이시는 일반 고객들을 위해 회사를 좀 더 고객 친화적으로 바꾸었다. 영업사원들을 재교육시키고 새로운 제품들을 추가했다. 그해에그녀는 클리블랜드 서쪽에 두 번째 가게를 열자고 아버지를 설득했다.두 번째 가게는 그녀에게는 자식이나 마찬가지였다. 두 번째 가게는 60일만에 손익분기를 넘어섰다. 그로부터 2년 후 클리블랜드 동쪽에 세 번째가게가 문을 열었다. 이제 케이시는 회사의 CEO이며 49%의 주식을 소유하고 있다.

업계 사람들은 저돌적인 그녀를 '작은 발전소'라고 불렀다. 하지만 오해하지 말기 바란다. 그녀는 가족기업을 매우 현실적인 방식으로 운영했다. 그녀는 견고하기는 하지만 아주 단순했던 사업에 업스타트다운 재주를 부렸다. 아버지의 유산에 존경을 표하는 동시에 타깃 고객의 변화와 치열해지는 경쟁에도 효과적으로 대처했다. 1장에서 살펴본 업스타트들처럼 그녀 역시 협력의 중요성을 알고 있었다. 그녀는 고객에게 더 많은 가치를 제공하고 큰 경쟁사들을 넘어서기 위해 협력관계를 추구했다.

가장 최근에 문을 연 가게는 2층까지 전면이 유리로 되어 있고, 네온사인과 당구대 형상의 기둥으로 장식되어 있다. 전시실은 당구대 형태로 만들어졌으며 조명 역시 당구대 모양이다. 가게의 주변에는 8개의 서로 다른 테마를 가진 오락실이 50년대풍, 전원풍, 현대풍으로 꾸며져 있어 고객들은 이곳을 보고 자신이 꾸밀 오락실의 모습을 상상할 수 있다. 그녀는 건축가와 조명회사, 건설업자와 협력관계를 맺고 고객들에게 당구대뿐만 아니라 완벽한 오락실 패키지를 제공한다. 여기서 끝나는 것이 아니라 큰 회사라면 엄두도 못 낼 고객 서비스도 포함되어 있다. "자기 집 빈 공간을 어떻게 꾸며야 할지 모르는 고객들에게는 그들의 집에 직접 찾아가서 오락실을 디자인해줍니다. 우리는 고객들과 대화를 나누며 그들이 어떤 스타일을 원하는지 알아내지요. 그리고 고객들이 정한 예산 안에서 디자인 작업을 합니다. 물론 서비스는 무료입니다. 또 저희 제품을 사지 않아도 이 서비스를 받을 수 있습니다."

그녀는 또한 전형적인 업스타트 스타일의 전략적 협력관계도 추진하고 있다. 3년 전 그녀는 클리블랜드의 NBA 농구팀인 캐벌리어스와 후원

계약을 맺었다. 캐발리어스의 하프타임 쇼에 데니 베그즈의 제품을 등장시키는 대신에 회사가 선수들과 코치들을 위한 행사를 후원하는 것이었다. 그리고 데니 베그즈는 '클리블랜드 캐발리어스가 선택한 오락실 업체'라고 광고할 수 있는 독점적인 권리를 갖았다. 이 협력관계는 선수들 개인의 오락실 작업 주문이라는 부가적인 수익도 있었다. "이 협력관계의 파급효과는 정말로 놀라운 정도입니다. 게다가 재미있기도 하고요."

지난 몇 년간 베그가 매출을 세 배로 성장시킬 수 있었던 것은 바로 이러한 협력관계 덕분이었다. 그녀는 정확한 숫자는 밝히지 않았지만 회사의 연 매출이 500~1000만 달러 사이라고 말한다. "지난 7년 간 우리와 경쟁했던 대부분의 작은 회사들은 사업을 접거나 근근이 버티고 있는 상황입니다. 그리고 큰 회사들은 기존 방식에서 벗어나 우리 회사가 고객에게 제공하는 서비스를 따라할 융통성이 없지요." 그녀는 경기침체로 인해 2009년 매출성장이 주춤했다고 말한다. 하지만 그녀는 이것을 성장의 기회로 보고 있다. "전국적으로 많은 분야의 전문 소매업체들이 망하고 있어요. 그래서 저는 이들 업체들을 이용해 다른 업계로 진출할 기회를 잡기 위해 노력하고 있습니다."

### 감성과 기술 결합하기

전통적인 업계의 가족기업은 경기침체와 경쟁사의 증가로 인해 더 큰 타격을 받고 있다. 이들의 경쟁업체는 대부분 크고 재정적으로 탄탄한 회사들이다. 이 가운데서 살아남고 성장하는 유일한 방법은 회사를 차별화함으로써 업계의 판도를 바꾸는 것이다. 케이시 베그는 보수적인 소매업체를 가정용 오락실을 위한 맞춤형 원스톱 상점으로 바꿈으로써 이 일을 해냈다. 브라이튼 크롬웰Brighten Cromwell의 CEO인 29살의 롭 반 이튼Rob Van Etten도 마찬가지다. 그는 새로운 시스템과 인터넷을 이용해 기존 고객에게 더 나은 서비스를 제공했고, 시장을 다각화했다. 2008년 1600만 달러의 매출을 기록한 이 뉴저지의 방위 하청업체는 공급망 통합을 통해 회사를 차별화했다.

반 이튼은 2004년 23살 때 업계의 베테랑인 아버지와 삼촌과 함께 회사를 시작했다. 반 이튼은 업계에 대한 아버지의 전문 지식을 습득하려면 몇 년은 걸릴 거라고 생각했다. 그는 자신의 아버지를 '롤모델이자 가장 친한 친구'라고 말한다. 그의 아버지는 방위 컨설팅과 방위 조달회사를 운영하던 타고난 사업가였다. 그런 그는 1980년대 후반에 문제가 많은 한 제조업체를 인수했다. 하지만 불행히도 회사 상황은 악화되었고 그는 1990년대 초에 회사의 대부분을 피셔 사이언티픽Fischer Scientific에 팔아야만 했다. 회사를 넘기고도 빚더미 위에 올라앉은 그의 아버지는 힘든 결정을 내려야 했다. "제가 어렸을 때 아버지와 앉아 있던 게 기억납니다. 아버지는 파산신청을 해서 다른 사람들을 힘들게 하거나 우리 가족이 고생하는 두 가지 선택사항이 있다고 말씀하셨죠. 우리 가족은 뉴저지에 있는 집을 팔고 2년간 고생하며 빚을 모두 청산했습니다."

롭 반 이튼은 당시의 교훈을 마음에 새겼고 최악의 한 해를 버틸 수 있었다. 브리튼 크롬웰을 시작한 지 10개월 만에 삼촌이 위암으로 세상을 떠났다. 그리고 두 달 후 2005년에 1월에 그의 아버지가 폐고혈압으로 세상을 떠났다. "저는 장례식장에 참석한 모든 사람들이 제가 실패할 거라고 생각하고 있다는 것을 알았습니다. 하지만 저는 그들이 틀렸다는 것을 증명하고 싶었습니다." 그는 미망인이 된 숙모와 다른 숙모에게서 회사의 지분을 사들이기 위해 어머니에게 돈을 빌렸다. 그리고 그는 자신의 얼마 되지 않는 연봉 2만 달러를 1만 달러로 감봉했다. 그리고 회사 운영을 위해 동생의 친구인 댄 유커Dan Youker를 끌어들였다. 당시 회사의 손실은 1백만 달러에 달했다. 그는 아버지의 친한 친구인 프랜 스크리코 Fran Scricco에게 조언을 구하며 의지했다. 아바야Avaya의 고위 간부인 스크리코는 GE와 보스턴 컨설팅에서 일한 베테랑이었으며 애로 일렉트로닉스Arrow Electronics의 전 CEO이기도 했다. 스크리코의 도움으로 2005년 말에 회사는 흑자로 돌아섰다.

2007년 회사 매출이 880만 달러를 기록했고 시코스키Sikorsky, 보잉 Boeing, 하니웰Honeywell 같은 고객들이 문을 두드리고 있었다. 하지만 그가 회사를 성장시킬 수 있었던 것은 매출증가 때문이 아니었다. 브리튼 크롬웰은 공급망 통합자로서 고객을 위해 물자 조달을 더 쉽고 효율적으로 만들었던 것이다. 그들의 고객 중에는 미 국방부 뿐만 아니라 방위 하청 업체들도 포함되어 있었다. 회사는 국방부를 위한 일로 공급망의 통합을 시작했다. 군용 이동수단을 관리하고 수리하는 데 필요한 50개의 서로 다른 부품들을 조달하고 통합해 하나의 패키지로 만드는 일이었다. "우리가 그 일을 시작했을 때 사람들은 우리가 미쳤다고 생각했습니다. 항공 우주 산업에서는 흔한 볼 수 있는 형태였지만 지상 운송수단을 위한 형태는 아니었죠. 당시 미국은 이라크와 지상전을 치르고 있었습니다."

회사는 이러한 계약에서 능력을 발휘하여 믿을 수 있고 혁신적인 정부 하청업체로 명성을 쌓았다. 회사가 이러한 혁신을 이룰 수 있었던 것은 반 이튼이 수천 개 품목의 가장 저렴한 공급자를 자동으로 찾아내는 독자적인 소프트웨어 개발에 투자했기 때문이기도 하다. 예를 들어 400

개 품목의 물품이 필요한 고객이 있는데, 이 고객은 최대한 적은 수의 판매자들로부터 이 모든 물품을 확보할 수 있기를 바란다. 그러면 브라이튼 크롬웰의 시스템은 판매회사들의 데이터베이스에 접근하여 고객이 원하는 조합을 찾아낸다. "아버지는 항상 기술을 선도하셨지요. 방위업계 회사의 상당수는 냉전 때 등장했습니다. 저는 그들을 기술로 날려 보내고 싶었죠. 경쟁자들은 거대하지만 계속 축소되는 반면 우리는 성장하고 있습니다."

2008년 여름에 반 이튼은 28살이 되었고 두 대기업이 500만 달러 이상을 제안하며 브라이튼 크롬웰을 사고 싶다고 접근해왔다. 그는 이 회사들로부터 접대를 받았고 프랜 스크리코에게 전화로 조언을 구하기 전까지는 약간 흔들리기도 했다. "자네 미쳤나?" 스크리코가 그에게 물었다. "자네 아버지는 어떤 일이든 자기 통제를 벗어나는 걸 결코 좋아하지 않았지. 자네도 마찬가지일 거네. 이제 자네가 다음 단계로 넘어가기 위해 필요한 것이 있네." 그래서 반 이튼은 아버지가 전에 운영하던 회사의 간부를 스카우트했고 사업개발 이사를 고용했다. 목표는 OEM 계약을 따냄으로써 회사를 2500만 달러 가치로 성장시키는 것이었다. 이를 위해 최근에 반 이튼은 새로운 웹 기반의 BCL 하드웨어라는 회사를 시작했다. 대량으로 설비를 판매하는 B2B(기업이 기업을 대상으로 각종 서비스나 물품을 판매하는 방식의 전자상거래) 회사였다. 예를 들어 주택건설업자들과 장비제조업체들이 회사의 고객이었다. 그는 또한 회사들이 물 소비를 줄이는 데 도움이 될 친환경 제품을 준비하고 있다.

그는 아버지의 회사를 운영하기에 너무 어리고 경험이 없다고 그를 무시하던 회의주의자들이 틀렸다는 것을 계속해서 증명했다. 32명의 직

원과 1300평방미터의 사무실, 1000만 달러 규모에 달하는 계약들, 반 이
튼은 이제 아무것도 증명할 필요가 없었다.

● 젊은 창조자들을 위한 조언

### 트랙3. 업계의 판도를 바꿔라

**1. 업계를 흔들 기회를 찾아라.** 유나이티드 뱅크 카드의 자레드 아이작만이 신
용카드 처리 회사에서 일할 때 그는 업계의 운영방식이 효율적이지 못하고 기
술적으로 뒤쳐져 있는 것을 보고 놀랐다. 그래서 그는 자신만의 100% 온라인
시스템을 만듦으로써 업계의 기준을 혁신했을 뿐만 아니라, 상인들에게 신용
카드 처리 단말기를 무료로 제공하기도 했다. 이것이 업계의 표준이 되자 아이
작만은 업계를 흔들어 놓을 새로운 제품의 개발로 관심을 돌렸다. 영세상인들
을 위한 적당한 가격의 POS시스템이었다. 여기서 교훈은? 당신이 경쟁에서 앞
서기 위해서는 계속해서 업계의 판도를 바꾸어 놓아야 한다는 것이다.

**2. 변화하는 고객의 요구를 인식하라.** 유니고의 창립자인 골드만은 경쟁이 치
열한 환경에서 대학진학을 앞둔 고등학생들에게 좋은 학교를 선택할 수 있는
데 필요한 정보가 제대로 제공되지 않고 있다고 생각했다. 게다가 시중에 나와
있는 두껍고 비싼 대학안내서는 온라인에서 많은 시간을 보내는 학생들에게는
맞지 않았다. 무료 온라인 대학 정보 사이트인 유니고는 대학생들이 직접 올린
정보와 리뷰, 동영상을 고등학생들에게 제공하기 위해 대학 커뮤니티를 활용

했다. 이것은 대부분의 전통적인 출판업자들이 자신의 핵심 사업을 잡아먹게 될까 두려워 결코 시도하지 않는 전략이었다.

**3. 공급망의 비효율성을 찾아라.** 때로 가장 효율적인 혁신은 실제 제품이나 서비스가 아닌 그것이 전달되는 방식과 관련이 있다. 탈리아 메시아는 호텔들이 기업의 단체 행사를 위해 많은 외주업체들을 고용해야 한다는 것을 알았다. 그녀는 호텔에 필요한 밴드나 플로리스트, 운송회사 등 외주업체들을 자신이 고안한 데이터베이스로 통합시켰다. 그녀의 이 정교한 시스템을 통해 호텔들은 외주업체를 선택하고 관리하는 운영 부담에서 벗어날 수 있었다. 단체 고객에게 서비스를 제공할 때 발생하는 일정관리의 문제에서도 벗어날 수 있었다.

**4. 영세한 업계를 전문화하라.** 고객들이 수준 이하의 서비스에 무감각해진 업계는 매우 많다. 이 업계에서 서비스 수준을 올림으로써 고객들을 기쁘게 하라. 그러면 당신은 해당 업계에서 부각될 것이다. 칼리지 헝크 하울링 정크의 창립자들은 매우 평범한 쓰레기 수거 사업을 전문화하고 브랜드를 만들었다. 단정한 대학생들을 고용하고 회사에 친환경 이미지를 심어놓은 것이다. 그리고 트럭에서 유니폼까지 모든 것을 브랜드화했다. 그 결과 영세업자들에 의해 운영되는 쓰레기 수거 사업을 350만 달러 가치의 프랜차이즈 회사로 키워낸 것이다. 이 회사는 심지어 오프라 윈프리의 관심을 끌기도 했다. 오프라는 '당신의 지저분한 집을 치우자(Clean Up Your Messy House)' 투어에서 그들과 함께 하기도 했다.

**5. 충족되지 않은 틈새를 찾아내라.** FGX의 CEO인 저스틴 브라운 국제 항공운송 업계에서 자신의 풋내기 회사에 대한 고객들의 신뢰를 얻기 위해 첫 고객으로 LP 레코드 유통업자들을 공략했다. LP 레코드 운송은 규모가 작고 대기업들이 굳이 손대지 않는 분야였다. 하지만 이 틈새에서 FGX는 DHL이나 페덱스 같

은 대기업들이 무시하지 못할 실적을 쌓았다. 게다가 기존 기업들과는 달린 FGX는 하룻밤 사이에 짐을 운송하기 위해 상업항공의 직항노선만을 사용했다. 당연히 경쟁사들보다 고객에게 더 빠른 운송 서비스를 제공할 수 있었다. 또한 대기업들처럼 자체적으로 항공기를 소요한 것이 아니었기 때문에 부대비용을 줄일 수 있었다.

**6. 상자 밖으로 나와라.** 케이시 베그가 아버지의 사업에 합류하기 전에 데니 베그즈 빌라즈 앤드 홈은 당구대와 탁구대를 판매하는 가게였다. 이제 이 회사는 일반 가정집을 위한 100% 맞춤형 오락실 솔루션을 판매한다. 베그는 본점을 리모델링하고 두 개의 새 가게를 열었다. 건축가 및 조명회사들과 전략적 협력관계도 맺었다. 심지어 NBA 농구팀 클리블랜드 캐발리어스와 괜찮은 조건의 후원계약을 성사시키기도 했다.

# 시장 내부자 :
# 자기 세대에 빠르고
# 열정적으로 마케팅하기

**CHAPTER**

당신에게 규모가 매우 큰 특정 집단에 대한 특별한 통찰력이 있다고 가정해보자. 이 집단의 수는 거의 8000만 명에 달하고, 연 수입이 200억만 달러이며, 돈과 음악, 패션, 교육, 음식 등 거의 모든 분야에 대한 접근법이 약간은 특이하다. 바로 Y세대다. 맥도날드나 펩시 같은 대기업들은 Y세대에게 접근하는 법을 가르쳐줄 전문가들을 고용하고 있다. 그러니 당신이 직관적으로 Y세대를 이해하고 있다면 그것은 매우 핵심적인 경쟁력인 셈이다. 그렇지 않겠는가? 이것이 바로 업스타트들이 가지고 있는 강점이다. 자기 세대를 위한 제품과 서비스를 만들어내는 본능적인 능력 말이다.

실제로 매우 혁신적인 방법으로 Y세대 시장인 대학생들에게 접근하는 회사가 있다. 바로 칼리지 박스 앤드 돔에이드College Boxes and DormAid이다. 이 회사의 창립자들은 회사가 자신의 제품에 대해 떠드는 말을 Y세대들이 믿지 않는다는 것을 알고 있다. 그들은 자신의 친구들이 그 제품에 대해 어떻게 생각하는지를 중요하게 여긴다. 그래서 이 회사의 창립자들은 회사를 마케팅하기 위해 학생들을 고용했다. 2장에 살펴본 루프트나 애비어리처럼, 당신이 여기서 만나게 될 업스타트들은 기존의 제품과 서비스를 변형해서 Y세대에 더 친근한 것으로 만든다.

민트닷컴Mint.com은 Y세대를 겨냥한 이용이 쉬운 온라인 금융 사이트이다. 이그나이터닷컴Ignighter.com은 Y세대에 온라인 데이트 서비스를 제공한다. 그리고 인도치노닷컴Indochino.com은 합리적인 가격에 맞춤 정장을 판매함으로써 맞춤을 원하는 Y세대를 공략한다. 헌드레즈Hundreds의 공동창립자인 바비 킴Bobby Kim과 벤 셰나사파Ben Shenassafar는 Y세대가 자신들의 인디 브랜드 티셔츠에 끌리는 것은 '비주류문화의 융합'을 반영하기 때문이라고 설명한다. 무엇보다도 흥미로운 점은 다른 사람들(큰 회사들)을 가르치는 일(Y세대를 이해하는 법)로 생계를 꾸려가는 업스타트들의 수가 늘어나고 있다는 것이다. 버즈 마케팅Buzz Marketing과 언더커런트Undercurrent는 바로 이렇게 빠르게 성장하고 있는 마케팅 커뮤니케이션 전문가 집단의 선두주자이다.

업스타트들은 자기 세대가 무엇을 원하는지 알 뿐만 아니라 그들에게 접근하기 위해서 어떤 광고와 마케팅 방법을 택해야 하는지도 알고 있다. 왜 이것이 중요할까? Y세대가 전통적인 마케팅에 잘 반응하지 않는다는 것은 여러 조사결과로 입증된 바 있다. "젊은 사람들은 마케팅과 광고에 대해 무척 잘 알고 있습니다. 그래서 그들을 속일 수 없지요." 티나 웰스Tina Wells가 말한다. 28살의 그녀는 젊은 마케팅 회사인 버즈 마케팅 그룹의 CEO이다. "그들은 회사가 자신의 제품 이미지를 강요하는 것을 싫어합니다. 그들은 끈질긴 광고도 싫어하고, 자신들이 거짓이라고 생각하는 것은 돌아보지도 않습니다."

Y세대를 만족시키는 것은 힘든 일이다. 하지만 Y세대 기업가들이 사실상 거의 모든 경제 영역에서 이 일을 해내고 있다. 그들은 Y세대에게는 이전 세대들과 근본적으로 다른 어떤 욕구가 있다는 것을 알고 있다. 한 예로 30살이 넘은 대부분의 사람들은 아마 자신의 휴대폰 GPS로 친구의 위치를 추적하는 것에는 관심이 없을 것이다. 또한 그들은 제품이나 서비스에 있어서도 다른 세대들보다 Y세대가 약간 더 창의적인 것을 좋아한다고 알고 있다.

## 거대한 대학생 시장에 접근하는 법

앨로이 미디어 & 마케팅의 2008년 조사에 따르면, 미국 대학생 시장은 1360만 명에 달하고 237억만 달러 이상의 연간 구매력을 자랑하고 있다. 매우 수익성 있는 시장인 것은 확실하지만 이들을 만족시키는 것은 생각만큼 쉽지 않다. "Y세대는 자신들이 가치 있는 집단이라는 걸 알고 있죠." 앨로이 미디어의 고객만족부서 부사장인 앨리슨 마쉬Allison Marsh가 말한다. "그들은 기업이 자신들을 위해 무엇을 할 수 있는지 알고 싶어 합니다. 시대에 뒤떨어져서는 안 되고, 그들에게 어떤 가치를 제공할 수 있어야 하며, 그들과 열린 대화를 해야 하지요." 한 마디로 제품이나 서비스 자체만이 중요하지는 않다는 것이다. 업스타트들은 팔려는 제품뿐

만 아니라 Y세대에 마케팅 하는 방법이나 그들을 만족시키는 방법이 중
요하다는 것을 알고 있다.

보스턴에 있는 회사인 칼리지 박스는 Y세대에 접근하기 위해 두 가
지 방법을 사용했다. 우선 Y세대에게 이사와 창고임대 서비스를 알리기
위해 대학생을 고용했다. 이 회사의 서비스를 이용하는 학생들은 온라인
계좌를 만들고, 짐 싸는 데 필요한 물건들을 주문하며, 송장을 프린트하
고, 이사 전 과정의 일정을 짠다. 회사는 또한 학생들이 방학동안 모든 물
건들을 집에 보내지 않아도 되는 창고임대 서비스를 제공한다. 칼리지
박스의 창립자 조쉬 코이트Josh Kowitt는 이 모든 과정을 고객들이 편안하
게 느낄 수 있도록 만들었다고 말한다. "우리는 시스템을 매우 단순하게
디자인했습니다."

이사 업계는 아직까지 석기시대죠. 우리가 성공한 이유는 이 구식 업
계에 새로운 기술을 도입했기 때문입니다.

• 조쉬 코이트, 칼리지 박스

회사는 세인트루이스에 있는 워싱턴 대학에서 시작되었다. 이곳에
서 코이트는 자신의 미니 냉장고 대여 회사를 동아리 친구인 스콧 뉴버거
의 이사 회사와 합병했다. 칼리지 헝크 하울링 정크처럼(3장 참고) 칼리지
박스는 매우 영세한 업계를 전문화했다. 이 회사는 창고임대에 대한 수
요를 파악하고 난 후 지역의 창고회사들과 고객들이 원하는 수준으로 가
격협상을 했다. 이사를 담당할 업체들도 능력에 따라 꼼꼼히 선별했기
때문에 학생들은 믿을만한 회사를 고르는 소모적인 일에서 자유로워질

수 있었다. "창고임대 사업은 시작된 지 30년이나 되었습니다. 그리고 보통 기사가 트럭과 함께 나타나면 사람들은 짐을 뒤에 싣고, 그것을 3개월 뒤에 돌려받았습니다." 코이트가 말한다. 칼리지 박스의 경우 학생들이 원한다면 창고에 보관되어 있는 물건에 언제든지 접근할 수 있고, 온라인으로 모든 물건 목록을 볼 수 있으며, 가을 학기 시작에 맞춰 배송도 해준다. 특히 회사는 UPS와 협력하여 대학별로 짐을 한꺼번에 배송한다.

"대학 측에서 좋아하더군요. 한 트럭으로 40명의 짐을 옮기기 때문에 캠퍼스의 혼잡을 줄일 수 있었죠." 코이트는 말한다. 대학 측의 또 다른 혜택은 그들이 학생들에게 칼리지 박스를 추천하는 대가로 수수료를 받는다는 것이다. 또 학생들이 마케팅을 위해 고용되기 때문에 아르바이트 창출효과도 있었다. 학생들을 이용해 칼리지 박스에 대한 소문을 퍼트리는 것은 경제적일 뿐만 아니라 현명한 선택이다.

앨로이 미디어 & 마케팅이 1500명 이상의 대학생들을 상대로 진행한 조사에 따르면, 64%가 입소문이 구매 결정에 있어서 가장 중요한 요소라고 답변했다. 물론 우리는 모두 주변 사람들의 추천을 신뢰한다. 하지만 Y세대가 다른 세대들보다 매우 사교적이라는 것을 고려해야 한다. Y세대는 온라인 소셜 네트워크를 통해 자신이 사용하는 제품과 서비스에 대해 얘기한다. 다른 세대보다 소문에 더 민감할 수밖에 없는 환경에 있는 것이다. "당신이 그들에게 무언가 팔고 싶다면 그들의 언어를 사용해 대화해야 합니다." 앨로이 미디어의 앨리슨 마쉬가 말한다. 그리고 이를 위한 가장 좋은 방법은 젊은 영업자들을 활용하는 것이다.

칼리지 박스의 경우 이 전략이 적중했다. 이 회사가 2008년 1월에 협력업체였던 도어 투 스토어Door to Store에 인수되었을 때 매출은 300~500만 달러였고 당시 업계에서 가장 큰 회사였다. 이 회사는 현재 44개의 대학들과 사업을 하고 있고 조쉬 코이트가 회사를 떠난 후로 뉴버거가 사장으로 남아 있다.

## 기숙사 청소로 돈을 번다고?

24살의 마이클 콥코Michael Kopko 역시 대학시장에서 자신의 회사인 돔에이드를 성공시켰다. 하지만 그 과정은 순조롭지 않았다. 그는 2003년 가을에 하버드 대학에서 기숙사 방 청소 대행 서비스 회사를 설립했다. 그는 당시 하버드 신입생이었고 실제로 방을 청소하지 않으면서 방을 깨끗하게 유지하는 방법을 찾고 있었다. 그는 다른 학생들도 비슷한 문제로 고민하고 있을지 모른다는 생각이 문득 들었다. 그래서 신입생 기숙사의 청소를 담당하고 있는 청소 전문가의 스케줄을 관리하는 작은 사업부터 시작했다. 이 사업으로 그는 청소 사업을 시작할 수 있는 돈을 벌었다.

다음 해에 그는 신입생과 2학년생들에게 이 서비스를 적극적으로 마케팅하기로 했다. 그 시기에 프린스턴 대학의 신입생이던 동생이 비슷한 사업을 시작했고, 둘은 회사의 웹 사이트를 만들었다. 당시 회사 이름은 도메이드DorMaid였다(Maid를 강조하여 M을 대문자로). 그런데 하버드 대학의 행정처는 도메이드가 허가받지 않은 사업이라고 추궁하면서 콥코의 사업을 막으려 했다. 수개월의 인내와 서류작업으로 그는 마침내 사업을 계속할 수 있는 공식 허가를 받았다. 단 회사 이름을 돔에이드DormAid로 바꾸는 조건이 붙었다. 학교 측은 Maid(하녀)라는 단어가 부적합하다고 생각했던 것이다.

하지만 캠퍼스의 모든 사람이 콥코의 기업가적 열정에 감명 받은 것은 아니었다. 학교의 학생신문인 하버드 크림슨Harvard Crimson은 콥코의 회사를 천박한 엘리트주의라고 비난했다. 2005년 3월 크림슨의 기자는 돔에이드에 대해 이렇게 썼다. "캠퍼스에서 가진 자와 가지지 못한 자의 또 다른 차별을 양산함으로써 돔에이드는 학생들의 화합을 위협한다." 그들은 또한 회사를 보이콧했고 그 기사는 주류 언론의 관심을 끌었다. 이를 계기로 콥코는 뜻하지 않게 홍보에 대해 배우게 되었다. 바로 '잘못된 홍보란 없다'는 것이었다. 캠퍼스에서의 논란은 연합통신 로이터에 실리게 되었고 월스트리트 저널과 뉴욕타임즈 역시 돔에이드에 관한 이야기를 다뤘다. 라디오 진행자 러시 림보Rush Limbaugh는 하버드 크림슨의 기자들을 '좌파주의 집단'이라고 비난했다. 그리고 콥코가 교수가 되어야 한다고 말했다. 그는 대부분의 경영자 과정에서 가르치는 것들을 이미 실행에 옮기고 있었기 때문이다. 데일리 쇼는 러브 코드리Rub Corddry와의 5분 '인터뷰'에 콥코와 데이브 아인스버그를 섭외했다. 러브 코드리는 방송에서 두 명의 젊은 초대 손님과 신나게 떠들어댔다. 이 모든 일이 회사에 어떤 영향을 미쳤을까? 하버드에서 돔에이드의 서비스에 대한 수요가 급증했고 회사는 다른 캠퍼스로 사업을 확장할 기회를 얻게 되었다.

그 해 여름 콥코는 자신의 동업자인 롭 체콧Rob Cecot과 조지 아빌스Jorge Aviles, 크리스 액톤-메이어Chris Acton-Maher, 그리고 동생과 함께 플로리다 포트로더데일에 있는 부모님의 집으로 들어갔다. 다음 해의 성장계획을 세우기 위한 여름 전략회의를 진행하기 위해서였다. 2005년 가을에 그들은 지역의 세탁 업체와 협력을 맺어 학생들에게 세탁 서비스를 제공하려고 했다. 그리고 그들은 하버드뿐만 아니라 보스턴 대학과 밥슨 대학, 프린스턴 대학, 디킨슨 대학으로 사업을 확장하려 했다. 각 학교의 사업은 파트타임 임금을 받는 '대표' 학생이 운영하면서 지역의 협력업체들과의 관계를 유지하고, 캠퍼스에 새로운 사업을 홍보할 계획이었다. 이것은 칼리지 박스가 학생들을 이용해 고객들에게 마케팅 한 것과 근본적으로 같은 전략이다. "우리는 회사를 자신의 자식처럼 여기는 학생들을 고용했습니다."

콥코의 목표는 돔에이드를 전국적인 규모의 사업으로 만드는 것이다. 현재 65개의 대학에서 사업을 하고 있는 그는 이미 그 길로 걸어가고 있다. 그는 사업에 약간 변화를 주기도 했는데, 기숙사 청소를 위해 독립적인 청소 전문가들을 고용하는 대신에 지역의 청소업체를 고용했다. 이 때문에 학생들이 지불해야 하는 비용은 늘어났지만 회사의 운영 부담은 줄어들었다. 또한 콥코의 회사는 식수 배달, 설비 대여, 침구류 공급, 온라인 컴퓨터 백업, 진로상담 서비스와 개인과외로까지 서비스 범위를 확장했다. "우리는 인도인 박사를 강사로 보유하고 있습니다. 웹에 있는 가상 화이트보드를 통해 학생들에게 개인지도를 해주는 것이지요." 모든 서비스를 문제없이 제공하기 위해 돔에이드는 다양한 외주업체들과 협력관계를 맺고 있다. 전략적 협력관계를 효율적으로 사용하는 콥코 역시 1장에서 설명한 '협력주의자' 인 셈이다.

2007~2008년도 학기 동안 돔에이드는 약 60만 달러의 수익을 올렸다. 하지만 콥코는 이 사업의 진짜 가치는 자신이 회사를 운영하는 법을 배웠다는 데 있다고 믿는다. 그는 적어도 두 개 이상의 사업 아이디어를 구상 중이다. 바로 학생들이 좋은 성적을 받으면 가족들이나 기타 후원자들로부터 일정 금액 보상을 받음으로써 학교를 위한 기금을 모으는 웹 기반의 프로그램인 그레이드펀드GradeFund이다. "그레이드펀드는 성적

향상 의지를 갖고 있는 학생과 후원자들을 모으고, 이렇게 모인 기금을 학교에 전달합니다." 회사는 기금이 학교에 전달될 때마다 5%의 수수료를 받는다. 좋은 성적을 받으면 돈을 받는다고? 돔에이드 때처럼 많은 논란을 일으킬 소지가 다분해 보인다. 그러나 그 논란이야말로 콥코가 원하는 것이다. 이를 통해 자연스럽게 홍보가 될 테니 말이다. 2008년 1월에 이미 16,000명의 사용자가 이 사이트에서 활동하고 있다.

## 이 일을 누군가 벌써 시작하지 않았을까?

Y세대 전체의 연 수입은 약 200억 달러에 달한다. 그들은 많은 돈을 벌 뿐만 아니라 그 중 많은 부분을 소비한다(약 172억 달러). 이들 중에는 조부모로부터 유산상속을 받기로 되어 있는 이들도 많다. 결국에는 부모님의 재산도 상속받게 될 것이다. 하지만 이들이 자신의 돈을 어떻게 운용해야 하는지 알고 있을까? 그들에게 돈쓰는 법을 어떻게 가르쳐야 하는지 제대로 알고 있는 사람이 있기는 할까? 28살의 애런 패처Aaron Patzer는 그렇지 않다고 생각했다. 그의 해법은 민트닷컴이었다. 온라인 개인금융 사이트로 현재 1백만 명이 넘는 사용자가 등록되어 있으며 그들 중 절반 이상이 30세 이하이다.

"피델리티Fidelity나 시티은행 사람들은 우리가 금융에 관심이 있는 20대를 끌어들였다는 사실에 매우 놀라고 있습니다." 패처가 말한다. "민트닷컴에서 사용자들은 자신의 모든 금융정보(은행계좌, 신용카드, 증권계좌 등)를 정리할 수 있습니다. 그리고 우리 사이트는 그들의 소비를 여러 범주로 나누고 돈을 절약할 수 있는 방법을 제안합니다." 예를 들어

금리가 낮은 신용카드로 바꾼다든가, 이자가 붙는 계좌에 현금을 넣는다든가 하는 것이다. 민트닷컴은 7,500개의 은행 및 증권회사들과 제휴를 맺고 있으며, 사용자가 새로운 계좌를 만들 때 수수료를 받는다. "우리는 사용자가 적어도 50달러는 절약할 수 있는 내용이 아니라면 사이트에 광고를 올리지 않습니다. 서비스는 모두 무료이고 우리는 사용자의 비용절감을 도왔을 경우에만 돈을 법니다." 이것은 회사의 성공에 결정적인 요소였다. 민트닷컴의 가입자 수는 미국이 경기침체의 한 가운데 있던 2008년 가을에 3배로 뛰었다. 실제로 미국의 PC 웹진PCMag.com은 지난 10월 민트닷컴을 불황을 헤쳐 나가는 데 도움이 되는 10대 온라인 매체 중 하나로 선정했다.

그렇다면 1백만 명이나 되는 사람들이 자신들의 계좌번호와 비밀번호를 아무 배경도 없는 이 신생 사이트에 입력하게 된 것은 어떤 이유 때문일까? 2006년에 그가 자금을 구하러 다닐 때 벤처 투자자들이 의문을 가졌던 것도 바로 이것이었다. "대부분의 벤처 투자자들은 사람들이 신생 회사를 믿고 자신의 금융정보를 제공하지는 않을 것이고 따라서 실패할 거라고 말했습니다." 대부분의 투자자들은 이렇게 생각했지만 그렇지 않은 투자자들도 있었다. 지난 2년 간 패처는 실리콘 밸리에 있는 유명한 몇몇 회사들로부터 1700만 달러의 벤처 자금을 확보할 수 있었다. 인튜이트Intuit와 구글, 야후의 전 간부들이 투자자 무리에 포함되어 있었으며, 벤치마크 캐피탈Benchmark Capital, 샤스타 벤처스Shasta Ventures, 퍼스트 라운드 캐피탈First Round Capital 같은 유명한 벤처 투자사들도 포함되어 있었다. 하지만 이미 기술력으로 성공을 거둔 사람들의 지지와 투자를 받아내는 것은 쉬운 일이 아니었다.

그는 캘리포니아 마운틴뷰에서 민트닷컴에 대한 아이디어를 처음 떠올렸다. 패처는 마이크로소프트 머니Microsoft Money와 퀴큰Quicken 같은 기존의 개인금융 프로그램이 불편하다고 생각했다. 패처는 8살에 도스에서 프로그래밍을 할 수 있을 정도로 컴퓨터의 대가였다. 16살 때 그는 이미 웹디자인 회사를 소유하고 있었고 듀크대학의 학자금을 대기에 충분한 돈도 벌었다. 대학에서 그는 컴퓨터과학과 컴퓨터공학, 전기공학 분야에서 3개의 학사학위를 땄다. 그리고 프린스턴에서 전기공학으로 석사학위를 땄다. 그는 대학원을 졸업한 후 IBM에 취직했지만 그곳에서는 40살이 되기 전에 하고 싶은 일을 할 수 없을 것이라고 생각했다.

그는 신생 기업들이 직원들을 뽑을 때 나이가 몇 살인가보다 좋은 아이디어를 얼마나 가지고 있고 열심히 일할 의지가 있느냐를 더 중요시할 거라고 생각했다. 그래서 그는 오스틴에 있는 나스센트릭Nascentric이라는 작은 기술 회사로 이직했고 그곳에서 빠른 속도로 자신의 능력을 입증했다. 입사한 지 몇 달 만에 그는 산호세 지사를 책임지게 되었다. 2005년 가을에 패처는 5개월 간 산호세에 머물면서 일주일에 80시간 씩 일했다. 그는 이 시기에 자신의 재정 관리에 대해서는 전혀 신경 쓰지 않았다. 그는 몇 년 동안 퀴큰과 마이크로소프트 머니를 사용하고 있었는데, 아주 오랜만에 이 프로그램들을 열어보았을 때 충격을 받았다. 너무 군더더기가 많고 지루했기 때문이다. 그는 이 프로그램들이 자신의 수입과 지출을 분류하는 방식에도 실망했다. 그는 자신의 소비를 한 눈에 보여주는 간단한 원형 그래프를 원했다. "퀴큰은 저의 기본적인 요구조차 충족시키지 못했죠." 바로 그 순간 그는 다른 기업가들처럼 생각했다. '더 좋은 방법이 있을 거야.'

패처는 회사를 그만두고 저축해놓은 돈으로 7개월을 버티며 매일 14시간씩 일했다. 그리고 민트닷컴을 위한 기술을 개발했다. "저는 이 일에 최선을 다한다면 실패해도 후회는 없을 거라고 생각했습니다. 반대로 직장 때문에 정작 하고 싶은 일에 최선을 다하지 못한다면 후회할 거라고 생각했습니다." 이렇게 단단히 각오를 하고 시작했지만 정신적으로 힘든 시간이었다. 패처는 어떤 때는 한없이 자신감을 가지다가도 어느새 파고드는 의구심 때문에 괴로웠다. "가끔 '25살짜리가 마이크로소프트나 인튜이트 같은 거대기업을 상대나 할 수 있겠어? 이게 좋은 아이디어라면 누군가 벌써 생각하지 않았겠어?' 라는 생각이 들었습니다."

하지만 그의 인내는 마침내 빛을 발했다. 2006년 가을에 그는 민트닷컴의 베타 버전을 완성했고 실리콘 밸리의 다양한 모임에 참석해 개성 있는 방법으로 사이트를 홍보했다. 이것이 조쉬 코펠만Josh Kopelman의 관심을 끌었다. 그는 하프닷컴Half.com의 창립자이자 퍼스트 라운드 캐피탈의 동업자였다. 패처는 코펠만을 잠깐 기다리게 하고는 차에서 배터리로 충전된 서버를 들고 왔다. 그는 이 벤처 투자자를 위해 그 자리에서 시연을 했다. 코펠만은 사업계획서를 요청했고, 일주일 후에 패처는 퍼스트 라운드로부터 75만 달러의 창업자금을 투자받았다. 또 구글의 첫 번째 투자자 중 한 사람인 론 콘웨이Ron Conway를 포함한 소수의 투자자들도 모을 수 있었다. 거기에는 구글의 G메일을 개발한 폴 부체트Paul Buchheit, 인튜이트의 전 간부인 사이 파히미Sy Fahimi와 마크 고인스Mark Goines도 포함되어 있었다. 이 돈과 6개월 후에 샤스타 벤처스에게 받은 470만 달러의 투자금으로 패처는 경험이 풍부한 임원진을 조직하고 2007년 9월에 민트닷컴의 베타 버전을 공개할 수 있었다. "애런 패처는 우리가 모두 원하는 그런 두뇌를 가진 사람들 중 하나죠." 엔젤 투자자인 마크 고인스가 말한다. 그는 전 인튜이트 간부로 회사의 터보택스Turbo Tax와 퀵엔 제품라인을 관리하던 인물이었다. "그는 이 시장에서 제가 아는 한 충족되지 않은 요구들을 모두 해결했죠."

투자자들 덕분에 민트닷컴은 믿을 수 있는 곳이라는 명성을 얻었다. 사용자들뿐만 아니라 회사의 운영에 꼭 필요한 금융기관들도 민트닷컴을 신뢰했다. 사이트가 문을 열자마자 민트닷컴은 저절로 인기를 얻기 시작했다. 민트닷컴의 초기 사용자 5만 명이 페이스북 팬 페이지와 트위터 블로그를 통해 소문을 퍼트렸고 주류 언론들이 패처에게 큰 도움을 주었다. "우리는 광고를 하지 않습니다. 하지만 우리 이야기가 굿모닝 아메리카와 뉴욕타임즈, 포브스, 포춘, 월스트리트저널에 게재되었습니다. 민트닷컴은 2007년 9월 테크크런치40에서 최고 기업에 선정되었고 기가옴GigaOm, 네트뱅커NetBanker, 라이프해커Lifehacker, 피시월드PCWorld, 타임스, 비즈니스위크로부터 좋은 평가를 받았다. 패처는 회사가 이런저런 블로그에 6000회 넘게 소개되었다고 말한다.

민트닷컴도 완벽한 것은 아니지만 Y세대의 요구를 훌륭히 충족시켰다. 바로 빠르고(계좌를 6분 안에 만들 수 있다), 무료이며, 실용적이고(401k를 운영하는 방법이나 차를 사는 법을 배울 수 있다), 사이트 디자인은 단순하고 매력적이다. 민트닷컴은 이메일을 통해 계좌 잔고가 부족한 경우나 신용카드 결제일 등을 알려준다. 그리고 한 지출영역에서 예산을 초과한 경우에도 경고를 해준다.

패처는 구체적인 수익을 밝히지는 않았지만 2008년에 비해 매분기마다 수익이 두 배로 늘었다고 말한다. 그는 2009년 말까지는 투자금을 회수할 것이라고 예상하고 있다. 그는 말한다. "2009년 1월 동안만 17만 5천명이 새로 사이트에 가입했고 2008년 총 수익의 절반이나 되는 수익을 올렸습니다." 2008년 봄에 벤치마크 캐피탈이 1,210만 달러를 투자하는 등 많은 사람들이 민트닷컴의 성공에 기대를 걸고 있다. 경쟁사인 인튜이트가 2007년 12월에 온라인 퀴큰 프로그램을 선보였지만 패처는 크게 걱정하지 않는다. 민트닷컴은 여전히 5배나 더 크고 더 빠르게 성장하고 있기 때문이다. 이제 민트닷컴의 이사진 중 하나인 고인스는 그들만의 전략적 이점이 있다고 말한다. "민트닷컴은 서비스를 무료로 제공하고 고객들에게 매우 구체적인 저축방법을 제안합니다. 인튜이트는 우리처럼 하지 않을 뿐만 아니라 그렇게 할 수도 없을 겁니다. 그렇게 하면 자신들의 소프트웨어 사업을 위협하는 것이 되기 때문입니다." 또한 그는 인튜이트와 마이크로소프트가 사용자들에게 이용하는 금융기관을 바꾸라고 추천하기는 힘들 거라고 말한다. 왜냐하면 민트닷컴이 비추천하는 기관들 중 상당수가 그들의 큰 고객이기 때문이다. 하지만 민트닷컴에는 그런 족쇄가 없다.

패처는 2009년 말까지 민트닷컴의 회원을 2백만 명으로 늘리는 데 주력했다. 가장 최근에 그는 아이폰을 위한 민트닷컴 애플리케이션을 출시했다. 이 애플리케이션은 사용자들이 이동 중에도 자신의 예산을 평가하도록 돕고 구매 결정에 필요한 조언을 한다. 민트닷컴의 애플리케이션은 출시 24시간 만에 아이폰 애플리케이션 중 1위를 차지했다. "당신이 무언가를 사야 할 때 애플리케이션에 물어보면 '된다' 또는 '안 된다' 아니면 '사지 않는 게 좋다' 라고 대답할 겁니다." 패처가 말한다. 잔소리는 하지 않고 구매 결정을 도와주는 부모님 같은 존재인 셈이다. 이러한 애플리케이션을 통해 그는 회사 성장에 매우 중요한 30대 이하의 고객들을 계속해서 끌어들일 것이다.

## 인디 브랜드가 통한다

패처는 모든 Y세대들이 민트닷컴을 사용하는 것이 꿈이지만 29살의 바비 킴과 벤 셰나사파에게 그것은 반대로 악몽이다. 두 사람은 자신들의 인기 있는 캐주얼 브랜드 헌드레즈의 고객 기반을 처음처럼 유지하기 위해 노력하고 있다. 이것은 생각만큼 쉬운 일이 아니다. 일단 어떤 브랜드가 인기를 얻으면 그것을 대중화하라는 유혹을 받기 때문이다. 브랜드를 대중화하면 쉽고 빠르게 돈을 벌 수 있기 때문에 이것은 큰 유혹이 된다. 하지만 킴과 셰나사파는 지금까지 이러한 유혹에 저항하고 있다. 이들의 태도는 헌드레즈 브랜드의 로고가 말해준다. 바로 '약간 놀란 표정의 작은 원자폭탄'이다. 셰나사파는 자신의 브랜드에 대해 이렇게 설명한다. "이 폭탄은 결코 터지지 않습니다. 그리고 그것이 바로 우리 브랜드입니다. 폭발하지 않는다는 것은 우리가 결코 주류가 되지 않을 거라는 뜻이죠."

두 사람은 로욜라 법학대학원 1학년 때 만났고 똑같은 깨달음을 얻었다. 바로 '나는 법조인을 싫어한다. 나는 변호사가 되고 싶지 않다.' 그들 앞에는 기말고사가 끝나고 나면 또다시 지루한 하계 인턴십이 기다리고 있었다. 그래서 두 사람은 여름을 보낼 더 좋은 대안을 떠올렸다. 그들은 티셔츠 회사를 시작했다. "친구들이 우리에게 이렇게 말했습니다. '너희는 왜 이걸 하는 거야? 티셔츠 회사는 넘쳐나잖아.' 하지만 우리는 신경 쓰지 않았습니다. 왜냐하면 그냥 재미로 하는 것이었으니까요." 킴은 디자인을 맡았고 세나사파는 영업자로 뛰었다.

"우리 브랜드는 그저 특정 스타일의 티셔츠나 패션을 표방하는 것이 아니었습니다. 우리는 그것을 라이프스타일 프로젝트라고 불렀죠." 이들이 말하는 라이프스타일은 LA의 길거리 문화였다. 동업자들에게 헌드레즈의 라이프스타일이란 스케이트보드와 힙합 음악, 디자이너, 그 움직임을 정의한 예술가들을 의미했다. "우리가 회사를 시작했을 때 길거리 문화를 표방한 브랜드들은 뉴욕과 도쿄에만 존재했습니다. 남성의류업계에서는 아주 작은 틈새였지요." 세나사파가 말한다. 헌드레즈는 이 틈새에서 LA의 길거리 문화를 재현했고 처음부터 비주류적으로 접근했다. "무역박람회에 가면 사람들은 우리가 힙합 브랜드인지 스케이트 브랜드인지 궁금해 했습니다. 우리는 둘 다 아니라고 대답했죠. 사업가적인 관점에서 보면 멍청한 짓이죠. 우리 브랜드를 특정 이미지로 포지셔닝하지 않으면 잘 팔리지 않을 것을 알았기 때문입니다. 하지만 우리는 비주류 문화의 혼합이라는 우리 브랜드의 정체성을 고수했습니다."

헌드레즈의 정체성을 가장 잘 반영하는 것은 티셔츠이기도 하지만 헌드레즈의 웹 사이트와 블로그도 큰 역할을 하고 있다. 동업자들은 헌드레즈의 웹 사이트를 LA 길거리 문화를 대변하는 예술가들과 디자이너들의 인터뷰를 싣는 온라인 잡지로 구축했다. 그들의 목표는 LA에서 일어나고 있는 일들을 세상 사람들에게 알려주는 것이었다. 그리고 제품 자체보다는 사람들에게 영감을 주는 상징적인 인물들에 초점을 맞춰 브랜드 정체성을 구축하고자 했다. 현재 한 달에 1백만 명 이상의 독자가 이 사이트를 방문하고 있다.

세나사파와 킴은 자신들의 브랜드가 대중화되는 것을 결코 원하지 않았다. "우리는 회사를 처음 시작할 때 화이트보드에 우리와 통한다고 생각되는 전 세계 50개 상점의 이름을 적었습니다." 킴이 말한다. 그 상점들 중 하나가 산타모니카의 세련된 부티크인 프레드 세갈 스트리트Fred Segal Street였다. 하지만 프레드 세갈 측은 헌드레즈에 관심이 없었다. 세나사파는 이렇게 말한다. "우리 브랜드를 찾는 손님들은 많지 않았지요. 그러던 중 우리는 프레드 세갈의 사장인 토니 존슨Tony Johnson이 가게를 나설 때 살짝 다가갔습니다. 티셔츠 한 박스를 들고 말이죠. 솔직히 그렇게 괜찮은 티셔츠들은 아니었습니다. 바비의 초기 디자인들이었으니까요." 하지만 존슨은 티셔츠를 마음에 들어 했고 주문을 넣었다. 이 덕분에 헌드레즈는 LA의 길거리에서 엄청난 명성을 얻을 수 있었다.

마케팅이나 광고 없이도 브랜드는 인기를 얻었고 입소문과 웹 사이트를 통해 인기는 점점 더 커졌다. 웹 사이트에는 유투브 동영상뿐만 아니라 킴의 수필, 예술가와 디자이너들의 인터뷰가 게재되었다. 또한 팬들은 웹 사이트에서 자신들의 마이스페이스 페이지를 장식할 수 있는 브랜드 아이콘과 스킨 등을 다운로드 받을 수 있었다. 동업자들은 어디에든 스티커를 덕지덕지 붙이고 다닐 아이들에게 헌드레즈 브랜드의 스티커를 보냈다. 팬들이 브랜드를 만든 것이나 다름없었다.

2007년 동업자들은 LA와 샌프란시스코에 직영점을 열었으며, 거래 상점도 전 세계적으로 400개로 늘어났다. 하지만 킴과 세나사파는 대량 유통의 유혹에 빠지지 않겠다는 전략을 선택했다. 그들은 대량 유통이 브랜드 가치를 떨어뜨릴 거라고 생각했다. "우리는 거래를 요청하는 상점들에게 거절하기 바쁩니다. 길거리 패션의 인기가 높아져서 많은 사람들이 이 사업에 뛰어들려고 합니다. 유행하니까 당장은 돈이 되기 때문이지요. 하지만 그들은 길거리 패션 뒤에 있는 문화에 대해서는 전혀 모릅니다. 몇 년 지나면 또 다른 유행으로 옮겨가겠죠." 헌드레즈의 동업자들은 자신들의 브랜드와 그저 유행을 좇는 브랜드의 차이를 모르는 상점에는 제품을 공급하지 않았다. 유통 채널을 마구잡이로 늘리게 되면 헌드레즈의 마니아들은 헌드레즈가 주류 브랜드로 변질되었다고 생각할 수도 있기 때문이다. 동업자들은 브랜드를 대중화하면 엄청난 매출 성장을 이룰 수 있지만, 그렇게 되면 결국 자신들의 브랜드가 규격화될 거라고 염려했다.

그렇다면 킴과 셰나사파가 주류 중의 주류인 디즈니와 협력을 맺었다는 사실에 대해서 어떻게 생각하는가? 킴은 '로스트 보이즈Lost Boys'와 '피터 팬' 속의 네버랜드를 뛰어다니는 고아들의 팬이었다. "저는 헌드레즈를 로스트 보이즈에 비유하고 싶습니다. 결코 자라지 않고 항상 장난을 치죠." 그는 실제로 로스트 보이즈에서 영감을 받은 티셔츠를 만들었다. "하지만 캐릭터들의 실루엣만 사용했습니다. 디즈니에 고소를 당하고 싶지는 않으니까요." 그는 말한다. 그럼에도 불구하고 브랜드 관리에 매우 철저한 디즈니는 헌드레즈를 계속 주시하고 있었다. 헌드레즈가 떠오르는 별이라는 것이 확실해졌을 때, 디즈니의 임원은 거부할 수 없는 제안을 가지고 그들에게 접근했다. 디즈니 소속 화가들이 로스트 보이즈의 캐릭터들을 도시적으로 재구성해 스케이터와 헤비메탈 음악가, 그라피티 아티스트로 다시 탄생시키겠다고 했다. 그리고 이 캐릭터들을 헌드레즈의 티셔츠와 야구모자에 넣을 수 있도록 해준다는 것이었다. 두 회사는 공동 브랜드 제품의 판매 수익을 공유할 것이고, 제품의 유통은 헌드레즈가 소유한 직영점과 헌드레즈가 선택한 소매점으로 제한될 것이었다. 그럼 디즈니 상점에서는? 절대 안 된다고 그들은 말한다. 새롭게 탄생한 로스트 보이즈 캐릭터들은 미키나 플루토, 구피 옆에서는 분명 어색할 것이다. 게다가 킴과 셰나사파는 헌드레즈의 마니아들이 디즈니와의 협력관계를 매우 유심히 지켜보고 있다는 점을 잘 알고 있다.

## 디지털 세대를 위한 온라인 양복점의 탄생

헌드레즈와 쓰레드니스(1장 참고)는 젊은이들의 비공식적인 유니폼인 티셔츠를 특별하게 만들었다. 하지만 Y세대가 사회로 진출한다는 것은 한 번쯤은 어른처럼 보일 필요가 있다는 것을 의미한다. 옷장에 정장이 한 벌쯤은 있으면 좋다는 뜻이다. 하지만 좋은 정장은 엄청나게 비싸고 저렴한 정장들은 싸구려 같아 보이고 몸에 잘 맞지도 않는다. 이것이 바로 하이칼 가니Heikal Gani의 딜레마였고 그의 회사 인도치노닷컴의 시작이었다.

"그가 원하는 정장은 너무 비쌌고, 몸에 딱 맞는 정장은 더 비쌌죠." 친구이자 공동창립자인 24살의 카일 부코Kyle Vucko가 말한다. 대학 친구인 두 사람은 사업을 시작하는 것에 대해 자주 얘기를 했다. 그래서 그들은 다른 젊은 남성들도 몸에 잘 맞는 적당한 가격의 정장을 원할 거라는 가정 하에 사업을 구상했다. 그들은 스스로 혁신적이라고 생각되는 아이디어를 떠올렸고 이를 토대로 사업계획서를 작성했다. 온라인 양복점을 시작하려는 것이었다. 바로 고객들이 직접 치수를 재서 그것을 사이트에 올리고 원단과 스타일을 선택하여 주문을 넣으면 2주 안에 새 정장을 받을 수 있는 온라인 양복점이었다. 제작은 중국에서 이루어졌고 평균 가격은 배송과 수정비용까지 포함해서 200~400달러 선이 되었다. 좋은 품질의 맞춤 양복을 싸게 그리고 빠르게 구매할 수 있는 완벽한 Y세대 브랜드인 셈이다.

도대체 누가 맞춤 양복을 온라인에서 살까 궁금하다면 다이아몬드 온라인 쇼핑몰인 블루나일닷컴BlueNile.com을 생각해보기 바란다. 인증 받은 다이아몬드를 판매하는 가장 큰 쇼핑몰인 이 회사는 다이아몬드 구매 절차에 대한 교육과 고객 서비스에 대한 명성에 초점을 맞춤으로써 고객들의 신뢰를 얻어냈다. 인도치노의 창립자들에게 블루나일닷컴의 사례는 소비자들이 온라인에서 고가 제품을 구매하는 것에 거부반응을 느끼지 않는다는 증거였다. 그리고 동업자들은 고급 재단사를 고용할 돈은 없지만 맞춤 정장을 원하는 젊은 남성 시장에 기회가 있다는 것을 경험으로 알고 있었다. 타깃층은 28~35세 사이의 중간 관리자, 졸업식이나 결혼식 같은 행사를 위해 정장을 사는 젊은 남성이었다.

가니와 부코는 자신들이 다니는 대학의 사업계획 대회에 사업계획서를 제출했다. 하지만 대회 심사위원들로부터 큰 관심을 받지는 못했다. "우리는 최종까지 갔지만 상금을 타지는 못했죠." 부코가 회상한다. 하지만 이 일도 그들의 열정을 식히지는 못했다.

가니는 누나가 살고 있는 상하이로 날아가 그곳의 분위기를 살폈다. 그동안 부코는 밴쿠버에 남아 돈을 모으고 대학을 통해 다양한 멘토들을 만날 수 있었다. 그들 중 하나가 에이비씨북스닷컴AbcBooks.com의 CEO인 하네스 블룸Hannes Blum이었다. 블룸은 세 명의 다른 엔젤 투자자들을 불러올 정도로 이들의 아이디어를 마음에 들어 했다. 그리고 4만 달러로 회사를 시작했다. 부코는 오프라인으로 사업을 시작했다. 그는 발로 뛰어다니며 고객들의 치수를 재고, 자신의 신생 회사를 홍보했다. 또한 상하이로 출장을 가서 가니와 함께 맞춤 정장을 만들어줄 재단사들과 접촉했다. "우리의 비즈니스 모델에 동의할 사람을 찾을 때까지 100명의 재단사들을 만났습니다. 하지만 재단사들은 서로 잘 알고 지냈기 때문에 한 명을 설득하고 나니 그 다음은 어렵지 않았습니다. 이제 우리는 50명 이상의 재단사를 보유하고 있습니다." 이 재단사들 중 2명은 인도치노로부터 받은 일을 바탕으로 사업을 크게 성장시켰다. 이것은 부코가 특히 자랑스러워하는 점이다. 특히 지속가능한 사업방식에 관심을 갖고 있는 Y세대 소비자들에게 반향을 일으켰다고 믿고 있다.

2007년 9월에 인도치노닷컴의 웹 사이트가 문을 열었고 2008년 1월에는 버다 디지털 벤처스Burda Digital Ventures로부터 추가로 25만 달러를 투자받았다. 이 회사는 독일 뮌헨에 있는 벤처 투자회사로 블룸이 끌어들였다. 부코와 가니는 사업을 시작할 때 구매에 만족하지 못하는 고객이 10% 정도 될 거라고 예상했지만 실제로는 3%뿐이었다. 게다가 그들은 미터 당 가격이 상대적으로 저렴한 두루마리 단위로 필요할 때만 원단을 구입했기 때문에 원자재 값을 줄일 수 있었다. "저희에게는 재고가 없습니다. 이것은 다른 전통적인 의류 소매업자들이 할 수 있는 일이 아니기 때문에 큰 강점입니다."

우리는 사람들이 고가의 제품을 온라인에서 구매하는 것에 거부감을 느끼지 않도록 하는 법을 배우기 위해 블루나일닷컴을 모델로 삼았습니다.

• 카일 부코, 인도치노닷컴

2008년 말에 부코는 상하이로 이사를 갔다. 그곳에서 그와 가니는 그들이 100% 지분을 소유한 중국 자회사를 시작했다. 당시 회사에는 8명의 정직원이 있었고 50명의 재단사와 연계되어 있었으며 흑자를 내고 있었다. 인도치노닷컴은 그 이후로 계속해서 안정적인 매출성장을 보였다. "경기침체가 우리에게는 오히려 호재였습니다. 전에는 고가의 정장에만 관심을 가졌던 사람들이 이제 저희 제품의 구매를 고려하고 있습니다. 그리고 그들은 구매결과에 매우 만족하고 있습니다."

2009년 3월에 부코와 가니는 야후Yahoo!의 전 사장이자 COO인 제프리 말레트Jeffrey Mallet로부터 작은 투자(5만 5천 달러)를 받았다. 말레트는 현재 회사의 지분 일부를 소유하고 있으며 이사회의 일원이다. "그는 우리가 성장해나가면서 올바른 마음가짐을 갖고 최고의 능력을 끌어낼 수 있도록 계속 도와줄 것입니다." 부코가 말한다. 2009년에 인도치노닷컴의 수익은 1500만 달러 정도였다.

## 온라인 데이트 2.0

온라인 데이트는 맞춤정장 사업처럼 오랜 역사를 가지고 있지 않다. 하지만 Y세대가 보기에는 이미 한 물 간 분야이다. 문을 연 지 10년도 넘은 매치닷컴Match.com과 이하모니닷컴eHarmony.com은 애인이나 친구를 찾는 사람들로 붐비고 있다. 웹 사이트 방문자 정보를 조사하는 회사에 따르면, 매치닷컴과 이하모니닷컴의 방문자 중 약 65%가 35세 이상이라고 한다. 26살의 아담 사흐Adam Sachs와 27살의 다니엘 오시Daniel Osh, 25살의 케빈 오우키Kevin Owocki는 그들이 그 이유를 안다고 생각한다. "15년 전에 만들어진 매치닷컴은 요즘 세대를 위한 것이 아닙니다." Y세대가 선호하는 온라인 데이트 사이트인 이그나이터닷컴Ignighter.com의 공동창립자인 사흐는 이렇게 말한다. "이들 사이트는 Y세대의 요구에 맞게 변화하고 있지 않습니다. Y세대는 사회적 관계에서 집단을 가장 중요시하며, 소개팅은 어색하고 자연스럽지 못하며 위험하다고 생각합니다."

그래서 노스웨스턴 대학에서 만난 사흐와 오지트는 2007년 6월에 사람들이 집단으로 사이트에 가입하고 매력적인 다른 집단의 사람들을 술집이나 공원 같은 실제 장소에서 만나는 온라인 데이트 사이트에 대한 아이디어를 떠올렸다. 그들은 친구들과 함께라면 새로운 사람들을 만나는 것이 그렇게 어색하지 않을 거라고 생각했다. 그래서 2008년 1월에 페이스북의 애플리케이션으로 이 아이디어를 시험해보았다. 하지만 곧 독자적인 웹 사이트가 더 낫다는 것을 깨달았다. 오우키를 주 개발자로 합류시킨 이들은 그해 여름에 벤처 지원 프로그램인 테크스타에 참여할 수 있었다. 여름이 끝나갈 무렵 사흐와 오지트는 실제 운영이 가능한 웹 사이트를 완성했고 사모펀드와 엔젤 투자자들로부터 1200만 달러의 자금을 확보했다.

현재 이그나이터닷컴에는 전 세계적으로 1만 5천 개의 집단이 가입해 있으며 한 집단 당 평균 사람 수는 3.5명이다. 이 사이트에서 집단은 자신들의 사진과 신상을 등록할 수 있으며 마음에 드는 다른 집단과 접촉할 수 있다.

이그나이터에는 단체 데이트를 위한 페이지도 있었다. 사용자들은 근처의 술집에서 만나거나, 자원봉사 프로젝트에 함께 참여하거나, 공원에서 플라스틱 원반을 던지며 놀기도 했다. 사흐는 이그나이터의 가입자 수를 늘리기 위해 도시별로 마케팅 캠페인을 벌일 계획이라고 말한다.

예를 들어 2008년 8월에 이그나이터는 뉴욕시에서 오바마와 클린턴 지지자를 위한 단체 데이트를 후원했다. 특별 초대 손님은 '나는 오바마에 반했어(Crush on Obama)' 동영상으로 유명해진 '오바마 걸(앰버 리 에팅거 Amber Lee Ettinger)'이었다. 이 행사로 이그나이터는 다음날 월스트리트 저널에 등장할 수 있었다.

이제 이그나이터의 가장 큰 과제는 수익을 내는 것이다. 따낼 수만 있다면 광고는 어디든 있기 마련이다. 그리고 사흐는 이그나이터닷컴의 이용이 현재는 무료이지만 앞으로 사용료를 부과하는 방법도 고려하고 있다고 말한다. 그는 사용자 기반을 다지기만 하면 수익을 창출할 방법은 많을 거라고 확신한다. 그는 또한 지금과 같은 경기침체가 회사에는 절호의 기회일지도 모른다고 믿는다. "경기가 좋지 않을 때 정말로 필요한 것은 기분전환입니다. 사람들의 삶을 즐겁게 만들어줄 무언가가 필요한 거죠. 물론 저렴한 방법으로요."


## 까다로운 디지털 세대의 마음 읽기

매치닷컴이나 이하모니닷컴 같은 온라인 데이트 사이트가 Y세대를 끌어들이는 데 관심이 있었다면 사이트에 '집단' 기능을 추가하거나, 더 젊은 사용자들을 타깃으로 한 다른 웹 사이트를 시작했을지도 모른다. 물론 이것이 말처럼 쉬운 것은 아니다. Y세대에 다가가고 싶은 회사들 중에는 그들에게 어떤 매체를 통해 어떤 메시지를 전달해야 할지 몰라 고생하는 회사들이 많다. 특히 젊은 사람들에게 다가가기 위해 소셜 네트워크를 이용할 때 처절하게 실패하는 경우가 많다. 《그라운드스웰 : 네티즌을 친구로 만든 기업들》의 저자이자, 컨설팅 회사 알티메터 그룹Altimeter Group 의 CEO인 쉘린 리Charlene Li는 이렇게 말한다. "기업들은 소셜 네트워크에 흥미는 갖고 있지만 겁을 내죠. 대부분의 경우 뭘 해야 할지 감도 못 잡고 있고 실수도 많이 합니다."

아마 월마트보다 더 대표적인 예는 없을 것이다. 월마트는 젊은 고객들에게 다가가기 위해 여러 번 소셜 네트워크를 활용하려는 시도를 했다. 2006년 7월에 월마트는 더 허브The Hub라는 소셜 네트워크를 만들었다. 마이스페이스와 비슷하지만 이런 저런 규제가 많은 이 사이트에서 블로거들은 회사를 홍보하는 것으로 보이는 많은 글들을 보고 의심의 눈초리로 '구리다'는 반응을 보였다. 이 사이트는 10주 만에 문을 닫았다. 그리고 2006년 9월에는 월-마팅 어크로스 아메리카Wall-Marting Across America라는 블로그가 문을 열었다. 이 블로그는 겉으로는 짐과 로라라는 부부가 레저용 차량으로 미국을 가로지르면서 월마트에서 공짜로 주차하고 쇼핑하며 직원들과 친해지는 과정이 담긴 여행기였다. 이들의 블로그에 등장한 직원들 중에 저임금이나 부족한 복지혜택에 대해 불평하는 사람은 하나도 없었다. 하지만 이 블로그는 나중에 가짜인 것으로 밝혀졌다. 짐과 로라(결혼하지 않은)는 월마트의 홍보회사와 관련 있는 '월마트 직원가족(Working Families for Wal-Mart)'이라는 단체에서 돈을 받고 글을 올린 것이 들통났고 네티즌들은 분노했다. 이 캠페인은 기업이 웹에서 투명성을 지키지 못하면 어떤 일이 벌어지는지를 보여주는 전형적인 사례가 되었다. 월마트는 네티즌에 의해 발각되어 호되게 당했던 것이다.

하지만 월마트는 소셜 네트워크를 포기하지 않았다. 2007년 8월에 회사는 10만 달러를 들여 룸메이트 스타일 매치Roommate Style Match라는 페이스북 모임을 시작했다. 이 모임은 미래의 룸메이트들이 퀴즈를 내며 서로 상대가 좋아하는 인테리어 스타일을 알아가는 모임이었다. 전미소매협회에 따르면 대학 신입생들은 자신의 방을 꾸미는 데 평균 1,113달러를 쓰고 있었고 이 중 일부를 고객으로 만드는 것이 월마트의 목적이었다. 하지만 예상치 못한 일이 벌어졌다. 학생들은 이 모임을 월마트에 대한 아주 부정적인 글들을 올리는 데 사용했던 것이다. 그들은 월마트의 반노조적인 명성과 그것이 지역 사회에 미치는 부정적인 효과를 언급했다. 최근에 월마트는 '체크아웃Check Out' 이라는 블로그로 제대로 된 길로 들어선 듯하다. 비교적 젊은 월마트 고객들은 이 블로그를 통해 자신이 최근에 구입한 장비나 게임, 원예도구 등에 대해 이야기를 나눈다. 회사의 눈에 띄는 감시 없이 말이다. 이번만큼은 월마트도 성공할지 모르겠다.

### 병력을 증강하라

Y세대에게 다가가는 법을 몰라 헤매는 회사는 월마트만이 아니다. 젊은 고객에게 마케팅 하는 것을 돕는 마케팅 회사나 컨설팅 회사의 수가 눈에 띄게 증가하는 것만 봐도 알 수 있다. 놀라운 일도 아니지만 이런 회사 중에는 업스타트들이 시작한 회사가 많다.

이들 중 티나 웰스Tina Wells가 있다. 이번 장의 앞부분에서 잠깐 언급했던 인물로 이제 막 커지고 있는 컨설팅 틈새시장에 새롭게 진입한 인물이다. 28살의 웰스는 300만 달러 가치를 지닌 Y세대 마케팅 회사인 버즈 마케팅 그룹의 CEO이다. 버즈 마케팅은 아메리칸 이글American Eagle, 에스프리트Esprit, 하드 캔디Hard Candy, 나이키Nike가 10대 시장을 뚫을 수 있도록 도왔다. 웰스는 16살이던 1996년 6월부터 '뉴 걸 타임스New Girl Times'

라는 잡지에 제품평을 쓰기 시작했다. 기업들은 그녀의 제품평을 마음에 들어 했고 곧 그녀에게 접촉했다. "그해 가을쯤에 저는 제가 사업을 하고 있다는 것을 깨달았죠." 마침내 그녀는 행사를 조직하고 10대를 겨냥하여 설문조사를 대행하는 버즈라는 회사를 시작했다.

웰스는 MBA 프로그램의 학장인 아니타 호세Anita Jose의 도움으로 후드 대학에서 자신의 사업을 성장시켜나갔다. "우리는 매주 금요일 3시간씩 만남을 가졌습니다. 우리는 사업계획서를 쓰고 마케팅 계획을 세웠죠. 저는 인터넷 붐이 일어날 무렵에 회사를 시작했습니다. 하지만 호세 교수님은 온라인 회사도 좋지만 오프라인 회사를 해야 한다고 말했죠." 웰스는 그 말을 마음에 새겼다. 그녀는 대학 도처의 프로젝트들을 컨설팅 했고, 베리즌 와이어리스Verizon Wireless와 다임러크라이슬러DaimlerChrysler 같은 회사들을 위해 젊은 사람들로 이루어진 포커스 집단을 조직했다. 이 과정에서 그녀는 일명 '소문 감시단buzz spotters' 이라고 불리는 250명의 젊은이들로 집단을 결성했다. 그녀는 고객들 대신에 이들에게 조언과 의견을 구할 수 있었다. 소문 감시단은 당연히 공짜로 제품을 받을 수 있었고 하나의 시장조사 프로젝트에 참여할 때마다 소정의 수고료도 받았다.

제 고객들은 제가 16살인지 몰랐습니다. 그들은 제가 10대가 아니라 10대를 이해하는 감각 있는 여성이라고 생각했지요.

• 티나 웰스, 버즈 마케팅

"2000년에 10대 여성들을 위한 잡지 '코스모 걸'에 소문 감시단이 소개되자 갑자기 많은 사람들이 참여하고 싶어 했습니다. 감시단 모집에

1만 5천 명이나 지원했습니다." 25명의 원조 소문 감시단이 지원서들을 걸러낸 결과 웰스에게는 이제 16세에서 24세 사이의 남녀로 이루어진 9000명 규모의 소문 감시단이 있다. 그녀는 소문 감시단을 시장조사와 아이디어 창출, 트렌드 감시, 온라인 마케팅, 포커스 그룹 등에 활용한다. "우리는 미국의 모든 주와 20개 국가에 감시단을 보유하고 있습니다. 그리고 감시단은 우리가 하는 모든 일에서 핵심적인 역할을 합니다." 예를 들어 최근에 한 화장품 회사가 제품 하나 당 1달러인 화장품 라인의 출시를 위해 버즈 마케팅을 고용했다. 웰스는 이렇게 말한다. "우리는 100명의 감시인을 뽑아서 그들에게 고객 사이트에서 마음에 드는 제품 5가지를 고르고, 친구들을 위한 제품도 5가지를 고르라고 말했습니다." 이 화장품 회사는 자기 의견이 강한 이 집단에서 정보를 얻을 수 있을 뿐만 아니라, 이들에게서 브랜드에 대한 호감을 얻을 수 있는 기회까지 갖게 되었다. "감시단이 제품의 개발과정에 참여하면 그 브랜드에 대한 주인의식을 느끼게 되지요. 그리고 이 세대는 자신이 주인의식을 가질 수 있는 것을 좋아합니다."

### Y세대를 즐겁게!

Y세대는 놀라움과 오락을 좋아한다. 누군 아니겠는가. 하지만 Y세대의 기대치는 더 높다. 그래서 요즘 회사들이 젊을 고객들의 지갑을 열기 위해서는 멋진 TV광고나 공짜 증정품만으로는 부족하다. 그들은 이전 세대와 너무 다른 디지털 세대이기 때문이다. 블로거에서 디지털 마케팅 전문가로 거듭난 25살의 조쉬 스피어Josh Spear는 맨해튼에 있는 언더커런트Undercurrent의 공동창립자이다. 펩시나 버진, 맥도날드 같은 큰 회

사들이 이 회사에 엄청난 돈을 지불하고 Y세대에게 다가가는 법에 관한 조언을 구한다. 2008년에 언더커런트의 수익은 200만 달러였고 2009년에는 500만 달러로 상승했다.

그가 18살 때 처음으로 젊은 사람들을 상대로 한 마케팅과 유행에 관심을 가지기 시작했다. 하지만 그는 자신의 열정이 사업이 될 줄은 몰랐다. 그가 아버지의 친구이자 《1000억 달러의 시장The 100 billion Dollar Allowance : How to get Your Share of the Global teen Market》의 저자인 엘리사 모제스 Elissa Moses와 얘기를 하기 전까지는 말이다. 그는 엘리사로부터 큰 교훈을 얻었다. "그녀는 제가 유행 감시자이자 전략가라고 말했습니다. 그리고 사람들이 저를 진지하게 받아들이기를 원한다면, 제가 발견하고 관찰한 것들의 목록을 만들어야 한다고 말했습니다." 1년 후 그는 콜로라도 대학의 저널리즘 수업의 맨 뒷자리에 앉아 있었다. 대학생활이 지루했던 그는 자신이 좋아하는 제품과 자신이 예상한 젊은 사람들 사이의 유행에 대한 블로그를 운영하기 시작했다. 6개월 후 아우디가 그 블로그에서 광고를 하기 시작했고, 대기업들이 조언을 대가로 그에게 돈을 주겠다고 제안하고 있었다.

엄청난 인기를 얻은 스피어의 블로그에는 이제 전 세계의 전문 기고가들이 글을 올리고 있다. 왜냐하면 그에게는 언더커런트로 잡아야 할 더 큰 물고기가 있기 때문이다. 그는 이제 세계에서 가장 어린 마케팅 전략가 중 한 명으로 알려져 있으며, 구글 시대정신(Google Zeitgeist : 특정 기간 동안 사용자들이 입력하는 수백만 건의 검색어에 대한 통계자료) 회의에서 강연을 하기도 했고, 세계경제포럼의 GAC(Global Agenda Council) 회의에서 '젊은 글로벌 리더'로 지명되기도 했다. 그는 2007년 구글 시대정신

회의에서 18분 동안에서 앨리라는 이름의 복잡한 Y세대 소녀의 하루를 살펴보며 Y세대에게 다가가는 법을 강연했다. "앨리 같은 디지털 세대에게 어떤 제품을 팔려고 할 때 중요한 것은 그녀가 어디에 있는지 찾아내는 것이 아닙니다. 그녀를 귀찮게 하는 것도 분명 아닐 것입니다. 우리는 이미 이것을 잘 알고 있습니다. 그녀가 매일 사용하고 소통할 어떤 기능이나 콘텐츠를 만드는 것이 중요합니다." 전통적인 마케팅 수단인 광고 없이 디지털 공간에서 젊은 사람들에게 다가가는 법을 기업에 가르치는 것이 그가 하고 있는 일이다. 그리고 젊은 사람들에게 다가가기 위해서는 때로 창의적이어야 한다고 말한다.

우리는 디지털 세대입니다. 우리는 고객으로서 우리가 활동하는 디지털 세상에서 브랜드를 만날 수 있기를 기대합니다.

• 조쉬 스피어, 언더커런트

예를 들어 작년에 언더커런트는 BMW의 디지털 마케팅에 관여했다. BMW와 언더커런트의 광고대행사인 GSD&M은 '더 램프(The Ramp : 경사로)'라는 제목의 모큐멘터리(mockumentary : 거짓 다큐멘터리)를 제작했다. 이 35분짜리 모큐멘터리는 온라인에서만 방영되었으며 '램펜페스트 Rampenfest'의 연대기를 기록하고 있다. 마케팅 천재 프란츠 브렌들Franz Brendl(실제 인물 아님)은 대서양을 건너 원시인 마을 오버파펠바첸 Oberpfaffelbachen(존재하지 않음)에 BMW1시리즈(실제 차) 출시에 맞춰 거대한 나무 경사로(디지털 합성)를 건설하는 인물이다.

이 모큐멘터리는 GSD&M의 스콧 브루어Scott Brewer와 라이언 캐롤

Ryan Carroll이라는 두 젊은이가 BMW 시리즈1을 비교적 저렴한 방법으로 Y세대의 레이더망에 걸리도록 하기 위해 준비한 일종의 장난이었다. 이 모큐멘터리가 완성되자 두 사람은 그것이 온라인에서 생명을 얻기 위해서는 도움이 필요하다는 것을 깨달았다. 이때 스피어와 언더커런트가 개입하게 된 것이다. 2008년 3월 BMW 시리즈1 출시 전에 소문을 만들기 위해 언더커런트는 '더 램프'의 '천재 마케터'로 등장하는 배우 제프 슐츠 Jeff Schulz를 위한 블로그를 만들었다. 이어서 페이스북의 팬 페이지와 유튜브의 예고편을 포함한 더 많은 티저 영상들을 만들었다. 3월 출시가 다가오자 GSD&M은 모큐멘터리에 등장하는 사건들과 캐릭터들을 위한 미니 홈페이지를 만들었다. 신비로운 마을 오버파펠바첸을 위한 미니 홈페이지도 제작되었다. 또한 프란츠 브랜들을 위한 페이스북도 제작되었으며 온라인 쇼핑몰 카페프레스Cafe Press에서 램펜페스트의 기념품도 팔기 시작했다. 그 결과는? 출시 2주 동안 1200만 명이 캠페인에 노출되었다. 여기서 주목할 것은 모큐멘터리가 시작되고 6~7분이 지난 다음에야 BMW가 언급된다는 것이다.

이 캠페인은 실제 제품보다는 Y세대 타깃 시장에 어떤 메시지를 전달하는 데 중점을 둔 것이다. 바로 '우리는 무엇이 당신들의 관심을 끄는지 알고 있고, 우리 브랜드를 당신이 활동하는 곳으로 가져갈 것이다. 우리는 당신이 온라인에서 보고 즐길 재미있는 것들을 제공할 것이고, 30초짜리 TV 광고(에 비하면 아주 저렴한 비용으로)보다 더 오래 기억에 남도록 당신들과 대화를 시도할 것이다.' 그럼 차는 팔렸을까? 북미 BMW 마케팅 부사장인 잭 피트니Jack Pitney는 지난 6월 CNN에 1,000만 번의 조회수를 기록한 그 동영상의 효과는 엄청났다고 밝혔다. BMW1 시리즈 2/3가

선주문으로 판매되었다.

### 트랙4. Y세대 시장을 이해할 단서를 잡아라

**1. 학교로 돌아가라.** 해마다 1,360만 명의 대학생들이 2,370억 달러를 소비하고 있지만 이들은 전통적인 광고나 마케팅 메시지를 귀찮고 짜증나는 것이라고 생각하는 특수한 고객들이다. 이들은 입소문 마케팅에 매우 민감한 성향을 갖고 있는데 모든 구매에서 친구들의 추천을 최고로 여긴다. 칼리지 박스와 돔에 이드처럼 제품과 서비스를 마케팅하기 위해 학생들을 징병하라. 그러면 당신이 Y세대에 파고들 수 있는 가능성은 더 높아진다.

**2. 기성 제품들을 면밀히 조사하라.** Y세대가 특히 불편해하는 점을 찾아라. 애런 패처는 개인적으로 퀴큰이나 마이크로소프트 머니 같은 개인금융 프로그램에 좌절하여 민트닷컴을 시작했다. 그는 퀴큰이나 마이크로소프트 머니가 설치하기에 너무 번거롭고 지출 관리도 정확하지 않다고 생각했다. 젊은 사람들은 예산을 고민하며 개인 금융에 필요 이상의 시간을 할애하기 싫어한다. 그래서 패처는 그 절차를 빠르고 쉽게 만드는 서비스를 개발했다. 이그나이터닷컴은 매치닷컴의 모델에 Y세대만의 특징을 접목해 탄생한 것이다. 이그나이터닷컴은 Y세대의 친목 성향과 더 잘 들어맞는 단체 데이트 모델을 사용했다.

**3. 대량생산이 아닌 맞춤화를 고려하라.** Y세대는 매우 개인적이고 어떤 것이

든 대량 생산된 것에 부정적으로 반응한다. 반대로 그들의 개성을 표현할 수 있는 맞춤화된 서비스나 제품은 성공하는 경우가 많다. 루프트(2장)의 성공을 생각해보자. 아이폰 애플리케이션을 통해 사용자들은 자신의 휴대 기기를 맞춤화하여 사용할 수 있었다. 쓰레드리스의 커뮤니티 디자인 티셔츠 역시 결코 대량생산되지 않는다. 마찬가지로 헌드레즈의 창립자들은 자신들의 인디 브랜드 티셔츠가 회사가 갖고 있는 비주류 이미지 덕분에 성공했다는 것을 알고 있다. 그래서 그들은 현명하게 대형 소매업자들의 거래 요청을 거절했다.

**4. 당신의 OOO을 온라인에서 팔아라.** Y세대는 온라인 공간에서 산다. 그래서 그들에게 뭔가를 팔고 싶은 사람들은 그곳에 가야 한다. 카일 부코와 하이칼 가니가 자신들의 맞춤 정장 회사를 세웠을 때 그들은 전통적인 모델을 피하고 대신에 고객들에게 스스로 치수 재는 법을 가르쳐주는 웹 기반의 사업을 택했다. 상하이의 독립 재단사들과의 협력관계, 원자재의 경제적인 구입을 통해 이들은 자기 세대인 Y세대에 합리적인 가격을 제안할 수 있었다.

**5. 고객들을 참여시켜라.** 버즈 마케팅의 고객 기업들은 제품 시험과 시장조사를 위해 '소문 감시단'이라는 젊은이 집단에 접근하는 대가로 회사에 돈을 지불한다. 이를 통해 기업은 타깃 시장의 고객들로부터 직접 피드백을 받을 수 있다. 그리고 이들을 제품 개발과정에 참여시킴으로써 충성 고객으로 만들 수도 있다. 헌드레즈는 자신들의 웹 사이트에 '폭탄처리반(bombsquad)'라는 페이지를 만들어 여러 고객 커뮤니티를 한 데 모았다. 고객들은 이곳에서 헌드레즈의 로고가 새겨진 마이스페이스 스킨과 아이콘을 다운로드 받아 웹 사이트 여기저기에 퍼트릴 수 있다. 또한 두 곳의 헌드레즈 직영 소매점에 있는 웹캠을 통해 고객들은 웹 사이트에 자신의 사진을 올릴 수도 있다.

**6. 재미 있는 콘텐츠를 제공하라.** Y세대는 강매를 싫어하지만 그것이 재미있

고 흡인력 있다면 당신의 메시지를 들을 것이다. BMW는 30초 광고에 비하면 아주 저렴한 비용을 가지고 BMW 시리즈1의 미국 출시와 관련된 모큐멘터리를 제작했다. 이 캠페인은 온라인에서 1,000만 명을 끌어 들였는데, 이들은 그저 모큐멘터리만 관람한 것이 아니라 관련 웹 사이트와 페이스북 등에도 참여했다. 모큐멘터리의 괴짜 캐릭터들과 가상의 마을이 현실화된 것이다. 그 결과 전통적인 광고 캠페인을 했을 때보다 더 많은 입소문을 만들어냈다.

# 브랜드를 만드는 자 :
# 브랜드는 독백이 아니라
# 대화이다

업스타트들은 최근에 가장 영향력 있고 혁신적인 브랜드들을 창조했다. 몇 가지만 예를 들자면 페이스북, 유투브, 플릭커, 디그, 옐프, 쓰레드리스, 에트시 등이 있다. 이 브랜드들의 콘셉트는 이름만큼이나 독창적이다. 만약 당신이 이 회사들의 가장 중요한 공통점이 인터넷에 존재하는 것이라고 생각한다면, 핵심을 놓치고 있는 것이다. 웹 기반이거나 아니거나 업스타트들에게 인터넷은 커뮤니티의 생성을 촉진하고 정보와 오락을 공유하는 도구일 뿐이다. 회사가 지속적으로 소통하고 의미 있는 브랜드 정체성을 만들어내는 수단일 뿐이다. 세스 고딘이 자신의 책《부족들Tribes》에서 말했듯이 '부족의 진짜 힘은 인터넷과 아무 관련도 없으며 사람과 관련이 있다.'

그럼에도 불구하고 계속해서 진화하고 있는 모바일 기술과 함께 인터넷은 기업이 브랜드를 만드는 과정을 근본적으로 바꾸어 놓았다. 이쯤에서 2장에서 등장한 에드 모란의 말을 다시 떠올려보자. "브랜딩은 더이상 당신이 통제할 수 있는 것이 아닙니다. 사람들은 제품이나 서비스 주변으로 모여들 것이고, 그들은 당신의 회사보다 당신의 제품에 훨씬 더 강한 친밀함을 느끼게 될 것입니다. 그들은 엄청난 입소문을 만들어냅니다." 그리고 인터넷은 이러한 입소문의 매체인 것이다.

업스타트들에게 인터넷은 매우 친숙한 공간이다. 그들은 사람들과 협력하고 커뮤니티를 관리하는 법을 알고 있다. 이들은 새로운 기술을 겁내지 않으며 다른 회사의 브랜드를 평가하던 기준으로 자신들의 브랜드를 만들어낸다. "이 젊은이들은 브랜드가 문화적 힘을 가지고 있으며 브랜드를 통해 생각을 표현할 수 있다는 것을 제대로 이해하고 있습니다." 《Buying In》의 저자인 롭 워커Rob Walker는 말한다. "사람들은 젊은 세대가 대중화된 브랜드를 거부한다고 생각합니다. 그건 어느 정도 사실입니다. 하지만 핵심을 놓치고 있습니다. 이들이 대중화된 브랜드를 거부하는 이유가 자신들만의 브랜드를 만들고 싶기 때문이라는 것을 알아야 합니다."

그렇다면 업스타트 브랜드의 특징은 무엇일까? 첫째, 무엇보다 업스타트들은 브랜드가 항상 변화한다는 것을 이해하고 있다. 브랜드는 고객에게 일방적으로 전달되는 독백이 아니라 회사와 고객들 사이의 계속되는 대화로 형성된다. 이러한 대화는 보통 온라인에서 이루어진다. 하지만 이그나이트닷컴뿐만 아니라 시터시티닷컴Sittercity.com과 에트시(이번 장에서 만나게 될)를 창업한 업스타트들은 브랜드를 형성하기 위해서는 고객들과 직접 만나 대화하는 시간이 필요하다는 것을 알고 있었다. 브랜드 형성에서 가장 중요한 것은 바로 이 같은 직접적인 대화이다. 미트헤드 무버스와 제이더블유 텀블스 같은 회사 역시 경쟁자들과 차별화하기 위해 커뮤니티를 이용한다.

해피 베이비 푸드Happy Baby Food나 피드 그래놀라Feed Granola 같은 식품 업계의 업스타트들은 브랜드의 유기농 요소를 강조하지만 냉혹한 업계에서 살아남기 위해서는 그것만으로 충분하지 않다는 것을 알고 있다. 그래서 고객들의 브랜드 충성도를 형성하기 위해 젊음과 브랜드 뒷이야기, 길거리 마케팅을 이용한다. 침체된 업계의 업스타트들은 브랜드 확장을 위해 매우 창의적인 방법을 모색해야 한다. 릭쇼 덤플링 바Rickshaw Dumpling Bar의 케니 라오Kenny Lao는 그것을 훌륭히 수행해내고 있는 전문가이다. 마지막으로 업스타트들은 브랜드에 더 높은 차원의 의미를 담는 경우가 많다. 이에 관해서는 6장에서 자세히 살펴볼 것이다. 여기서 우리는 에트시의 롭 칼린Rob Kalin의 이야기를 살펴보자. 그는 자신의 온라인 공예 쇼핑몰을 지속가능한 소규모 사업의 촉매로 보았다.

## 커뮤니티가 브랜드다

31살의 기네비어 디어스Genevieve Thiers는 자신이 〈Inc.〉 지의 '500대 기업'에 이름을 올릴 정도로 엄청난 규모의 전국적인 브랜드를 만들게 되리라고는 생각도 하지 않았다. 그녀는 그저 절박한 부모들이 믿을 만한 베이비시터를 쉽게 찾을 수 있는 방법을 마련하고 싶었을 뿐이다. 그 결과 탄생한 것이 시터시티닷컴이다. 시터시티닷컴은 독자적인 온라인 시스템을 통해 아이를 가진 가족과 베이비시터를 연결해준다. 이 회사의 2007년 매출은 260만 달러였으며 〈Inc.〉 지의 '500대 기업' 목록에서 287위를 차지했다. 디어스는 2008년 매출을 밝히지는 않았지만 회사가 1년에 300%의 안정적인 성장률을 보이고 있다고 말한다. 만약 당신이 인터넷으로 베이비시터를 구하는 사람이 있을까라고 생각한다면, 그것은 약속 시간 직전에 갑자기 일을 못하겠다고 전화하는 10대 베이비시터를 고용해본 적이 없기 때문일 것이다. 하지만 이렇게 성공적이고 전문적인 커뮤니티를 만드는 것은 결코 쉬운 일이 아니었다.

6남매 중 장녀로 태어난 디어스는 보스턴 대학을 졸업할 때까지 베이비시터로 일했다. 그녀는 그 지역의 30가구에서 일했기 때문에 바쁜 부모들이 무엇을 원하는지 잘 알고 있었다. 2001년의 어느 날 그녀는 한 임산부가 보스턴 대학의 캠퍼스로 가는 193개의 계단을 전단지를 들고 힘들게 오르는 것을 보았다. 그녀는 베이비시터를 찾는 전단을 붙이고 있었다. 디어스는 그 임산부 대신에 전단지를 붙여주었다. 이렇게 선의를 베푸는 동안 그녀의 안에서는 사업가적인 면모가 싹트고 있었다. '절박한 부모들이 베이비시터를 찾는 더 좋은 방법이 있을 것이다.' 물론 대행사를 통해 베이비시터를 구하는 방법도 있지만 대행사에서 나온 베이비시터는 시간당 50달러였고 그것은 대부분의 부모들이 부담하기 힘든 비용이었다(계단을 오르던 임산부만 보아도 그렇다). 그래서 디어스는 베이비시터들과 가족들을 직접 연결하는 사업을 시작하기로 결심했다. 이런 면에서 그녀는 '판을 바꾸는 자'이기도 하다.

젊은이 집단은 브랜드가 문화적 힘을 가지고 있으며 브랜드를 통해 생각을 표현할 수 있다는 것을 제대로 이해하고 있습니다.

• 롭 워커, 《Buying in》의 저자

디어스는 투자자들을 찾았지만 계속 거절당했다. 그들은 이렇게 비웃었다. "우리는 베이비시터 클럽 따위에 투자하지 않습니다." 그래서 그녀는 아버지에게 전화해서 도메인을 구입하기 위한 120달러를 빌려달라고 부탁했다. 아버지의 반응이 이랬다. "여기 내 신용카드 번호가 있다. 엄마한테는 말하지 마라." 당시에 디어스는 대학을 졸업하고 IBM에 입사한 상태였으므로 웹 사이트를 만들 두 명의 대학 친구를 고용할 수 있었다. 이어서 그녀는 보스턴에 있는 400개의 대학 기숙사에2만 장의 전단지를 붙였다. 그녀는 매치닷컴 같은 온라인 데이트 서비스 모델을 모방하려고 했다. 베이비시터들이 등록을 하면 부모들이 그들의 신용을 확인해보고 직접 계약할 수 있는 공간을 만드는 것이었다. 2001년 9월에 시터시티닷컴에 600명의 베이비시터가 등록을 했고, 디어스가 일했던 가족들도 사이트에 등록하기로 했다. 등록비가 39.99달러이고, 매달 9.99달러를 추가로 지불해야 하는데도 말이다. 베이비시터들은 무료로 등록할 수 있었다. 사람들은 이 서비스에 매우 만족했다. 디어스는 그 시절을 이렇게 회상한다. "처음 2주간 케이크며 과자 같은 선물을 받기도 했습니다." 회사는 시작하자마자 수익을 내고 있었다.

여기서 한 가지 의문을 제기하지 않을 수 없다(딸이 시터시티를 시작할 때 디어스의 어머니가 걱정하던 것이기도 하다). '법적 책임은 어떻게 되는가?' 시터시티는 오프라인 대행사들처럼 베이비시터를 고용하지 않았기 때문에 법적 책임이 작다고 디어스는 말한다. "우리는 양측이 서로를

탐색할 수 있는 도구를 제공할 뿐, 우리가 실제로 베이비시터를 추천해주지는 않습니다. 그리고 사이트에 등록한 모든 사람들은 사용동의 조항에 서명합니다." 이 사이트를 통해 베이비시터를 고용한 부모들이 베이비시터에 대해 별점으로 등급을 매길 수 있다. 이것은 베이비시터들의 프로필에 기록되기 때문에 베이비시터들은 자신의 등급을 관리해야만 한다. 또한 시터시티는 가장 높은 등급을 받은 베이비시터의 프로필이 목록의 맨 위에 나타나도록 하는 시스템을 마련했다. 만약 베이비시터가 등급관리를 게을리 하면 그들은 이 목록에서 곤두박질치게 되는 것이다. 마찬가지로 베이비시터들도 자신이 일했던 가족에 대한 평가를 올릴 수 있다. 일을 구하는 다른 베이비시터들이 참고할 수 있도록 말이다. 예를 들어 부모들이 정해진 시간보다 항상 늦게 온다든가 아이들이 말썽쟁이라든가 하는 평가를 올릴 수 있다. 투명성과 책임감을 촉진하는 이 시스템은 시터시티 브랜드의 핵심적인 요소이다.

시터시티에 대한 소문이 퍼지는 데는 오랜 시간이 걸리지 않았다. 마케팅을 거의 하지 않았는데도 다른 도시의 부모들과 베이비시터들이 시터시티 사이트에 등록하기 시작했다. 어떤 부모들은 자신이 사는 도시에 베이비시터가 부족하다고 그녀에게 이메일을 보내기도 했다. 이런 이메일을 받으면 그녀는 곧바로 비행기에 올라탔다. 그 지역의 대학 기숙사에 베이비시터를 찾는다는 전단을 배포하기 위해서였다. 그녀가 보스턴에서 했던 것처럼 말이다. 2002년까지 시터시티는 샌프란시스코, 클리블랜드, 뉴욕, 시카고, 댈러스로 확장해나갔다. 그 해에 디어스는 동서 해안으로의 이동을 용이하게 하기 위해 회사를 시카고로 옮겼다. 그녀는 자신이 평소에 좋아하던 또 다른 분야에도 도전했다. 바로 오페라다. 그녀는 노스웨스턴 음악대학의 대학원 과정에 등록했다.

디어스의 시장과 고객기반은 유기적으로 성장하고 있다. 하지만 그녀의 성공은 순전히 운이 좋았기 때문이 아니다. 그녀는 프로처럼 자신의 브랜드를 홍보했다. 우선 지역의 엄마들을 위한 커뮤니티에서 자신을 베이비시터 전문가로 포지셔닝했다. 그 후에 전국적인 언론의 관심을 끌었다. 2004년에 디어스는 아이빌리지닷컴iVillage.com의 베이비시터 전문가가 되었다. NBC가 아이빌리지닷컴을 사들이자 그녀는 투데이 쇼에도 여러 번 출연할 수 있었다. 뿐만 아니라 엘렌 드 제너레스 쇼, 더 뷰The view, 더 얼리 쇼The early show, 굿모닝 아메리카에 출연하기도 했다. 시터시티닷컴은 또한 12개의 주요 비즈니스 상을 수상했다. 여기에는 백악관에서 수상한 2006년 중소기업청의 '올해의 챔피언' 상도 포함되어 있었다. 디어스는 검색창 광고와 뉴스레터 등 온라인 마케팅을 진행하기도 했지만, TV 출연과 여러 행사 참여의 효과가 더 컸다. 그녀는 방송에 나와 메리 포핀스를 자처하며 노래를 부르곤 했다. "그렇게 함으로써 기억에 남는 거죠. 우리 브랜드를 매력적으로 만들어야 하니까요." 그녀는 이를 위해 아이들을 위한 책과 아이들을 위한 노래를 담은 CD를 만들기도 했다.

디어스는 시터시티 브랜드의 믿을 수 있는 대변인이었고 베이비시터 전문가였다. 이런 명성을 쌓는 일은 매우 중요하다. 왜냐하면 온라인으로 베이비시터를 고용하는 것에 거부감을 갖는 사람들도 있기 때문이다. 그녀는 인터넷 기반인 회사를 위해 고객들과 직접 만나는 기회를 늘리려고 노력했다. 이를 위해 '스피드 시팅speed sitting' 행사를 후원하는 새 부서를 만들었다. "이것은 스피드 미팅과 비슷합니다. 50명의 베이비시터와 50명의 부모들이 서로 몇 분씩 대화하는 자리를 마련하는 것이지요. 이러한 행사는 언론홍보에도 큰 도움이 됩니다. 하지만 가장 큰 목표는 사람들에게 우리가 누구인지 알리고 브랜드 이미지를 각인하는 것이지요." 이것은 이그나이터의 단체 데이트 파티와도 비슷하다. 이그나이터는 사이트의 회원 수를 늘리기 위해 여러 도시에서 단체 데이트 파티를 열었다. 그리고 이 행사 덕분에 해당 도시에 이그나이터에 대한 입소문이 퍼지게 되었다.

시터시티는 이제 믿을 수 있는 브랜드로서의 명성을 얻었고 디어스는 회사의 서비스를 피트니 보우즈Pitney Bowes, 에이본Avon, 마스터카드 같은 회사의 인사부와 협력하기 시작했다. 회사가 비용을 부담하여 직원들에게 베이비시터 찾기 서비스를 제공하도록 하는 것이다. 그리고 애완동물과 노인 돌보기 시장으로 진출하기 위해 펫코Petco, 아이빌리지, 디스커버리 헬스, 휴매나Humana를 포함한 여러 회사들과 다양한 협력관계도 맺고 있다.

디어스는 후발주자들이 등장하고 있는 것을 알고 있다. 하지만 그녀는 이들에게 대항할 준비도 되어 있다. "우리가 사업을 시작했을 때는 이런 사업이 존재한다는 것을 사람들에게 알리기만 하면 됐죠. 하지만 시장이 형성되고 난 다음에는 선두주자로서 우리 위치를 사수해야 합니다. 그리고 우리는 이미 방어 전략을 펼치기 시작했습니다." 2008년 말에 시터시티는 포인트 주디스 캐피탈Point Judith Capital과 아펙스 파트너스Apex Partners로부터 750만 달러의 자본을 조달했다. "2008년 말에 자본계약을 성사했을 때, 우리 브랜드가 얼마나 강력한지 깨달았죠. 심각한 경기침체 속에서 우리는 전보다 더 많은 관심을 받고 있습니다." 디어스는 이렇게 덧붙였다. "성장하기 가장 좋은 때는 침체기입니다. 많은 것들의 가격이 내려가고 재능 있는 사람들이 시장으로 몰려드니까요."

디어스는 회사의 장기계획을 구체적으로 밝히지는 않았지만 이렇게 말했다. "시터시티에는 거대한 국제시장과 국내시장이 있습니다." 그녀는 자신이 쌓은 브랜드 가치와 새로운 투자자들 덕분에 회사가 놀라운 성장을 이룰 수 있을 거라고 확신했다.

### 브랜드 차별화하기

기네비어 디어스는 간절히 서로 필요하지만 직접 연결할 수 있는 효과적 방법이 없었던 두 집단을 연결해줌으로써 시터시티 브랜드를 만들었다. 웹 기반의 베이비시터 찾기 서비스라는 개념이 새로웠기 때문에 디어스는 브랜드를 만드는 과정에서 고객의 신뢰라는 장벽에 부딪혔다. 그녀는 얼굴 없는 인터넷 회사의 대변인이 되어 고객들의 신뢰를 쌓고 고객들의 커뮤니티에 실제 모습을 드러내야 했다. 반면 기존 업계에 있는 회사들은 브랜드와 관련해서 고민을 갖고 있다. 경쟁사들과 어떻게 차별화하나, 어떻게 고객을 감동시키나, 단순한 상품으로 보이는 것을 어떻게 피할 수 있나…….

스티드 형제는 이 점에 있어서 자신들이 브랜드를 꽤 잘 만들어냈다고 생각한다. 26살의 에반 스티드Evan Steed가 말한다. "우리는 '이삿짐 나르는 사람들은 무식하다'라는 전형적인 이미지에서 탈피해서 고품질의 고객중심 서비스를 제공할 수 있다는 것을 보여주고 싶었습니다." 그는 1997년에 형인 28살의 애런Aron과 함께 캘리포니아에서 미트헤드 무버스 Meathead Movers를 시작했다. 고등학교 운동선수였던 두 사람(애런은 레슬링

선수, 에반은 미식축구)은 용돈을 벌기 위해 이사대행 서비스를 시작했다. 그 일은 체력소모가 컸다. 둘 만으로 이사 수요를 감당할 수 없게 되자 그들은 다른 운동선수들의 도움을 받았다. 그리고 그들의 작은 사업은 곧 열심히 일하고 깔끔하며 정중하고 정직한 젊은이들을 고용하는 회사로서의 명성을 얻게 되었다. 얼마 후 스티드 형제는 그들이 가치 있는 브랜드를 만들 수 있다는 것을 깨달았고 이 일에 전적으로 매달리게 되었다. 그들은 직원들을 통해 브랜드 정체성을 구축했다.

칼리지 헝크 하울링 정크처럼 그들은 업계 수준을 뛰어넘음으로써 자신들을 차별화할 수 있다는 것을 알게 되었다. 처음에는 그저 편리해서 이용했던 그들의 노동력(학생 운동선수)은 가장 큰 차별화 요인이 되었다. 미트헤드 무버스의 웹 사이트에는 90명의 직원 사진과 짧은 신상이 '주전 선수'라는 이름의 페이지에 공개되어 있다. 고객들은 실제로 자신이 원하는 짐꾼들을 선택할 수 있었다. 이제 매출이 300~500만 달러에 달하는 미트헤드 무버스는 30~40명의 정직원과 120명의 아르바이트 직원을 보유하고 있다.

스티드 형제는 당당하게 직원들에게 엄격한 기준을 요구한다. 그들은 그저 거칠어도 힘 잘 쓰는 사람을 찾는 것이 아니었기 때문이다. 애런 스티드가 말한다. "우리는 직원을 고용할 때 그들의 인성을 봅니다. 그들에게 단정한 차림으로 면접 시간보다 일찍 오라고 말합니다. 그리고 그들이 제 때 오지 않으면 고용하지 않습니다."

그렇다고 회사가 직원들에게 가혹하기만 한 것은 아니다. 미트헤드는 회사 체육관을 보유하고 있으며 직원들에게 무료 마사지와 추나 요법을 제공한다. 스티드는 직원들이 몸이 좋지 않을 때 솔직하게 말하는 것을 편하게 생각한다고 말한다. "우리는 컨디션이 좋지 않은 직원들에게는 창고를 청소하거나 트럭을 청소하라고 합니다." 직원들이 돈을 받기 위해 컨디션이 좋지 않은데도 불구하고 그냥 일하다가 다칠 수 있기 때문이다. 그리고 회사는 직원들의 부상이 없는 분기마다 큰 파티를 열기 위해 연간 예산으로만 5만 달러를 책정해놓고 있다. "우리가 힘이 좋은 학생 선수들에게 도움이 되는 일터를 만들 수 있다면, 최고의 이사 서비스 회사를 만들 수 있을 것입니다." 이렇게 말하는 애런은 '일터의 반항아'이기도 하다.

미트헤드는 '판을 바꾸는 자'가 됨으로써 회사를 차별화한다. 하나의 트럭을 가지고 여러 건의 이사를 처리하는 다른 이사 서비스 회사와는 달리 미트헤드는 하나의 트럭으로 한 번의 이사만을 하는 정책을 갖고 있다. 그래야 직원들이 한 번에 한 고객에게만 집중할 수 있기 때문이다. 이 회사의 고객들은 미트헤드 웹 사이트의 '쿼터백' 페이지에도 등록한다. 이것은 일종의 컨시어지 서비스로 회사는 고객들에게 조경사와 베이비 시터, 변호사, 청소부 등 새로 이사 오는 사람들에게 필요한 서비스 업자들을 추천한다. 물론 서비스는 무료다. 스티드는 조금의 수수료도 없다고 말한다. 미트헤드의 시간당 비용이 경쟁사들보다 비싸기는 하지만 미트헤드의 일꾼들은 경쟁사보다 더 빠른 시간에 일을 끝낸다. 왜냐하면 그들은 다른 이사꾼들보다 좀 더 빨리 움직이기 때문이다. 이 회사의 가장 대표적인 방침 중 하나는 직원들이 뭔가 나르지 않을 때는 뛰어야 한다는 것이다. 이것은 시간을 절약해줄 뿐만 아니라 고객들에게 작은 눈요기를 제공하기도 한다.

애런은 이렇게 말한다. "우리가 하는 모든 것은 고객을 감동시키기 위한 것입니다. 우리는 고객들을 감동시키고 놀라게 하고 싶습니다." 짐을 내리기 전에 고객에게 집을 안내받은 후 짐꾼들은 고객에게 VIP 의자(컵홀더가 있는 접이식 의자)에 앉으라고 권한다. 고객들은 앉아서 짐들이 어디에 놓여야 하는지 말해주기만 하면 되는 것이다. "물론 직원들은 고객들 앞을 지나갈 때 더 열심히 뜁니다. 마지막에 이사가 끝나면 우리는 고객들에게 선물을 줍니다. 화분과 감사카드입니다. 그리고 비용을 정산할 때는 항상 원래 견적보다 적게 요구하지요. 그래서 고객들이 우리를 좋아하는 것입니다."

미트헤드 무버스의 웹 사이트의 '트로피 룸' 페이지를 보면 이것이 사실임을 알 수 있다. 2008년에 이 회사는 산 루이스 오비스포, 산타바바라, 벤추라 카운티에서 '최고의 이사 서비스 회사'로 선정되었다. 이제 미트헤드는 LA와 샌프란시스코에서 이사 서비스 회사로는 가장 큰 규모를 자랑한다. 하지만 스티드 형제는 가장 큰 회사보다는 최고의 회사가 되고 싶어 한다. 그들은 쉽게 프랜차이즈 사업을 벌이거나 다른 지역으로의 진출을 시도할 수도 있지만 그런 유혹을 거부해왔다. "우리는 항상 서비스의 질에 신경 씁니다. 그리고 우리는 아주 보수적입니다. 한 번 질이 떨어지면 예전 같은 가격을 요구할 수 없습니다. 그러면 사업 전체가 망하는 거지요." 미트헤드 무버스의 브랜드 정체성은 말할 것도 없다. 성급하고 경솔한 확장 전략으로 인해 브랜드 프랜차이즈가 실패하는 경우는 많다. 대부분 장기적인 성장보다는 단기 수익을 추구하기 때문이다. 스티드 형제는 빠른 성장에 동반되는 브랜드 가치 저하의 위험을 감수하기에는 자신들의 브랜드가 무척 소중하다고 생각한다.

## 브랜드 다시 포지셔닝하기

28살의 애슐리 로빈슨Ashley Robinson이 2007년 6월에 샌디에이고에 있는 제이더블유 텀블스를 샀을 때 회사는 스티드 형제가 피하고자 했던 바로 그 성장통으로 고생하고 있었다. 하지만 그녀는 이 회사의 시장 기반이 견고하고 계속 성장하고 있다는 것을 알았다. 다름 아닌 아이들을 위한 체육관 프랜차이즈이다. 미국 통계부에 따르면 10세 이하의 아동은 약 4,000만 명이고 이들 중 상당수가 제2형 당뇨같은 비만 관련 질병에 걸릴 위험을 안고 있다고 추정하고 있다. 질병통제예방센터에 따르면, 지난 30여 년 동안 2~5세 사이 아동의 비만율은 두 배로 뛰었고 6~11세 아동의 비만율은 3배로 뛰었다고 한다. 그녀는 아이들의 건강과 운동에 초점을 맞춘 회사가 투자할 만한 가치가 있다고 생각했다.

로빈슨은 2003년부터 아르바이트 회계 담당으로 제이더블유 텀블스에서 일했다. 당시에 회사는 6개의 체육관을 보유한 지역 체육관 체인이었다. 그녀는 회사에서 더 많은 역할을 맡게 되었고 17개의 새 프랜차이즈를 여는 것을 도왔다. 기업가 아버지 밑에서 자란 로빈슨은 회사의 소유주가 회사를 팔기로 결심했을 때 이 사업에 뛰어들기로 결심했다. 당시 회사의 자금 흐름이 좋지 않고 심각한 성장통으로 고생하고 있었지만 말이다. 그녀는 투자 받은 돈과 자신의 돈을 쏟아 부어서 2007년 6월에 제이더블유 텀블스를 인수했다.

그녀는 이렇게 회상한다. "프랜차이즈는 상태가 안 좋았습니다. 하루 빨리 호전되어야만 하는 상황이었죠." CEO라는 새로운 역할을 맡으면서 더 많은 문제들이 발생하고 있었다. 서부 캘리포니아의 집값이 이미 떨어지기 시작했던 것이다. 이것은 경제가 어려워진다는 신호였다.

"저는 부모들의 마음을 얻기 위해서는 감성과 재미만으로는 부족하다는 것을 알았습니다. 우리는 부모들에게 아이들을 위한 라이프스타일을 제시해야 했습니다." 그녀는 과감히 회사의 로고 문구를 '아이들의 체육관' 에서 '학습하는 놀이터' 로 바꾸었다. 그렇게 함으로써 브랜드의 수용성을 더 넓히는 효과를 가져왔다. 그녀는 또한 프랜차이즈를 위해 유아 미술수업을 개발할 지역의 다른 회사와 계약을 맺었다. 고객들을 위해 여러 서비스를 한군데로 모으고 지역 사회에서 필요한 자원들을 확보하는 것이 그녀의 목표였다.

로빈슨의 브랜드 수정 전략에서 가장 중요한 부분은 제이더블유 텀블스의 고객들에게 라이프스타일을 제안하는 데 필요한 다른 브랜드들과 협력하는 것이었다. 이를 통해 회사가 고객에게 제공할 수 있는 가치를 늘리는 것이다. 그렇다. 그녀는 '협력주의자' 이기도 하다. 로빈슨은 체육관에 아이를 보내는 부모들을 위한 Q&A 모임을 열고 샌디에이고 주립영양프로그램의 공중보건 전문가를 초대했다. 그리고 그녀는 미국 청소년 당뇨 연구재단의 '1년에 5km 걷기운동' 에 협조했고 당뇨병 아이들과 가족들을 위한 가족 운동회를 후원하기도 했다. 미국 청소년 당뇨 연구재단 후원과 여러 자선행사 후원에는 샌디에이고에서만 2만 5천~5만 달러가 들었다. 하지만 로빈슨은 그만한 값어치가 있다고 생각했다. 왜냐하면 그것은 지역 사회를 위한 회사로 이미지를 확립하는 데 도움이 되기 때문이다. 이밖에도 회사는 유아들을 위한 체력단련소와의 전략적 협력관계도 추진했다. 또한 제이더블유 텀블스는 큰 아이가 운동수업을 듣는 동안 엄마와 작은 아이가 함께 걷기 운동을 할 수 있도록 체육관의 스케줄을 조정했다.

로빈슨의 브랜드 수정은 지금까지는 성공적이었다. 하지만 실패가 없었던 것은 아니다. 2007년 11월과 2008년 12월 사이에 그녀는 잘 운영되지 않는 프랜차이즈 8개의 문을 닫았다. 하지만 그녀는 프랜차이즈 13개를 새로 시작했다. 이 새로운 프랜차이즈들 중에는 이미 프랜차이즈를 소유한 사람들이 사업을 확장한 것도 포함되어 있다. 아이러니하게도 경기침체 덕도 보았다. 상가임대 비용이 내려서 현금 흐름의 압박 없이 확장이 가능했던 것이다. 이제 회사는 12개 주에 36개의 프랜차이즈를 운영하고 있다. 또한 홍콩에 4개, 싱가포르에 2개, 멕시코에 2개의 프랜차이즈도 운영 중이다. 최근에는 중국에서 50개의 프랜차이즈를 준비 중이다. 제이더블유 텀블스는 2008년에 1200~1300만 달러의 수익을 올렸으며 이 중 본사 수익도 190만 달러가 넘었다. 2007년 120만 달러에서 70만 달러가 늘어난 수치다.

제이더블유 텀블스의 브랜드 확장은 예상치 못한 결과를 가져왔다. 지난 9월 로빈슨은 프랜차이즈에 음악수업을 제공할 전략적 협력사로 맨해튼에 있는 키드빌Kidville을 찾았다. 키드빌의 CEO이자 코지Cosi의 창립자이기도 한 앤드류 스텐즐러Andrew Stenzler와의 한 달에 걸친 협상 끝에 두 회사는 합병을 하기로 결정했다. 2008년 9개월 동안 830만 달러의 수익을 기록한 상장기업인 키드빌은 50만 달러의 현금과 250만 달러의 주식으로 제이더블유 텀블스를 인수했다. 이제 키드빌의 프랜차이즈 부서를 맡고 있는 로빈슨이 말한다. "두 회사 모두에게 좋은 거래였습니다. 이 합병은 우리가 회사를 회복시켰다는 증거입니다. 제이더블유 텀블스는 상당한 브랜드 가치를 가지고 있습니다."

## 게릴라 브랜딩

애슐리 로빈슨은 전략적 협력관계를 이용해 고객들에게 더 많은 가치를 제공함으로써 브랜드 가치를 높였다. 그녀는 고객들이 변덕스럽다는 것을 알고 있다. 특히 경제가 흔들릴 때 의식주 같은 필수적인 제품이나 서비스가 아닌 다음에야 언제든 가족 예산에서 빠질 수 있는 것이다. 그래서 그녀는 브랜드 충성도를 쌓을 수 있는 창의적인 방법을 생각해냈던 것이다.

32살의 샤지 비스람Shazi Visram과 34살의 제시카 롤프Jessica Rolph는 자신들의 냉동 유기농 이유식 회사 해피 베이비 푸드Happy Baby Food로 같은 일을 해냈다. 이들은 경쟁사의 제품과는 근본적으로 다른 완전히 새로운 제품을 만들어냈을 뿐만 아니라, 충성적인 고객들을 통해 입소문을 퍼트렸다. 아주 빠르게 성장하고 있는 200억 달러 규모의 유기농 식음료 시장에서 빠르고 효과적인 브랜딩은 두 가지 이유에서 필수적이다. 모방자들이 순식간에 당신의 아이디어를 가로챌 것이고, 대형 유통업체들은 새로운 제품을 시험해보고 판매가 괜찮으면 자신들의 상표를 붙인 비슷한 상품을 내놓을 것이기 때문이다. 결국 브랜드 충성도가 없다면 고객들은 더 저렴하고 비슷한 제품을 선택하게 될 거라는 뜻이다.

210만 달러 매출 규모의 해피 베이비 푸드는 유기농 냉동 이유식을 생산하여 전국 450개의 상점에 유통한다. 사업을 시작한 지 3년 만에 이같은 성장을 이룬 것이다. 타고난 기업가인 비스람은 한 친구가 아기를 위해서 직접 이유식을 만들고 싶지만 시간이 없다고 불평하는 것에서 착안해 회사를 설립했다. 어머니가 만들어주신 이유식을 먹고 자란 비스람은 유통기한이 3년이나 되는 전형적인 유리병 이유식에 대한 대안이 필요하다고 느꼈다. 그녀는 업계 경험이 있는 동업자 제시카 롤프와 함께 자연 식품의 향과 색감을 유지하는 신선한 냉동 유기농 식품 라인을 개발했다. 콩과 당근 이유식에는 민트를 첨가했고, 인도 음식에서 착상한 이유식에는 유기농 빨간 렌즈콩과 감자, 코리안더(미나리과의 한해살이 풀), 계피로 첨가했다. 이것은 비스람의 어린 시절 이유식을 응용한 것이었다.

두 사람은 다양한 엔젤 투자자들로부터 수십만 달러를 투자받을 수 있었다. 이 중에서 어니스트 티Honest Tea의 창립자 세스 골드만Seth Goldman과 베어 네이키드 그래놀라Bear Naked Granola의 공동창립자인 켈리 플래틀리Kelly Flatley가 해피 베이비 푸드의 이사가 되었다. 비스람과 롤프는 2006년 어머니의 날에 지역의 유통업체인 프레시 다이렉트Fresh Direct, 뉴욕시의 식료품 배달 서비스인 고메 가라지Gourmet Garage, 그리고 다른 몇몇 유기농 상점을 통해 제품을 출시했다. 그들은 사업을 천천히 성장시키려 했지만 제품의 반응이 너무 좋아서 1년 만에 생산업체를 18kg 단위로 생산하는 곳에서 1800kg 단위로 생산하는 곳으로 바꾸게 되었다. 곧 해피 베이비 푸드의 제품은 전국에 1400개 상점으로 유통되었다. 회사가 2007년 시리얼 제품을 내놓았을 때 판매 상점은 3500개로 늘어났다.

알고 보니 그들은 두 가지 거대한 유행의 흐름을 타고 있었다. 글로벌 정보 미디어 회사인 닐슨 컴퍼니Nielsen Company에 따르면 유기농 이유식 판매는 2006년 1억 940만 달러로 16.9% 증가했다. 반면 전체 이유식 판매는 2.1% 증가에 그쳤다. 2008년에는 유기농 이유식 판매가 1억 7270만 달러를 기록하며 그 후 2년간 유기농의 인기는 지속되었다. 닐슨에 따르면 2005년에서 2008년 사이에 유기농 이유식 판매는 84.7% 증가했다. 그 기간 동안 전체 이유식 판매가 6.9% 증가한 것과는 대조적이다. 유기농 이유식 판매의 증가는 물론 유기농에 대한 관심의 증가 덕분이다. 하지만 다른 이유도 있었다. 신생아의 숫자가 증가한 것이다. 국립건강센터의 통계에 따르면 2006년 미국의 출산율은 여성 1명당 2.101명으로 1971년 이후 가장 높은 수치를 기록했다.

시중에 나와 있는 이유식의 종류는 많았지만 해피 베이비 푸드 같은 제품은 없었다. 그리고 소매업자들 입장에서도 마진은 적고 선반만 차지하는 병에 든 이유식보다 훨씬 좋았다. 해피 베이비 푸드는 소매업자와 고객들에게 혁신적인 제품일 뿐만 아니라 훨씬 더 매력적인 마진과 혜택을 안겨주었다. "우리는 유기농 냉동 이유식 분야를 개척했죠." 그것은 알고 보니 하나의 도전이기도 했다. 왜냐하면 엄마들은 냉동 칸에서 이유식을 사는 것에 익숙하지 않았기 때문이다. 하지만 비스람과 롤프는 비밀병기를 가지고 있었다. 특히 Y세대에게 환영받을 만한 방법이었다.

고객들에게 제품을 홍보하기 위해서 비스람과 롤프는 '커뮤니티 마케팅 전문가'를 고용해 상점 안에서 시연회를 가졌다. 전문가들이란 바로 일자리를 찾고 있던 초보 엄마들이었다. 그리고 이들은 회사의 입소문 마케팅 전략에 중요한 부분이 되었다. Y세대 엄마들은 자신들이 실제로 신뢰하는 해비 베이비 푸드 제품에 대해 주변 사람들에게 퍼뜨리기 시작했다. 그들은 소아과처럼 엄마들이 많은 장소에 가서 해피 베이비 푸드 쿠폰을 건넸다. 그들은 유기농의 건강상 이점에 대해 얘기했고, 엄마들에게 이유식 만드는 법을 가르치기도 했다. "우리는 실제로 레시피를 나눠줍니다. 이것은 우리 브랜드가 투명하다는 증거이죠. 또한 우리는 엄마들이 이유식을 한 번씩은 스스로 만들어보기를 권합니다. 그래야 이유식을 만드는 과정이 얼마나 힘든 것인지 알 수 있을 테니까요."

내가 비스람과 마지막으로 대화를 나눴을 때 회사는 전국에 45명의 커뮤니티 마케팅 전문가를 보유하고 있었다. 이들은 회사의 신제품인 유기농 과자의 출시를 돕고 있었는데 비스람은 그것이 '엄청난 성공'을 거두었다고 말한다. 그녀는 2009년 수익을 550만 달러로 내다보고 있었다. "마케팅 전문가들은 상점으로 자기 아이들을 데리고 가서 브랜드에 대한 이야기를 쏟아 놓지요." 그녀는 말한다. P2P 마케팅은 Y세대에서 특히 더 효과적이다. 왜냐하면 고객들이 처음에 유기농을 선택하는 것은 건강 때문일지도 모르지만, 브랜드에 충성하도록 만드는 것은 사적인 접촉을 통해 형성되는 신뢰이기 때문이다.

## 창업자 이야기로 브랜드에 접목하기

30살의 제이슨 라이트Jason Wright와 31살의 제이슨 오스본Jason Osborn 보다 브랜드에 얽힌 이야기의 힘을 잘 아는 사람은 없을 것이다. 그들은 2003년에 맨해튼에서 피드 그래놀라 컴퍼니Feed Granola Company를 시작했다. 당시에 그들은 모델로 활동하고 있었다. 건강과 요리에 관심이 많았던 오스본은 인터넷에서 찾은 레시피를 변형해 더 맛있고 건강한 유기농 그래놀라(견과류와 곡물, 꿀 등을 섞어 오븐으로 구워낸 음식)를 만들었다. 친구들은 그가 만든 그래놀라가 팔아도 좋을 정도로 괜찮다고 말했고, 당시에 맨해튼 웨스트빌리지에 살고 있던 두 사람은 근처 식당에서 그래놀라를 팔기 시작했다. 부엌에서의 실험이 벤처사업으로 변모한 전형적인 예였다.

하지만 이들의 제품에 얽힌 뒷이야기는 그저 진부할 뿐이었다. 여기 두 명의 놀랍도록 잘생긴 젊은이가 이중생활을 한다. 모자와 비닐장갑을

낀 멋진 패션모델들이 자신들의 아파트에서 그래놀라를 굽고 담는다. 곧 그들은 베어 네이키드 그래놀라 같은 유명한 회사에 주눅 들지 않는 '그 래놀라를 만드는 청년들'로 화제가 되었다. 2007년 캘로그에 인수된 베어 네이키드 역시 좋은 브랜드와 훌륭한 유통망을 가지고 있었지만 유기 농 제품이 아니었다. 게다가 이 회사는 집에서 과자를 굽기 위해 상류층 생활을 기꺼이 포기한 두 젊은이에 의해 운영되지도 않았다.

제품에 대한 수요가 늘어나면서 오스본과 라이트는 더 크고 전문적 인 생산업체를 찾았다. 중소기업청에서 7만 5천 달러의 대출을 받고 중 소기업청의 비영리 소기업 카운슬링 조직인 스코어SCORE의 조언도 받았 다. 2006년 10월에 오스본과 라이트는 자신들의 사업을 법인화했고 모델 일은 잠시 제쳐두고 회사의 성장을 준비했다.

그래서 두 사람은 볼티모어에서 열리는 자연식품 무역박람회에 참 가했다. 그곳에서 그들은 피드 그래놀라를 빠르게 성장하는 치열한 자연 식품 업계에 소개했다. 오스본은 자신들이 숲에서 길을 잃은 어린 아이 나 마찬가지였다고 말한다. "우리는 거기에 배우러 간 거예요. 우리는 브 로커나 유통업자에 대해 전혀 몰랐습니다. 하지만 우리는 정말 믿을 수 없는 반응을 얻었지요." 창립자들의 이야기와 결합된 제품은 많은 관심 을 받았다. 회사는 박람회에서 '최고의 포장상'을 수상했고 '신제품 쇼 케이스'에도 참가할 수 있었다. 초보 사업가들에게는 생각지도 못한 성 과였다. 그들이 박람회에서 만난 브로커는 홀푸드Whole Foods와의 미팅을 주선해줄 정도로 피드 그래놀라에 관심을 가졌다. 오스본이 말한다. "우 리는 바로 그 자리에서 북동지역 판매허가를 받을 수 있었습니다." 그 후 이스트 빌리지에 있는 홀푸드 체인점에 유통되어 성공을 거둔 피드 그래놀라는 북서지역의 모든 홀푸드 체인점에서 유통되었다. 그것은 생산량이 한 달에 680kg에서 10,800kg으로 늘어나는 것을 의미했다. 벅찬 일이었지만 그들은 결국 이 문제를 해결했다.

고품질의 유기농 제품과 거부할 수 없는 창업자들의 매력 덕분에 언론은 라이트와 오스본에 많은 관심을 보였다. 도니 더치Donny Deutch는 2007년 9월에 CNBC 방송극의 쇼인 '대단한 아이디어(The Big Idea)'에서 그들을 특집으로 다뤘다. 2008년 10월에는 '기업가들(The Entrepreneurs)'이라는 새로운 쇼에서 그들을 대대적으로 다뤘다. 레이첼 레이Rachel Ray는 피드 그래놀라가 자신이 가장 좋아하는 간식이라고 말했고 멘즈 피트니스Men's Fitness 잡지에서는 오스본과 라이트를 '미국에서 가장 몸매 좋은 25명의 남자'에 포함시키기도 했다. 피드 그래놀라는 심지어 티나 페이Tina Fey의 영화 '베이비 마마Baby Mama'에 카메오로 등장하기도 했다.

그러니 피드 그래놀라가 2008년에 180만 달러의 수익을 달성한 것은 놀라운 일이 아니다. 그들은 홀푸드를 통해서 뿐만 아니라 퍼블릭스Publix, 숍라이트ShopRite, 프레시 마켓Fresh Market, 비타민 코티지Vitamin Cottage를 통해서 전국적으로 유통하게 되었다. 오스본에 따르면 그들의 회사는 운이 좋았던 것이다. "우리는 경쟁사들보다 조금 일찍 시장에 진입했을 뿐입니다. 그리고 언론관계에서도 운이 좋았죠. 우리 회사가 부각되는 데 도움이 됐으니까요." 오스본은 '직접 발로 뛰는 것'이 중요하다는 것을 알고 있다. 해피 베이비 푸드의 샤지 비스람과 제시카 롤프처럼 오스본과 라이트는 많은 시간을 식료품점에서 보냈다. 라이트는 아직 뉴저지 호보켄 동부 해안 쪽에 살고 있지만 오스본은 캘리포니아의 산타모니카로 이사를 갔다. 그리고 운영과 판매 관리를 위해 합류한 세 번째 동업자인 브렌트 처치Brent Church는 시카고에서 살고 있다. 이들은 10명의 아르바이트 직원과 함께 정기적으로 전국에 있는 피드 그래놀라의 주요 판매처를 방문하고 있다. 오스본은 말한다. "이것은 브랜드를 위해 정말로 중요한 일입니다. 고객과 소통하기 위해 직접 판매처로 나가야 하지요. 고객들에게 제품을 건네주고 악수를 하고 제품의 혜택에 대해 설명하는 것이죠." 이들의 브랜드 메시지는 분명하다. '우리는 건강하다. 우리는 젊다. 우리 브랜드 뒤에는 멋진 이야기가 있다.'

### 브랜드 확장하기

어떤 브랜드가 일단 시장에서 받아들여지면 확장하는 것에 대해 생각해야 한다. 애슐리 로빈슨이나 칼리지 헝크의 창립자 같은 업스타트들은 프랜차이즈를 통해 브랜드를 확장했다. 해피 베이비 푸드는 새로운 제품을 선보였고, 일반상식 잡지인 멘탈 플로스의 창립자들은 게임과 책, 티셔츠 등을 잡지와 함께 제공했다. 그리고 32살의 케니 라오Kenny Lao는 자신이 언젠가는 만두 레스토랑으로 작은 왕국을 이룰 거라고 막연히 생각했다.

뉴욕에는 아마도 타임스퀘어에 있는 관광객처럼 많은 아시아 요리 전문 레스토랑이 있을 테지만 라오는 그것을 신경 쓰지 않았다. 어린 시절 어머니와 함께 밤새 만두를 빚고 튀기던 기억을 가진 그였기 때문이다. 보스턴에서 금융 분야에서 일하던 그는 일을 그만두고 서둘러 뉴욕으로 왔다. 그는 속임수를 써서 미리어드 레스토랑 그룹에 취직했다. 이 그룹은 맨해튼에서 가장 인기 있는 레스토랑인 노부Nobu와 트리베카 그릴Tribeca Grill을 소유하고 있었다. 그는 처음에는 손님들의 예약을 받고 손님들이 맡긴 코트를 확인하는 일로 바빴다. 그러다 마침내 회사의 컨설팅 부서에서 새 레스토랑 개업과 관련한 일을 할 수 있게 되었다.

2002년에 라오는 뉴욕 대학의 스턴 경영대학원에서 MBA를 따기로 결심했다. "저는 그때 머릿속에서 아이디어가 폭발할 것만 같았어요. 저는 만두 레스토랑을 하고 싶었죠." 그는 스턴 경영대학원 졸업생인 앤드류 스텐즐러Andrew Stenzler에게 전문적인 조언을 구하면서 레스토랑을 시작하는 아이디어에 대해 숙고했다. 스텐즐러는 유명한 레스토랑인 코지Cosi의 창립자였다. 2004년 봄 그는 학교 친구인 데이비드 웨버David Weber와 학교 숙제로 릭쇼 덤플링 바Rickshaw Dumpling Bar에 대한 사업계획서를 썼다. 그리고 그것을 스턴의 사업계획서 대회에 제출했다. 그 계획서의 윤곽은 이랬다. 편안하게 앉아서 먹는 아시안 레스토랑으로 만두를 전문으로 하며, 커피 전문점처럼 빠르게 음식을 제공한다. 평균 가격은 9달러였다. 웨버는 컨설팅 경력을 가지고 있었고 라오는 레스토랑 사업을 알고 있었으며 많은 유명한 요리사들과 함께 일해보기도 했다. 그 중에는 인기 있는 레스토랑의 소유주인 아니타 로Anita Lo와 한때 '아이언 셰프(Iron Chef : 미국의 요리 배틀 TV 프로그램)'의 유명 요리사인 마리오 바탈리Mario Batlai 밑에서 배운 아니사Anissa도 있었다. 그녀는 이들의 투자자이자 동업자가 되었다. 그녀는 요리를 하지는 않았지만 레시피와 메뉴 개발을 도왔고, 작은 것도 놓치지 않는 섬세한 눈으로 레스토랑을 매력적으로 만들었다.

릭쇼 덤플링 바는 완벽한 맨해튼 브랜드였다. 이국적이고 스타 요리사의 명성에 힘입은 데다 라오의 열정적이고 대담한 성격을 닮은 브랜드였다. 사업계획서 대회의 심사위원들 역시 그렇게 생각했고 동업자들은

1등상과 상금을 거머쥘 수 있었다. 레스토랑은 2005년 2월에 문을 열었다. 라오는 말한다. "4~5개월 안에 현금 흐름이 괜찮아졌고, 첫 해에 손익분기를 넘어섰습니다."

라오와 동업자들은 그리니치빌리지에 있는 뉴욕대 근처에 두 번째 레스토랑을 열었다. 원래는 2008년에 열기로 계획되어 있던 것이었다. 이제 맨해튼 중심가에서 세 번째 레스토랑의 문을 열 차례였지만 불안정한 경제와 비싼 임대료 때문에 라오는 약간 주저했다. 평방피트당 연 임대료가 300~400달러였기 때문에 적당한 장소를 임대하려면 30~40만 달러가 필요했다. 이때 라오의 동업자 데이비드 웨버가 천재적인 해결책을 제안했다. 세 번째 레스토랑을 열지 말고 트럭에서 만두를 팔자는 것이었다. 그러면 매일 맨해튼의 곳곳에 주차해놓고 팔 수 있다는 것이다. 그래서 그들은 낡은 우편 트럭을 사서 빨간색으로 칠하고 이동 주방을 설치한 후 파격적인 복고풍의 예술작품으로 꾸몄다. 그리고 2008년 9월부터 길거리를 공략했다. 여기에 들어간 총 비용은 6만 달러였다.

맨해튼의 끔찍한 임대료가 오히려 호재가 되었다. 경기가 좋지 않은 시기에 높은 금리로 돈을 대출받았다면 회사에 치명적이었을지도 모른다. 게다가 원래는 돈을 절약하는 확장 방법이었던 트럭은 이제 맨해튼 전역에 릭쇼 브랜드를 널리 알리고 있었다. 그것은 단순히 만두를 파는 트럭이 아니었다. 움직이는 광고였으며 효과적인 홍보수단이었다. 배고픈 맨해튼 사람들은 릭쇼의 웹 사이트를 방문하거나 트위터에서 '만두 트럭'을 검색하면 어디서 '만두 트럭'을 찾을 수 있는지 알 수 있다. 예상치 못한 이득이 또 있었다. 라오는 일주일에 적어도 한 번은 트럭을 운영하면서 재료나 주방 공간을 효율적으로 활용하는 방법을 실험할 수 있었다. "트럭 장사 덕분에 새로 레스토랑을 열 때 일을 더 효율적으로 하는 법을 배울 수 있었죠." 맨해튼의 건물 임대료가 떨어지자 이들은 그때서야 중심가에 새로운 가게를 열 준비를 시작했다.

### 당신의 브랜드는 어떤 기업과 연결되어 있는가?

브랜드는 어떤 회사나 유명 인사와 관계를 맺고 있느냐에 의해 평가를 받는다. 해피 베이비 푸드와 피드 그래놀라가 홀푸드에서 유통되었을 때 고객들은 그것을 이들 제품이 높은 품질 기준을 통과했다는 뜻으로 받아들였다. 그리고 아니타 로가 릭쇼 덤플링 바에 투자한 사실을 안 고객들은 유명한 요리사의 흠잡을 데 없는 수준을 믿고 릭쇼 덤플링 바를 찾았다. 마찬가지로 당신이 12~24세 남성을 타깃으로 한 스포츠 관련 매체를 가지고 있다면, 르브론 제임스LeBron James, 터렐 오웬스Terrell Owens, 레지 부시Reggie Bush를 친구로 삼으면 매우 좋을 것이다. 이런 스타 운동선수들 덕분에 스포츠에 열광하는 젊은 남성들을 모을 수 있다면, 당신에게는 또 다른 새로운 친구들이 생길 것이다. 바로 지속적인 매출을 위해 브랜드를 의식하는 젊은 세대들을 공략하는 나이키나 게토레이, 언더아머Under Armour 같은 대기업들이다. 카네기 멜론과 하버드 대학의 전 운동선수인 27살의 채드 짐머만Chad Zimmerman과 28살의 닉 팔라조Nick Palazzo는 스택 미디어Stack Media로 이 같은 일을 해냈다. 300~500만 달러 가치가 있는 이 회사는 웹 사이트와 함께 학생 운동선수들을 위한 스택Stack이라는 잡지를 운영하고 있다.

클리블랜드에서 함께 자란 고등학교 동창인 두 사람은 두 개의 사업계획서 대회에서 우승하고 난 후인 2004년에 스택을 시작했다. 하나는 하버드의 대회였고 다른 하나는 클리블랜드 중소기업위원회의 대회였다. 그들은 클리블랜드 대회에서 1만 5천 달러의 상금을 받았고 이 덕분에 고등학교 운동선수들을 위한 잡지의 창간 준비호를 만들 수 있었다. 그들은 잡지를 만들기 위해 전문 운동선수들의 트레이너와 영양사들에게 접근했다. 그러자 이름 없는 영웅들이 젊은 운동선수들에게 기꺼이 자신의 지혜를 나눠주고자 했다. 창간 준비호의 커버스토리는 르브론 제임스와 그의 트레이너에 관한 것이었다. 대부분의 내용이 트레이너로부터 나오기는 했지만 최근에 클리블랜드 캐벌리어스에 입단한 제임스도 기꺼이 인터뷰에 응했다. 짐머만은 이렇게 말한다. "운동선수들은 자신의 훈련과 체력단련에 대해 얘기하는 것을 좋아합니다. 하지만 대부분의 언론은 그저 그들이 얼마나 많은 점수를 냈는지에 관심 있고 스캔들만 찾아다니지요."

몇 달에 한 번씩은 장비를 바꾸는 젊은 운동선수들에게 다가가고 싶은 나이키와 리복, 롤링스Rawlings는 창간 준비호에 광고를 게재했다. 잡지에 대기업들의 광고가 실린 덕분에 스택이 정기적으로 발간되는 잡지로 거듭나는 데 필요한 사람들의 신뢰를 얻을 수 있었다. 바로 고등학교 운동팀 감독들이었다. 브라스 미디어의 브라이언 심스가 돈에 대한 조언에 목마른 많은 젊은이들을 공략하기 위해 금융회사들을 이용한 것처럼, 팔라조와 짐머만은 감독들을 통해 학생들에게 마케팅 하는 것이 한 번에 수백 명의 독자를 얻는 방법이라고 생각했다. "우리는 고등학교 운동 감독들에 대한 정보를 모았습니다. 그리고 잡지 소개글과 함께 6000부의 창간 준비호를 감독들에게 보냈죠. 이것은 정말 믿을 수 없을 정도로 효과가 좋아서 따로 마케팅을 하지 않아도 될 정도였죠." 3주 만에 3,200명의 운동 감독들이 무료로 배포되는 잡지를 구독하겠다고 했고 한 학교당 100부씩 배포되었다. 결과적으로 2004년 말에 스택미디어는 잡지를 30만 부씩 찍어내게 되었다.

당시 여러 사건들도 회사에 큰 힘이 되었다. 유명한 프로 선수들의 약물 복용이 밝혀지면서 언론은 매일같이 프로 선수들의 스테로이드 사용에 대해 보도하고 있었다. 2004년 10월에는 부시 대통령이 아나볼릭 스테로이드 관리법의 통과에 서명했다. 이 법안에는 26가지의 새로운 규제 물질이 추가되었다. 그 직후에 호세 칸세코Jose Canseco의 책《약에 취하다(Juiced : 이 책에서 칸세코는 자신과 선수들의 스테로이드 사용을 폭로함-옮긴이)》가 출간되어 언론에서 연일 화제가 되었다. "우리는 스테로이드를 적극 반대합니다." 짐머만이 말한다. "이러한 입장이 고등학교에 진입하는 데 도움이 되었죠. 왜냐하면 우리는 잡지를 통해 운동선수들에게 보충제 복용과 먹지 말아야 할 것을 알리는 데 도움을 주었기 때문입니다."

잡지는 회사가 충성적인 독자기반과 안정적인 광고기반을 다져 브랜드를 만들 수 있도록 도왔다. 하지만 짐머만은 잡지가 그들이 추구하는 정체성의 핵심은 아니라고 말한다. 스택미디어 브랜드의 핵심은 바로 웹 사이트다. 회사는 웹 사이트를 통해 훈련과 영양, 선수 선발 등에 대한 정보가 가득한 스택TV 서비스를 제공하고 있다. 스택TV는 20개 이상의 채널을 통해 수천 개의 창작 영상을 제공하고 있다. 예를 들어 피닉스 선즈의 트레이너 에릭 필립스Erik Philips가 포인트가드인 스티브 내시Steve Nash에게 연습용 공으로 머리 위로 던지기를 코치하는 영상, 클리블랜드 브라운스의 조 토마스Joe Thomas가 민첩성 훈련방법을 보여주는 영상, 스포츠 전문 의사가 뇌진탕 후 증후군에 대해서 설명하는 영상 등이 있다. "우리는 운동선수들과 일하면서 돈을 지불한 적이 없습니다. 우리는 스포츠계의 유명 인사들과 좋은 관계를 유지하고 있지요. 우리는 선수들을 곤란하게 하는 질문은 하지 않기 때문에 선수들의 홍보회사가 먼저 우리에게 연락해옵니다."

탄탄한 콘텐츠와 독자 수 증가 덕분에 스택미디어는 2008년에 많은 온라인 업체들과 콘텐츠 배포 계약을 성사시킬 수 있었다. 여기에는 온라인 쇼핑몰인 풋라커닷컴Footlocker.com과 이스트베이닷컴EastBay.com, 아이하이닷컴iHigh.com, 바서티닷컴Varsity.com뿐만 아니라, 취업 사이트인 비리크루티드닷컴BeRecruited.com도 포함되어 있었다. 스택미디어는 브랜드 가치가 있는 콘텐츠를 이들 사이트에 배포하고 광고를 팔아서 수익의 일부를 받았다. 이러한 협력관계 덕분에 2008년 9월에는 스택미디어의 웹사이트 방문자는 490만 명에 달했다. 사이트 방문자 수를 조사하는 컴스코어 미디어의 통계에 따르면 웹 기반 스포츠 네트워크 중 9위였다. 이제 스택미디어는 9000개의 고등학교에 80만 부의 잡지를 배포하고 있다. 이 잡지는 여전히 고등학교 운동선수들을 타깃으로 하고 있지만, 최고의 운동선수들과 트레이너들에게 운동에 관한 조언을 얻으려는 12~24살 사이의 활동적인 젊은 남성들에게 접근하며 영역을 확장하고 있다.

팔라조와 짐머만은 매우 전략적으로 스택미디어를 발전시켰다. 그들은 우선 잡지로 시작했고, 광고주들을 끌어들일 수 있을 정도로 시장에서 신뢰를 얻은 후에 온라인으로 영역을 확장했다. 그들은 또한 조금 더 나이가 많은 남성으로 타깃층을 확장해나가면서 또한 새로운 전략적 협력자를 끌어들일 수 있었다. 바로 신병 모집을 위한 창의적인 방법으로 항상 고민하는 군대였다. 미군은 스택미디어의 광고주이도 했다. 스택미디어는 미군의 포트 베닝 훈련소에서 69개의 영상을 촬영했다. 이 영상들은 스택TV의 아미 스트롱Army Strong 채널에서 방영되고 있으며 이들 영상 속에는 체력단련에 대한 정보뿐 아니라 직업 군인에 대한 정보도 담겨 있다. 근본적으로 군대를 위한 채용 수단인 셈이다.

스택미디어에는 이제 20명의 직원이 있으며 이 중 절반이 맨해튼에서 팔라조와 함께 광고 판매 업무를 담당하고 있다. 나머지 반은 클리블랜드에서 짐머만과 함께 콘텐츠를 제작하고 있다. 그리고 회사는 최근에 최고의 NFL선수들이 출연하는 전국적인 리얼리티쇼와 출판이라는 새로운 프로젝트를 진행 중이다. "우리는 단순한 미디어 회사를 만드는 것이 아니라 브랜드를 만들고 있습니다."

## 사명이 있는 브랜드

대의명분을 중요시하는 브랜드를 만드는 방법에는 새로운 것이 없다. 기업들은 오랫동안 훌륭한 지역사회 프로젝트나 비영리조직의 활동에 관여해왔다. 사회적 책임을 지는 회사라는 이미지를 만들면 직원들의 사기 진작에 도움이 된다. 그리고 행운이 따라준다면 소비자들의 지출을 늘리는 방법이 될 수도 있다. 하지만 업스타트 CEO들이 대의명분을 중요시하는 브랜드를 만드는 방법에는 근본적으로 다른 어떤 것이 있다. 이에 대해서는 6장에서 더 자세히 다루겠지만 잠깐 언급하자면, 이들은 좀 더 고차원적인 목표를 갖고 회사를 시작하는 경우가 많다. 회사가 수익을 내거나 성장하기 전에도 대의명분을 위해 활동하는 것이다. 그리고 이들 중에는 단 하나의 대의명분을 위해 조직을 구성하고 브랜드를 강화하는 사람들도 있다. 바로 에트시Etsy의 창립자인 28살의 롭 칼린Rob Kalin이 이러한 경우이다. 이 회사는 37만 5천 명의 독립적인 공예가들에게 자신의 작품을 판매할 수 있는 온라인 상점을 제공하고 있다.

에트시의 웹 사이트에는 민감한 피부를 위한 수제 세탁비누에서 수공 다이아몬드 반지까지 없는 것이 없다(박제한 다람쥐 발로 만든 목걸이, 귀걸이 세트도 있다). 공예가들은 하나의 물건을 등록할 때마다 20센트를 회사에 지불하고 거래가 성사될 때마다 3.5%의 수수료를 지불한다. 하지만 롭 칼린에게 에트시는 단순히 물건을 판매하는 공간이 아니다. "에트시는 많은 영세상인들이 큰 회사에 밀리지 않고 살아남는 터전입니다." 판매자들은 사이트 안에 자신만의 상점을 갖고 있다. 그리고 모든 판매자들은 수제품이나 구제만을 취급해야 하고 되파는 것은 허락되지 않는다.

약 1만 5천 명의 판매자들이 에트시 사이트에서 100개 이상의 제품을 팔고 있으며, 그 중 550명이 넘는 판매자들이 3만 달러 이상을 벌었다고 말한다. 에트시 브랜드는 곧 에트시 커뮤니티이다. 이 관계를 설명하기 위해 칼린은 레오 리오니Leo Lionni의 고전 동화《스위미Swimmy》를 예로 든다. 스위미는 친구들과 함께 큰 물고기 형태로 떼 지어 다니는 작은 물고기이다. 작은 물고기들은 서로 협력하여 크고 위협적인 포식자들로 가득 찬 바다에서 두려움에 떨지 않고 살아남을 수 있다. 스위미는 여기서 눈의 역할을 한다. 칼린은 작년에 자신의 블로그에 이런 글을 올렸다. "저는 에트시가 스위미처럼 눈이 되기를 바랍니다. 저는 에트시가 커다란 참치가 되는 것을 원하지 않습니다. 참치는 바로 우리 영세상인들이 함께 대항해야 할 대기업입니다. 대기업들은 웹이 존재하기 전부터 권력을 갖고 있었습니다."

　'함께' 라는 말에는 단순히 공예가들에게 제품을 판매할 수 있는 온라인 공간을 제공한다는 것 이상의 의미가 있다. 에트시의 웹 사이트에는 회원들이 자신의 작품이나 세금을 면제 받을 수 있는 방법에 대해 이야기를 나누는 포럼이 있다. 회원들은 또한 지역이나 공예 장르에 따라 그룹을 형성하고 오프라인으로 관계를 확장할 수 있다. 이를 통해 서로 의사소통하고 상대방 제품의 마케팅도 도울 수 있는 것이다. 이러한 그룹들이 만들어내는 입소문은 에트시에 더할 나위 없이 중요하다. 왜냐하면 칼린은 광고를 하지 않기 때문이다. 에트시는 사람들에게 자연염색법이나 비닐봉지로 공예품을 만드는 법을 가르치는 온라인 강의도 제공하고 있다. 회사는 또한 공예 교육 프로그램을 운영하고 매주 월요일 4시부터 8시까지 '공예의 밤' 을 주최하고 있다. 그리고 공예가들 사이의 정보 교환을 지원하는 전국적인 조직인 '공예의 교회(Church of the Craft)' 가 매달 첫 번째 일요일에 에트시에서 모임을 가질 수 있도록 하고 있다. 이베이나 크레이그스리스트 같은 온라인 상점들이 할 수 없는 방법으로 커뮤니티를 형성하고 있는 것이다. 이러한 활동들을 통해 회사는 사람들과 친밀하게 교류할 수 있고, 이것이 에트시가 성공과 인기를 거머쥘 수 있었던 비결이다.

　그렇다면 이것은 브랜드일까, 컬트일까? 이 두 가지 성격을 모두 가지고 있다. 그리고 칼린은 약간은 괴짜 같은 회사의 대변인이자 전도사이다. 지난 몇 년 사이에 수제품이 다시 부활했는데, 이것은 퀼트나 매듭공예 같은 과거의 수제품과는 다르다. 뫼비우스 스카프나 스팀펑크 스타일의 장신구를 만드는 젊은이들을 주축으로 수제품이 다시 인기를 끌고 있다. 칼린은 자신이 그들 중 하나라고 말한다. 그는 아마추어 목수다. "저는 옷장을 만들기 위해 나무를 자르는 방법을 배우고 있습니다. 라디오도 만들었지요. 한 달에 적어도 한 개는 뭔가 만들지 않으면 못 견디겠어요. 하지만 제가 만드는 것 중 가장 중요한 것은 에트시입니다." 칼린이 어떻게 회사를 만들어나갔는지에 대해서는 8장에서 더 살펴보겠다.

## ● 젊은 창조자들을 위한 조언

### 트랙5. 브랜딩을 집단 프로젝트로 만들어라

**1. 첨단 브랜드에 감성적인 요소를 더하라.** 기네비어 디어스는 신뢰가 중요한 육아업계에서 얼굴 없는 온라인 서비스가 통하지 않을 거라고 생각했다. 그래서 그녀는 자신의 이미지를 대중들과 친밀한 Y세대 메리 포핀스로 만들었다. 회사에 친근한 이미지를 심어주기 위해서였다. 그녀는 또한 새로운 시장에 진입할 때 회사의 존재를 실제로 보여주기 위해서 '스피드 시팅' 행사를 열었다. 마찬가지로 에트시의 롭 칼린은 회사의 브루클린 사무실을 공예가들에게 제공하고 있다. 이곳에서 공예가들은 서로 소통하고 새로운 기술을 익히며 회사와 친밀한 관계를 형성해 제품의 판매와 마케팅에 도움을 받을 수 있었다.

**2. 고객을 이용해 브랜드 인지도를 높여라.** 해피 베이비 푸드는 45명의 아르바이트 커뮤니티 마케팅 전문가를 고용해서 회사의 유기농 냉동 이유식에 관한 소문을 퍼뜨리고 있다. 모두가 해비 베이비 푸드의 제품을 사용해본 후 제품을

좋아하게 된 엄마들이었다. 이들은 소아과 등 엄마들이 많이 모여 있는 장소에 가서 쿠폰을 나눠주기도 한다. 심지어 해피 베이비 푸드의 레시피를 고객들과 공유하고 만드는 법을 시연하기도 한다. 해피 베이비 푸드의 CEO인 샤지 비스람은 이렇게 하면 좋은 제품을 만드는 데 얼마나 많은 시간과 노력이 필요한지 엄마들이 몸소 느낄 수 있다고 말한다.

**3. 회사의 문화를 브랜드화하라.** 직원들은 가장 큰 브랜드 자산이다. 미트헤드 무버스는 단정한 대학 운동선수들을 고용하고 이들의 신상을 웹 사이트에 올린다. 그리고 고객들이 원하는 짐꾼을 선택할 수 있도록 한다. 미트헤드 무버스의 직원들은 무거운 짐을 들고 있지 않을 때는 뛰어다녀야 하며 그 사이에 고객들은 VIP 의자에 앉아 편안히 가구의 위치 등을 알려주기만 하면 된다. 회사는 또한 근육질의 젊은 짐꾼들이 등장하는 달력도 제작했다. 달력에서 나온 수익은 모두 자선사업에 기부되었다.

**4. 브랜드를 창의적으로 확장하라.** 경제가 어려울 때 브랜드 확장을 위한 더 좋은 시기를 기다리거나 아니면 창의적인 돌파구를 찾아낼 수 있다. 케니 라오와 동업자들은 릭쇼 덤플링 바의 세 번째 레스토랑을 시작하는 대신에 만두 트럭에 투자하는 창의적인 돌파구를 찾아냈다. 만두 트럭 덕분에 그들은 돈을 절약했을 뿐만 아니라 브랜드 확장을 위한 적당한 시기에 대비하여 브랜드 인지도를 높일 수 있었다. 제이더블유 텀블스의 애슐리 로빈슨은 여러 전략적 협력 관계를 통해 자신의 체육관 브랜드의 이미지를 바꾸었다. 단순히 오락을 위한 공간이 아닌 아이들과 부모들의 삶에 꼭 필요한 공간으로 이미지를 재정립함으로써 브랜드를 확장할 수 있었다.

**5. 친구를 골라 사귀어라.** 당신의 브랜드는 어떤 협력자 또는 협력업체와 관계를 맺느냐에 의해 평가를 받는다. 젊은 운동선수들을 위한 잡지와 웹 사이트를

운영하는 스택미디어는 최고의 프로 운동선수와 그들의 트레이너와 관계를 쌓으면서 즉시 고객들의 신뢰를 얻었다. 케니 라오가 처음 릭쇼 덤플링 바를 시작했을 때 그는 자신의 사업계획서를 봐달라고 유명 주방장인 아니타 로를 졸랐고 동업자가 되도록 설득했다. 그녀의 명성과 메뉴와 레시피 개발에 대한 도움은 레스토랑의 성공에 핵심적이었다.

**6. 자신의 사명을 브랜드화하라.** 사업을 하는 목적은 돈을 버는 것이지만 사업을 함으로써 세상에 조금이나마 긍정적인 영향을 미칠 수 있다면 훨씬 더 좋다. 실제로 고차원적인 목표를 갖는 것은 회사의 성장과 수익증가에 도움이 될 수 있다. 롭 칼린은 에트시를 통해 공예가들에게 자신의 공예품을 팔 수 있는 온라인 상점만을 제공한 것이 아니다. 그는 워크숍을 주최하고 온라인 강의를 제공함으로써 공예가들이 지속가능한 사업을 운영할 수 있도록 도왔다. 에스티는 또한 회원들이 사적인 만남을 통해 서로 정보를 교환하고 도울 수 있는 자리도 마련한다.

# 사회 자본가 :
## 자본주의와 사회적 사명은 좋은 짝이다

**CHAPTER**

세상을 바꿀 수 있고 바뀌어야 한다고 믿는 것은 젊음의 영원한 특권이다. 하지만 다른 세대보다 세상을 바꾸려는 의지가 더 확고한 세대가 있는 모양이다. 알다시피 Y세대의 사회활동은 그들의 베이비부머 부모들처럼 반문화적이지 않다. Y세대는 모든 면에서 볼 때 사회적 책임감을 매우 진지하게 받아들이고 신념에 따라 행동하는 성향이 있다. 나는 2년 동안 젊은 기업가들과 인터뷰하면서 그들이 회사라는 조직을 사회적 사명과 결합하는 것을 보고 큰 인상을 받았다. 예를 들어 에트시의 롭 칼린은 영세한 공예가들이 사업을 지속하도록 돕는 것을 사명으로 삼았다. 테라사이클TerraCycle의 톰 스자키Tom Szaky는 재활용에 대해 사람들의 인식을 바꾸기 위해 사업에 뛰어들었다. 그리고 피나클 서비스Pinnacle Services의 닉 톰리Nick Thomley는 장애인들이 좀 더 독립적인 삶을 이끌어나갈 수 있도록 돕고 있다. 원호프OneHope의 제이크 클로버댄츠Jake Kloberdanz와 동업자들은 와인 판매 수익의 50%를 다양한 자선사업에 기부한다. 앞의 회사들처럼 사회적 사명이 사업의 중심에 있지 않는 경우에도 업스타트들은 선의를 행하는 창의적인 방법을 찾아내고 있다.

신용카드 회사 어드밴타Advanta의 CIO 아미 카이저Ami Kasser도 젊은 기업가들에 대한 비슷한 견해를 갖고 있다. 2007년 말에 카이저는 아이디어블롭IdeaBlob이라는 어드밴타의 웹 사이트 제작을 진두지휘했다. 이 사이트는 매월 기업가들이 자신의 새로운 사업 아이디어를 겨룰 수 있는 대회를 운영하고 있으며, 10만 명의 회원이 참여하고 있다. 매월 회원들은 가장 전망 있는 벤처 아이디어에 투표하는데, 행운의 우승자는 창업 자금으로 1만 달러를 받는다. 이것은 대부분의 고객이 영세한 사업자(하청업자들과 작은 소매업자)인 어드밴타가 다른 시장으로 접근하는 방법이었다. 어드밴타는 특정 시장을 겨냥하여 웹 사이트를 시작한 것은 아니지만 아이디어블롭이라는 이름과 사이트의 디자인, 커뮤니티로서의 특징은 젊고 컴퓨터에 정통한 기업가들이 선호한다는 것이다. 그리고 실제로 이들이 사이트의 주요 방문객이다.

흥미로운 사실은 1년 동안 등록된 4,000개의 아이디어 중 35%가 사회적 벤처 기업으로 분류될 수 있다는 것이다. 훨씬 더 흥미로운 사실은 최종 결승까지 살아남은 사람들의 80%가 사회적 기업가 정신을 갖고 있다는 것이다. 이것은 아이디어블롭에 참여하는 사람들이 이런 종류의 회사를 선호한다는 의미로 해석할 수 있다. 카이저는 사회적 기업가 정신을 가진 더 많은 젊은이들에게 다가가기 위해 현재 아이디어블롭을 변형한 사이트를 구상 중이라고 말한다.

　그렇다면 사회적 기업가 정신(social entrepreneurship)이란 정확히 무엇일까? 엄밀히 말해서 사회적 기업가 정신은 사업을 통해 사회나 소외된 집단에 긍정적인 영향을 미치는 것에 가치를 둔다. 그라민 뱅크 Grameen Bank의 무하마드 유너스Muhammad Yunus를 생각해보기 바란다. 그는 전 세계의 가난한 국가에 대한 소액 대출사업으로 2006년 노벨상을 받았다. 최근에 폴 뉴먼Paul Newman은 자신의 식품회사 뉴먼스 오운Newman's Own의 모든 수익을 불치병 어린이들을 위해 자신이 설립한 캠프에 기부했다. 그 역시 사회적 기업가인 것이다. 반대로 사업 기업가(business entrepreneur)는 매출과 수익, 새로운 시장 진입에 가치를 둔다. 이 두 부류가 양립할 수 없는 것처럼 보이겠지만 실제로 그렇지는 않다. 적어도 Y세대에게는 두 가지가 양립할 수 있다.

　물론 업스타트 중에는 전통적인 사회적 기업가들도 많다. 앞에서 언급한 네 명이 여기에 포함된다. 하지만 그 중에는 수익 중심의 자본가와 가치 중심의 자선가의 면모를 환상적으로 결합시킨 경우도 많이 있다. 그리고 이들은 자본가와 자선가의 역할을 상호배타적인 것으로 보지 않는다. 해피 베이비 푸드의 창립자들처럼 이들은 매출의 일부를 어떤 식으로든 자신들과 관계가 있는 비영리 단체에 기부한다. 이에스엠ESM의 빌리 다우닝Billy Downing처럼 스스로 재단을 세우는 경우도 있다. 또 나이트 에이전시Night Agency와 디엔에스DNS처럼 선의를 가지고 자신과 회사의 시간을 지역사회에 기부하기도 한다. 사업을 이미 안정시킨 기업가들의 경우 이러한 사회 환원 활동에 참여할 여력이 있다. 하지만 이제 막 사업을 시작한 기업가들이 사회 환원에 참여하는 일은 거의 없다. 이들은 보통 사업으로 수익을 내는 데 초점을 맞춘다. 수익을 내고 난 다음에야 '환원'에 대해 생각하는 것이다.

하지만 Y세대는 사회 환원에 관한 한 참을성이 없는 세대이다. 이들은 하루라도 빨리 사회에 영향을 미치고 싶어 한다. 대의명분 마케팅(Cause Related Marketing)의 역사에 관한 2008년 조사에 따르면 밀레니엄 세대, 다른 말로 Y세대의 88%가 가격과 품질이 비슷하다면 '착한' 브랜드를 구매할 의사가 있는 것으로 나타났다. 조사 참가자 중 성인은 79%였는데, 밀레니엄 세대의 51%가 2008년에 '착한' 제품을 구매한 반면 성인의 38%만이 '착한' 제품을 구매한 것으로 나타났다. 또 다른 조사에서 Y세대 응답자의 62%가 '비영리조직을 위해 일할 기회를 제공하는 회사'에서 일하고 싶어 하는 것으로 나타났다. 그러니 Y세대가 회사를 시작할 때 선행을 앞세우는 것은 어쩌면 당연한 일이다.

## 사회적 기업가는 왜 증가하는가?

닉 톰리는 사회적 기업가 정신을 타고났을지도 모르겠다. 그의 할머니와 어머니, 이모는 모두 심리학자였고 그의 할아버지는 미네소타의 재활치료 센터에서 일했다. 그리고 그의 할아버지는 정기적으로 가난한 고객들을 저녁식사에 초대했다. 피나클 서비스Pinnacle Services의 CEO인 29살의 톰리에 따르면 그것은 가족문화의 일부였다. 피나클은 900만 달러의 가치를 지닌 회사로 미네소타 지역에 있는 노인들과 장애인들을 대상으로 취업과 주택공급, 방문 서비스 등을 제공한다. 톰리는 이렇게 말한다. "우리는 사회적 사명을 중심으로 회사의 모든 사업을 운영합니다." 톰리는 16살 때 장애인들을 위한 주거시설에서 아르바이트를 하면서 피나클에 대한 아이디어를 얻게 되었다. 그리고 콜로라도 대학 3학년 때 장애인을 위한 집단 거주지를 짓겠다고 결심했다. "저는 그것이 실현가능한 일이라고 생각했습니다. 하지만 복지사업은 규제가 많은 업계였지요. 당시 20살이었던 저는 복잡한 규제들에 대해 전혀 알지 못했죠." 회사가 장애인 복지사업 면허를 취득하고 자치주에서 계약을 따내는 데까지 1년이라는 시간이 걸렸다. 그는 집단 거주지를 짓겠다는 아이디어를 잠시 보류하고 장애인들을 위한 방문 서비스를 제공하면서 사업을 시작했다. 그는 장애인들이 직장과 집을 찾는 것을 도왔다. 장애인들이 사용한 서비스는 주로 메디케이드(Medicaid : 저소득층 의료보장 제도)에서 비용을 부담했다. 톰리는 이 업계가 어떤 방식으로 돌아가는지 배우기 시작했다.

사업은 나쁘지 않았다. 2000년 말에 헤네핀 자치주는 피나클에 재정 관리 계약에 관한 제안서를 요청해왔다. 이 계약이 성사되면 피나클은 메디케이드와 개인들 간의 중개자 역할을 할 수 있었다. 이것은 피나클이 메디케이드에서 나온 돈을 수령인 대신 관리하고, 수령인이 사용한 서비스에 대한 비용도 대신 지불하게 된다는 뜻이었다. 그들은 이 업계에서 30년 이상 된 회사들을 물리치고 계약을 따냈다. "대부분의 오래된 회사들은 정체되어 있었습니다. 하지만 정부는 비용 면에서 더 효율적으로 사람들에게 복지를 제공할 수 있는 방법을 찾고 있었죠. 저는 정부의 의도를 간파하고 있었습니다." 다른 회사들이 고객들에게 제공된 서비스의 양을 기준으로 한 요금책정을 제안한 반면, 톰리는 고객들이 사용한 서비스의 양에 상관없이 매달 고정된 요금을 책정하는 것을 제안했다. "그것은 그렇게 혁신적인 방법은 아니었습니다. 하지만 비용 대비 효율 면에서 다른 회사들과 차별화할 수 있었죠." 다른 모든 것이 동일한 상황에서 젊고 다르다는 것은 분명히 장점이 된다. 이 점에서 보면 톰리는 '판을 바꾸는 자'이기도 하다.

톰리는 회사의 서비스뿐만 아니라 마케팅도 차별화했다. 다른 회사에는 없는 파나클만의 프로그램 중 하나로 발달 장애인들을 위한 취업 프로그램이 있다. 기존에는 장애인들을 위한 일자리는 최저 임금보다 낮은 임금을 받으며 조립과 같은 단순 업무를 하는 것이 대부분이었다. 그리고 이것은 시간이 지나면서 장애인들이 단체로 작업하는 시스템으로 진화했다. 장애인들이 관리자의 도움을 받으며 짧은 시간 동안 특정한 일을 끝내는 방식이다. 하지만 톰리는 이것보다 더 좋은 방법이 있을 거라고 생각했다.

"우리는 고용 프로그램을 시작하기로 결정했을 때 처음부터 장애인들이 보호 시스템을 갖춘 작업장에서 일해야 한다거나, 다른 장애인들과 함께 단체로 일해야 한다는 선입견을 거부했습니다. 우리는 경쟁력 있는 일자리를 만들기 위해 지역의 사업체들과 협력하고자 했습니다. 우리는 모든 사람들이 적어도 최저 임금을 받을 권리가 있으며 장애인이 아닌 동료들과 일할 권리가 있다고 믿었습니다." 지금까지 30명의 장애인이 피나클의 도움으로 이러한 일자리를 찾았다. 그 중에서도 가장 성공적인 사례는 식료품점에서 일하는 자폐증 남성이었다. 그는 이제 승진해서 장애가 없는 부하직원들을 관리하고 있다. 톰리는 이렇게 말한다. "이것은 장애인들의 삶의 질을 높여줄 수 있는 서비스입니다. 지역사회에도 도움이 되지요. 그리고 무엇보다도 정부는 비용을 절약할 수 있습니다."

톰리는 장애인들이 최대한 독립할 수 있도록 지원해야 한다는 사명을 갖고 있다. 피나클은 현재 5개의 집단 주거지를 운영하고 있는데, 2년 전에 '맞춤형 주거'라는 혁신적인 프로그램을 시작했다. 이것은 주거지 선택의 여지가 제한된 정신질환자들을 위한 대안이었다. 톰리는 힘들게 미네폴리스 북동쪽에 11채의 아파트 빌딩을 구입했다. 그는 이곳을 '정신병원이나 요양시설에서 나온 사람들'로 가득 채우려 했다. 노숙자들도 포함해서 말이다. 그는 말한다. "우리는 여기로 사람들이 이사를 올지, 이 일이 제대로 실현될지 알 수 없었습니다. 우리에게는 정말로 모험이었죠." 하지만 1년 후에 건물은 가득 찼고 피나클은 주거지에 빨래와 청소, 식사준비, 의료행정 등 다양한 서비스를 제공할 직원을 고용했다. "정부는 좋아했습니다. 왜냐하면 요양원이나 상주 치료센터보다 돈이 더 적게 들었기 때문이죠." 하지만 톰리에게 중요한 것은 좀 더 독립적인 생활을 원하는 장애인들의 요구를 실현시킬 수 있다는 점이었다.

혁신적인 서비스를 제공하는 것도 힘들지만 그에 대한 소식을 퍼트리는 것도 쉬운 일이 아니다. 사생활 관련 법 때문에 피나클은 장애인 고객들에게 직접 자신들의 서비스를 홍보할 수 없었다. 그래서 고객들과 접촉하는 사회복지사와 간호사들의 추천에 의존했다. 톰리는 이렇게 말한다. "저는 업계에서 우리보다 고객들에게 더 가까이 다가간 회사는 없다고 생각하고 싶습니다." 피나클은 미네소타 복지사업 회의에 참가했을 때도 Y세대다운 마케팅을 했다. 직원들에게 동물 복장을 입힌 후 동물 인형을 나눠주게 했던 것이다. "팀 마스코트가 재롱을 피우는 스포츠 행사장을 떠올리게 했죠. 사람들은 인형을 받으려고 난리였습니다." 피나클은 '기타 히어로' 대회도 열어 참가자들을 끌어들였다. 톰리는 다음 회의 때 브레이크 댄서 고용을 고려 중이다. "좀 이상하고 과한 방법이라고 생각할 수도 있겠지만 고객들에게 우리 회사를 각인시킬 수 있지요. 그리고 재밌고요. 그래서 기억에 남는 거니까요."

피나클은 지금까지 적자 없이 운영되고 있으며 꽤 많은 포상금도 받았다. 피나클은 2007년과 2008년 〈Inc.〉 지 '5000대 기업' 목록에 올랐으며, 톰 리는 〈미네폴리스 세인트 폴 비즈니스 저널〉에 '40세 이하의 사업가 40명' 목록에 이름을 올렸다. 같은 해에 그는 〈Inc.〉 지의 '30대 이하의 멋진 기업가 30명' 목록에도 이름을 올렸다. "제가 살면서 가장 잘한 일은 사업을 시작한 것입니다. 우리는 꽤 괜찮은 수익을 내고 있고, 그것을 통해 다른 사람들의 삶에 긍정적인 영향을 미칩니다."

## 대의명분 브랜딩 2.0

기업들은 오랫동안 좋은 대의명분을 갖는 일에 동참해왔다. 로날드 맥도날드 하우스 자선재단에서 수잔 G. 코멘Susan G. Komen 재단의 암 기금 모으기 대회에 이르기까지 기업들은 고객을 감동시키기 위해 이러한 일에 동참해왔다. 컨설팅 회사 콘Cone이 1993년과 2008년에 진행한 설문조사에 따르면 성인 85%가 자신이 중요시하는 대의명분에 관심을 갖는 회사에 좀 더 긍정적인 이미지를 갖는다고 대답했다. 물론 오늘날의 소비자들이 실제 구매 시 대의명분에 영향을 더 많이 받았다. 이 조사에 따르면 지난 12개월 동안 대의명분과 관련된 구매를 한 사람이 2008년 조사에는 38%인 반면 1993년 조사에서는 20%였다. 그리고 가격과 품질이 비슷하다면 대의명분과 관련된 브랜드로 제품을 바꾸겠다는 사람도 1993년에는 66%였고 2008년에는 79%였다. 오늘날 소비자들이 더 많은 사회적 의식을 갖고 있는 걸까, 아니면 그저 수많은 제품들 속에서 구매 선택을 더 쉽게 하기 위해 대의명분이라는 기준을 삼는 것일까? 진짜 이유가 무엇이든 간에 대의명분 브랜딩(cause branding)은 수익을 증가시킨다.

이것이 바로 원호프 와인OneHope Wine의 CEO 제이크 클로버댄츠Jake Kloberdanz가 와인가게에서 선반을 정리하는 일을 하던 2005년 당시에 주목했던 점이다. "대의명분 마케팅이 엄청나게 증가하고 있었지요. 저는 대의명분과 관련된 제품이 진열대에서 가장 좋은 자리를 차지하는 것을 보았습니다. 그리고 그런 제품들은 엄청나게 많이 팔렸지요." 제품의 '착한' 이미지가 형성될 때 판매가 치솟기는 하지만 보통 기업들은 한정된 기간 동안만 대의명분 관련 캠페인을 한다. 그는 이렇게 말한다. "저는 아예 자선사업을 하는 브랜드를 만들면 1년 내내 소비자들의 주목을 받을 수 있을 거라고 생각했죠." 그는 이 아이디어를 가지고 있다가 2006년 봄에 비로소 행동에 옮겼다. 그의 친구가 23살의 나이에 호지킨병 진단을 받았던 것이다. "그녀가 치료를 시작한 바로 다음날 저는 원호프 와인을 법인화했습니다." 그는 회사를 운영하기 위해 함께 일하던 와인가게의 동료 7명을 끌어들였다.

"우리 회사는 냉정한 자본주의와 민주적인 사회주의가 완벽한 균형을 이루고 있었습니다." 캘리포니아 뉴포트 비치에 있는 이 회사는 다섯 종류의 와인을 판매했고 수익의 50%를 자선사업에 썼다. 각각의 와인에는 특정 대의명분이 새겨진 둥근 리본 모양의 라벨이 붙어 있었다. 유방암이나 자폐증, 에이즈, 전사자 가족후원, 환경과 관련 있는 단체의 캠페인이었다. 2008년 회사의 수익은 100만 달러였으며 원호프는 현금으로 15만 달러를 기부했다. 그리고 엄청나게 많은 시간을 자원봉사에 할애했다. 마치 자선단체처럼 보이지만 엄연히 이윤을 추구하는 기업이다.

클로버댄츠는 회사를 법인화한 후에도 계속 LA에 있는 와인가게에서 매니저로 일하며 사업을 진행시켜나갔다. 그는 친구들과 가족, 엔젤 투자자들로부터 거의 200만 달러에 달하는 창업자금을 확보했다. 그는 와인 상인(오픈마켓에서 포도를 사는 브로커)들과 계약을 맺었다. 또 소노마 와인회사의 베테랑 와인 제조자인 데이비드 엘리엇David Elliott과 와인 블랜딩 계약을 맺었다. 클로버댄츠는 단골 고객들을 만들기 위해서는 와인을 자체 제작해야 한다고 생각했다. "사람들은 자선을 하기 위해서 형편없는 와인을 사지는 않을 겁니다. 그냥 자선단체에 돈을 기부하고 말겠지요." 그의 목표는 좋은 와인을 저렴한 가격에 공급해서 처음에는 대의명분 때문에 구입했던 고객들이 품질 때문에 다시 구입하도록 만드는 것이었다. 2007년 2월에 첫 와인이 출시되었고 6월에 클로버댄츠는 일하던 와인가게에서 7명의 동료들을 데리고 나올 정도로 자신이 있었다. 회사에 합류한 동료들은 4명의 여성과 3명의 남성으로 모두 30살 전이었다. 클로버댄츠가 가장 큰 주주이기는 했지만 7명 모두 지분을 가졌다.

처음에는 유통이 그렇게 매끄럽지는 못했다. 클로버댄츠를 비롯한 8명이 차의 트렁크에 와인을 넣고 다니며 직접 팔아야 했다. "우리는 식료품점과 와인가게 등에 전화를 걸어 우리 제품을 권했습니다." 회사는 자선단체의 행사에 와인을 후원하여 대중에게 원호프 브랜드를 노출시키기도 했다. 기존의 와인 업계에는 8명의 매력적인 젊은이들에 의해 운영되는 그런 브랜드가 없었다. 언론은 앞 다투어 이들의 이야기를 다뤘다. 덕분에 원호프는 마케팅과 홍보비용이 거의 들지 않았다. 회사가 자선을 할 때와 마찬가지로 브랜드 자체가 입소문을 만들어냈다.

사람들은 나이키를 볼 때 '운동선수들이 입는 브랜드군. 멋져' 라고 생각합니다. 그리고 사람들이 원호프의 원형 리본을 볼 때 '사회적 의식이 있군. 멋져' 라고 생각하게 될 겁니다.

• 제이크 클로버댄츠, 원호프 와인

클로버댄츠와 동업자들은 기부할 단체를 매우 신중히 선택했다. 원호프에는 비영리 단체에서 마케팅 간부로 일했거나 비영리 단체를 운영했던 조언자들로 이루어진 위원회가 있었다. 2008년에 원호프는 20개의 단체에 기부를 했다. 여기에는 수잔 코멘 재단, 에이즈/라이프사이클, 액트 투데이Act Today(자폐관련 비영리 단체), 스노볼 익스프레스Snowball Express(전사우 가족 후원)가 포함되어 있었다. 회사는 또한 200개의 행사에 와인을 제공했고 클로버댄츠와 동업자들은 이런 행사에서 2008년 한 해 동안 3,400시간의 자원봉사를 했다. 이들 중 5명은 에이즈/라이프사이클이 주최하는 880km 거리의 경주에 참가해서 단체를 위해 2만 달러를 모았다. 회사는 아직 적자이지만 판매된 제품의 마진을 모두 기부하고 있다. 하지만 클로버댄츠는 원호프가 2009년에는 300~500백만 달러의 수익 흑자로 돌아설 것이라고 예상했다. 원호프의 와인은 현재 회사의 웹 사이트와 미국 10개 주의 500개 이상의 상점에서 판매되고 있다. 클로버댄츠는 최근에 큰 주류 회사에서 일한 경력이 있는 고위 간부 2명을 고용했다. 그리고 영스 마켓 컴퍼니Young's Market Company와 유통계약을 맺었다. 그는 이 회사가 '서부해안 지역에서 가장 알아주는 유통업체 중 하나' 라고 말한다.

어쩌면 가장 주목해야 할 일은 2009년 초에 회사 이름을 호프 와인에서 원호프로 바꾼 것일 것이다. 이것은 회사 이름을 좀 더 차별화하기 위한 전략이었다(오바마 대통령이 희망이라는 단어를 자주 쓰고 있었다). "우리는 최초의 대의명분 브랜드로 거듭나고 있습니다."

## 브랜드, 사명과 연결되다

사회적 기업가 정신까지는 아니더라도 업스타트들은 회사를 시작하는 단계에서부터 고차원적인 가치를 회사에 결합하려는 경우가 많다. 회사가 수익을 내거나 어느 정도 성장을 이루기 전부터 선행을 하려는 것이다. 이들의 마음이 진심이기는 하지만 선행 대상을 선택할 때 그것이 회사의 브랜드를 강화하거나 적어도 브랜드와 관련이 있어야 한다고 생각하는 경향이 있다.

샤지 비스람과 제시카 롤프가 해피 베이비 푸드를 시작했을 때 그들은 제품의 브랜드 정체성을 보완하는 사명을 가진 비영리 단체와 협력을 맺고 싶었다. 그들은 이유식 사업을 하고 있었기 때문에 전 세계에서 어린이 기아와 싸우는 단체를 찾았다. 그들은 세인트루이스의 소아과 의사인 마크 마하리Mark Mahary 박사가 운영하는 프로젝트 피넛 버터Project Peanut Butter를 찾아냈다. 그는 영양실조가 심한 아이들을 치료하는 데 90%의 성공률을 가진 땅콩버터 플럼피 넛Plumpy Nut을 만들었다. 이 조직은 주로 말라위에서 활동하는데 이곳 어린이의 70%가 영양실조이다. 비스람은 이렇게 말한다. "PPB에는 어떤 특별한 울림이 있었습니다. 저희 가족이 말라위와 접해 있는 탄자니아 출신이기 때문이었죠. 그래서 고향 가까이에 있는 사람들에게 환원한다는 아이디어에 매우 끌렸습니다."

동업자들은 해피 베이비 푸드 제품이 한 개씩 팔릴 때마다 말라위에 있는 한 아이의 하루 식량에 해당되는 금액을 PPB에 기부하기로 결정했다. 그들은 개당 판매 단위의 PPB 기부 모델을 만들었던 것이다. 2008년은 회사가 처음으로 1년 내내 영업한 해였고 해피 베이비 푸드는 하루에 약 60만 명의 아이들에게 식사를 제공했다. 아직 수익을 내고 있지 않은 회사치고는 주목할 만한 기부이다. 하지만 비스람과 롤프는 막무가내였다. "물론 사업은 강력한 수익모델을 만드는 것이죠. 하지만 풍요를 만드는 것이고 환원하는 것이기도 해요."

29살의 아델라이드 피브스Adelaide Fives와 그녀의 동업자인 35살의 에이미 아브람스Amy Abrams가 맨해튼에서 인 굿 컴퍼니In Good Company를 시작했을 때도 해피 베이비 푸드의 창립자들과 같은 마음이었다. 인 굿 컴퍼니는 여성 기업가들을 위해 특별히 만들어진 작업공간을 임대하는 회사였다. 피브스와 아브람스는 직업을 바꾸려는 여성들을 위한 컨설턴트로 일하고 있었다. 그들은 여성 기업가들이 어떤 일을 진행하거나 사업을 시작할 때 고립감을 느낀다는 것을 알고 있었다. 그래서 그들은 2007년 9월에 인 굿 컴퍼니를 시작하여 그들의 고민을 덜어주기로 했다. 바로 여성 기업가들을 위해 디자인된 사무실과 회의실 등을 임대하는 서비스였다. 고객들은 연회비 400달러를 내고 필요한 공간을 임대할 수 있었다.

인 굿 컴퍼니의 사무실들은 고급스럽고 세련됐다. 벽돌로 된 벽과 빛이 나는 나무 바닥, 푹신한 소파가 있는 라운지, 신선한 꽃, 여성 예술가들의 작품이 교대로 걸리는 갤러리가 있었다. 피브스는 말한다. "이것은 사업에 대한 여성적 접근이었지요. 공동사무실 공간을 대여하는 회사들은 많이 있습니다. 하지만 우리가 그들과 차별화되는 것은 커뮤니티적 요소입니다." 인 굿 컴퍼니는 회원들이 서로 아이디어를 주고 받으며 협력할 수 있는 프로그램과 세미나, 강의도 운영하고 있다. 피브스와 아브람스는 추가 비용을 받고 컨설팅도 제공한다. 200명이 넘는 회원들은 금융 전문가와 패션 디자이너, 그래픽 디자이너, 온라인 쇼핑몰 운영자, 코치, 컨설턴트 등으로 다양한 영역에서 활동하고 있다.

피브스와 아브람스는 여성들의 직업개발을 지원하는 비영리단체에 사무공간을 기부함으로써 사회에 환원한다. 예를 들어 회사는 젬 걸스 (GEM Girls, 성범죄나 가정폭력의 피해자인 젊은 여성 지원)나 바이브 시어터 익스페리언스(VIBE Theatre Experience, 예술교육을 수행하는 단체) 같은 단체를 후원해왔다. 인 굿 컴퍼니는 또한 혜택을 받지 못하는 소녀들을 위한 '10대 자율권 프로그램'을 운영하고, 여성보호와 건강교육, 직업 상담을 제공하는 스텝 업 우먼즈 네트워크Step Up Women's Network와도 협력관계를 맺고 있다. 피브스는 이 조직의 멘토이다. 그리고 2009년 1월 인 굿 컴퍼니는 10대 소녀들을 대상으로 기업가 정신 강연을 열었다. 회사는 또한 개발도상국의 여성 장인들에게 소액 대출을 해주는 조직인 네스트Nest를 위한 기금도 모금해왔다. 그리고 2008년에는 인 굿 컴퍼니의 회원들이 유명한 소액 대출 단체인 키바Kiva를 위해 500달러 이상을 모았다. 인 굿 컴퍼니는 최근에 저소득 여성 기업가들에게 일종의 장학금을 주는 프로젝트를 준비 중이다. "우리는 회사가 선행의 수단이 되는 것을 중요하게 생각합니다. 우리 사업이 여성 기업가들의 지위를 상승시키는 데 도움이 되었으면 합니다. 그래서 우리는 같은 사명을 갖고 있는 비영리단체들과 협력을 맺습니다."

## 누구를 위한 자원봉사인가?

사회적 사명을 갖거나 자선사업을 하는 것은 회사의 가치를 소비자들에게 보여주는 효과적인 방법 이상의 의미가 있다. 이것은 직원들의 사기와 장기근무에도 긍정적인 영향을 미친다. 31살의 대런 폴Darren Paul과 30살의 에반 보겔Evan Vogel, 32살의 스콧 콘Scott Cohn이 2003년에 맨해튼에서 광고회사를 시작할 때만 해도 이런 효과는 생각지 못했다.

나이트 에이전시Night Agency는 원래 직원들의 소중한 시간과 전문지식을 기부할 계획이 없었다. 하지만 보겔이 레이 블레이크Leigh Blake를 만나면서 생각이 바뀌었다. 당시 블레이크는 에이즈로 고통스러워하는 아프리카 사람들에게 항 레트로 바이러스 제를 공급하는 '아이들을 살리자(Keep a Child Alive)' 라는 비영리단체를 시작하고 있었다. 블레이크는 2003년에 가수인 알리시아 키스Alicia Keyes와 함께 KCA를 시작하고 기금을 모으기 시작했다. 처음에는 그들 셋이 전부였다. "우리는 기부할 돈이 그렇게 많지는 않았지만 레이가 마음에 들었습니다. 그래서 그녀의 메시지를 대중에게 알리고 싶었죠." 수익에 목마른 창업자들이 자신들의 시간을 기부하는 것이 쉬운 일은 아니었지만 동업자들은 블레이크와 일하는 것이 '옳은 일' 이라는 결론에 도달했다. 그것은 현명한 결정이었다.

블레이크는 동정심이 넘치는 그런 전형적인 자선가가 아니었다. 폴은 이렇게 말한다. "KCA는 선동적인 비영리단체입니다. 그들의 홍보는 논란의 여지가 있지요." KCA의 초기 기금 모금 캠페인 슬로건 중 하나는 '누가 마약 딜러가 되기를 원하는가?' 였다. 물론 사람들을 살릴 항 레트로 바이러스 제를 뜻하는 것이었다. 나이트 에이전시와 광고회사인 팔론Fallon은 논란의 대상이 된 이 캠페인을 위한 웹 사이트 제작과 홍보를 도왔으며 많은 소문을 만들어냈다. KCA와의 관계는 수년간 회사가 성장함과 동시에 발전했다. 나이트 에이전시에는 이제 37명의 정직원이 일하고 있으며 챔피온Champion, 헤인즈Hanes, 다이얼 콥Dial Corp, M TV 같은 고객을 가진 700만 달러 가치의 회사이다. 나이트 에이전시의 직원들은 KCA 프로젝트에 일주일 중 약 20시간을 할애한다. 행사를 위한 초대장을 디자인하고, 웹페이지를 만들며, 알리시아 키스와 보노가 부른 노래로 기금 모금 비디오를 제작한다. 이 일은 직원들의 사기를 높여준다. "직원들이 레이 주변에 둘러앉을 때 얼마나 영적으로 충만해지는지 몰라요. 그리고 블레이크는 직원들에게 그들이 없었다면 이 일을 할 수 없었을 거라고 말하죠. 젊은 직원들은 자신들이 뭔가 변화를 만들어낼 수 있다고 느끼고 열정으로 똘똘 뭉치게 되죠. 밤새서 일한 적이 없는 사람들도 KCA를 위해서는 밤을 새지요."

2년 전 나이트 에이전시의 동업자들과 블레이크는 좀 더 체계적인 방법으로 젊은 사람들을 끌어들이는 방법을 고민했다. 블레이크는 유명 인사들로부터 기부를 받아내는 데는 문제가 없었지만 젊은이들을 상대로 한 캠페인은 전혀 다른 문제였다. 아이디어 회의 결과, 대학생들과 고등학생들이 자기 학교의 기금 모금 페이지를 만들 수 있는 웹 기반의 소셜 네트워크인 케이씨에이칼리지닷컴KCACollege.com을 만들기로 했다. 나이트 에이전시가 이 웹 사이트 제작을 맡았다. 또 웹 사이트를 위한 페이스북 팬 페이지도 만들었다. 폴은 이제 이 사이트에 200개가 넘는 학교들이 참여하고 있다고 말한다. 그리고 KCA는 각 학교의 대표들을 연례 기금 모금 행사에 초대하기 시작했다. 이 행사는 알리시아 키스가 주관하는 것으로 유명한 스타들이 많이 참가했다. 지난 해 키스는 무대에서 나이트 에이전시를 언급하기도 했다.

사람들에게 노고를 인정받는 것도 좋지만 회사인 만큼 유료 고객들도 중요하다. 나이트 에이전시는 KCA와의 관계를 통해서 고객을 만나기도 한다. 세계에서 가장 큰 학생 대상 여행사인 에스티에이 트레블STA Travel은 블레이크의 소개 덕분에 거의 3년 간 나이트 에이전시의 고객이었다. 물론 나이트 에이전시의 동업자들은 자신들의 기부가 사업에 얼마나 도움이 됐는지 구체적으로 따져보지는 않는다. 하지만 나이트 에이전시는 KCA의 관계를 통해 고객들에게 회사에 대한 좋은 이미지를 각인시키고 직원들의 사기를 높여주며 가끔씩 유명 인사들을 만나기도 한다. 그리고 이들의 관계는 가진 것이 아무것도 없을 때에도 사회에 환원하려는 것이 창립자들의 결정이었음을 보여준다.

### 후원의 일석이조 효과

맨체스터에 있는 다이나믹 네트워크 서비스Dynamic Network Services의 직원 6명은 매년 회사 근처에 있는 맨체스터 웨스트 고등학교 학생들과 10주 동안 1주일에 20시간 정도를 함께 보낸다. 이렇게 많은 시간을 할애하는 이유는 로봇을 만드는 데 그만큼의 시간이 필요하기 때문이다. DNS의 직원들은 학생들이 로봇을 만드는 것을 돕는다. 학생들은 완성된 로봇을 가지고 맨체스터에 있는 비영리단체 퍼스트FIRST가 주최하는 전 세계적인 로봇대회인 참가한다. DNS는 '파워나이트PowerKnight' 라는 이름의 고등학교 팀을 지도하기 위해 직원들을 파견한다. 회사는 2007년 9월에 이 팀을 위해 연간 1만 달러의 장학금을 마련했다.

이 모든 게 이타적이기만 한 것은 아니다. DNS의 CEO인 제레미 히치콕Jeremy Hitchcock에 따르면 그 프로그램은 두 가지 측면에서 회사에 득이 된다고 한다. 미래의 직원과 인턴 고용의 장이 될 수 있고, 직원들에게는 새로운 기술 개발의 기회가 된다.

히치콕은 이렇게 말한다. "우리는 2005년부터 이 프로젝트를 후원하기 시작했습니다. 하지만 한 직원이 학생 한 명을 지도하는 것은 올해로 3년째입니다." DNS는 5백만 달러 이상의 수익을 내는 회사로 도메인과 이메일 서비스를 제공한다. 250만 명의 고객들에게 전문기술을 서비스하는 회사로서 가장 중요한 것은 능력 있는 인재를 확보하는 것이다. 그런데 여기에는 한 가지 문제가 있다. 그는 솔직하게 털어놓았다. "수학과 공학을 배우는 학생들이 계속 감소하고 있습니다. 우리가 학생들을 후원하는 것은 회사를 위한 일이기도 합니다. 왜냐하면 우리는 그 아이들이 공학을 공부하고 나중에 우리 회사를 위해 일해주기를 바라니까요." 실제로 회사는 유망한 학생들을 선발해 정기적으로 인턴십의 기회를 제공한다. 그리고 히치콕은 그들 중 일부가 정직원이 되기를 바란다.

다른 혜택도 있다. DNS의 엔지니어들은 학생들을 가르치면서 자신들의 전문범위 밖의 능력을 키울 수 있는 기회를 얻기도 한다. 그리고 이것은 결과적으로 직원들의 사기와 생산성을 높인다. 히치콕에 따르면, 관리자 위치에 있지 않은 일반 사원들에게 다른 사람을 가르치는 경험을 제공하는 것은 중요하다. 엔지니어들에게 부족한 의사소통 능력 등을 키울 수 있기 때문이다. 또한 직원들이 지역사회와 교류함으로써 지역사회에 회사를 좀 더 알릴 수 있다. 이것은 회사에 특히 중요하다. 왜냐하면 DNS는 지역 사회에서 눈에 띄지 않는 인터넷 회사이기 때문이다. 그들은 정말로 지역사회와 관계를 맺고 싶어 한다.

## 영리와 비영리는 함께할 수 있다

빌리 다우닝은 두 개의 회사를 운영하고 있다. 우선 ESM 그룹은 북 캘리포니아에 거주하는 학생들에게 운동 코치와 과외 서비스를 제공한다. 그리고 자신의 고등학교 상담교사였던 릭 싱어Rick Singer와 함께 엣지 칼리지 앤드 커리어 네트워크Edge College and Career Network를 창립했다. 이 회사는 미국 60개 도시와 도쿄, 런던, 홍콩, 아테네의 고등학생들에게 대학입학 지도와 과외 서비스를 제공한다. 수익이 200만 달러가 넘는 두 회사는 계속 성장하고 있다. 경쟁이 치열한 대학 입학환경에서 고등학생들의 과외 수요가 증가했기 때문이다. 2009년에 고등학교 졸업생은 320만 명으로 미국 역사상 가장 많은 수였다. 비싼 개인과외를 받을 수 있는 학생들이 유리할 수밖에 없는 상황이다. 그것이 바로 다우닝의 회사가 돈을 버는 방법이다. 하지만 그는 자신의 비즈니스 모델에 마음이 편치 못했다. 그래서 다우닝은 학생들 사이의 불평등을 완화하기 위해 혜택을 받지 못하는 학생들의 대학진학을 돕는 에듀케이션 나우Education Now라는 비영리단체를 시작했다. 그는 이렇게 말한다. "부잣집 아이들은 대학진학을 위해 어떤 도움이든 받을 수 있습니다. 하지만 가진 것이 아무것도 없는 아이들은 어디서 도움을 받겠습니까?"

지난 4년 간 다우닝은 ESM 수익의 1%에 해당하는 돈을 에듀케이션 나우에 쏟았다. 이 돈과 기부로 모은 돈으로 에듀케이션 나우는 매년 12명의 학생들에게 약 10만 달러를 지원하고 있다. 올해 다우닝은 게임 플랜 아카데미Game Plan Academy라는 새로운 비영리단체를 시작해 혜택을 받지 못하는 고등학생들에 대한 지원을 더 늘리기로 했다. 이 단체의 사명은 빈곤 지역에 사는 고등학교 운동선수들에게 무료 코칭과 과외를 제공하는 것이다. ESM과 엣지가 유료고객들에게 제공하는 서비스와 비슷하다. 미국 풋볼리그의 베테랑인 알렉스 반 다이크Alex Van Dyke와 지오 카르마치Gio Carmazzi가 GPA를 위해 기꺼이 코치를 맡기로 했다. 그리고 다우닝은 회사의 과외교사 중에서 비영리단체에 봉사할 의향이 있는 5명을 찾아냈다. 장소는 세크라멘토에 있는 히람 W. 존슨 고등학교가 제공했다. 덕분에 이곳에서 40명의 학생들은 9주 동안 매주 일요일에 운동 코치와 개인과외를 제공받을 수 있었다. 학생 선발은 교사들과 상담교사들이 맡았다.

다우닝은 9주 과정의 프로그램에 6만 5천 달러의 돈이 들 것으로 추정했으며 기부금을 통해 프로그램에 필요한 돈을 마련할 수 있다고 확신했다. 세크라멘토의 시장인 케빈 존슨Kevin Johnson의 기금 조성 담당자가 다우닝의 모금 활동을 돕기로 했다. 그는 이미 웰스 파고 뱅크Wells Fargo Bank와 포지티브 코칭 얼라이언스Positive Coaching Alliance, 아반티 솔루션Avanti Solutions으로부터 기부를 받아냈다. 그리고 존슨 시장은 GPA의 졸업식에서 연설을 해주기로 했다.


## 뿌린 대로 거둔다

쉐입업더네이션의 라지흐 쿠마르(2장 참고)는 2006년 브라운 의과대학 1학년 때 비영리 사업에 발을 들여놨다. 그는 팀 기반의 건강대회를 주최하는 비영리단체 쉐입 업 로드아일랜드Shape Up Rhode Island의 모델을 본 따 브라운 의과대학의 친구인 브래드 바인버그와 영리 회사 셰입업더네이션을 만들었던 것이다. 쉐입업더네이션은 이제 메드트로닉Medtronic과 클리블랜드 클리닉 같은 큰 고객들을 위한 건강 프로그램을 운영하고 있지만, 쿠마르는 쉐입 업 로드아일랜드의 활동에도 깊이 관여하고 있다.

쿠마르와 바인버그는 회사의 건강 프로그램을 관리하기 위해 매우 정교한 소프트웨어를 개발했다. 그들은 쉐입 업 로드 아일랜드가 이 소프트웨어를 무료로 사용하도록 하고 있다. 그들은 또한 셰입 업 로드아일랜드의 효율적인 운영에도 도움을 주고 있다. 쿠마르의 이야기를 들어보자. "우리는 전국적인 규모로 사업하는 법을 배우고 있죠. 그리고 사업을 하면서 배운 노하우를 비영리단체에 전수합니다." 두 사람은 셰입 업 로드아일랜드와 매우 효과적이었던 마케팅 수단을 공유하고 운영에 대해 조언하며 쉐입 업 로드 아일랜드의 직원들에게 서퍼트트리오(SupportTrio, 이메일 관리 소프트웨어)와 세일즈포스닷컴(Salesforce.com, 제품의 홍보 및 판매촉진을 관리하는)의 사용법을 가르쳐주고 있다. 그런데 고객의 입장에서 보면 쉐입업더네이션이 쉐입 업 로드아일랜드의 고객을 빼앗는 것으로 보일 수도 있다. 그래서 쉐입업더네이션은 로드아일랜드 지역에 거주하는 고객에게서 나온 모든 수익을 쉐입 업 로드아일랜드에 기부한다. 쿠마르는 그 금액이 2008년에 2만 달러였고, 2009년에는 4만 달러 정도 될 거라고 예상하고 있다.

비영리는 우리가 세상에 기여하는 방식이고, 우리가 살고 있는 지역에서 그것을 실천에 옮기지요. 이를 통해 우리는 세상을 변화시키고자 합니다.

• 라지흐 쿠마르, 쉐입업더네이션

이 관계는 결과적으로 쉐입업더네이션에도 득이 된다. 2007년에 두 사람은 브라운의료센터의 체중관리와 당뇨연구센터의 책임자인 레나 웡 Rena Wing 박사와 함께 논문을 집필했다. 그것은 쉐입 업 로드아일랜드에서 나온 자료를 분석하는 것이었다. 의학 잡지에 게재되기로 한 그들의 논문에 따르면 이 프로그램이 참가자들의 BMI를 낮추는 데 도움이 되었다고 한다. 이것이야말로 그들의 프로그램이 효과가 있다는 사실을 증명하기 때문에 회사에 도움이 된다는 것이다.

## '그린' 기업가 혁명

녹색혁명은 Y세대의 시민권리 찾기 운동일까? 앨 고어Al Gore나 톰 프리드만Tom Friedman 같은 환경운동가들은 Y세대가 '가장 친환경적인 세대'라고 말한다. 결국 Y세대는 이전 세대가 버린 쓰레기를 치우는 부담을 짊어지고 있다는 것이다. 그들이 이 의무를 진지하게 받아들인다는 것을 보여주는 사례는 많다. 그리고 그들이 환경에 관심을 갖는 방식은 부모 세대와 근본적으로 다르다. "과거의 친환경이 있고 새로운 친환경이 있습니다." 롭 리드가 말한다. 그는 친환경적인 삶과 사회적 기술의 융합을 추구하는 컨설팅 회사인 맥스 글래드웰Max Gladwell의 창립자이다. "새로운 친환경에는 기업가 정신이 있습니다. 기후 위기를 해결하는 동시에 사업을 할 수 있다고 생각하는 거죠. 우리는 수익을 내면서 환경문제에 접근할 수 있습니다. 반면 과거의 친환경은 NGO 중심입니다. 하지만 점점 약화되고 있지요." 쟁점이 되고 있는 환경 문제들을 해결하기 위해서는 기업가적 혁신과 비영리단체의 활동이 모두 필요하겠지만, Y세대가

'새로운 친환경' 을 추구한다는 것만큼은 부정할 수 없다.

새로운 친환경의 대표주자는 바로 테라사이클의 창립자인 27살의 톰 스자키일 것이다. 그는 〈Inc.〉 지 2006년 10월호에 '미국에서 가장 멋진 창업자' 로 소개되기도 했다. 스자키는 테라사이클을 '극단적인 친환경' 이라고 설명한다. 이 회사가 파는 모든 것이 쓰레기로 만들어졌다는 점을 생각하면 적절한 표현이 아닐 수 없다.

스자키는 2002년 프린스턴 대학을 다닐 때 가정에서 만든 비료에 흥미를 가지게 되었다. 한 친구가 실내에서 기르던 대마초의 성장을 촉진하기 위해 비료를 만들었던 것이다. 그 비료는 음식 찌꺼기를 먹고 자란 지렁이의 분비물로 만들어졌다. 이 비료는 식물뿐만 아니라 식물의 주인까지 행복하게 만들었다. 이 일을 계기로 그는 집에서 정원을 가꾸는 사람들을 위해 비료를 상품화하는 것에 흥미를 갖게 되었다. 그는 대학 친구인 존 베이어John Beyer와 팀을 이뤘다. 환경독소학자인 그의 아버지가 벌레를 연구해왔기 때문에 그는 벌레에 대해서 더 많이 알고 있었다.

두 동업자는 신용카드 한도만큼 대출을 받고 통장도 다 털었으며 친구와 가족들에게 돈을 빌려 2만 달러를 모았다. 이 돈으로 쓰레기를 벌레들에게 전달하는 과정을 자동화시키는 '웜진worm gin' 을 개발하기 위해 플로리다의 발명가를 고용했다. 프린스턴 대학은 식당에서 나오는 쓰레기를 기부해주기로 했다.

사업은 잘 될 때도 있고 안 될 때도 있었다. 스자키와 베이어는 포기하고 싶기도 했다. 하지만 지역 기업가의 예상치 못한 지원으로 그들은 계속 회사를 운영해나갔고 2002년 가을에 여러 사업계획서 대회에 참가하여 절반 넘게 우승을 차지했다. 2003년 봄에 그들에게 기회가 찾아왔다. 엄청나게 경쟁이 치열한 캐롯 캐피탈Carrot Capital의 사업계획서 대회에서 우승한 것이다. 상금은 무려 100만 달러였다. 하지만 여기서 두 가지 문제가 생겼다. 캐롯 캐피탈은 스자키가 친환경적인 수위를 좀 낮추기를 원했다. 또 동업자들은 스자키가 고용했던 헌신적인 매니저들에게 상금을 나눠줄 수 없다고 나선 것이다. 결국 스자키는 상금을 포기했다. 그 당시에 테라사이클의 은행잔고는 500달러였다.

이제 와서 생각해보면 가난은 회사의 가장 큰 행운이자 원동력이었다. 자금이 부족했던 스자키는 테라사이클의 액체비료를 담을 용기를 구하기 위해 프린스턴 대학의 재활용 쓰레기통을 뒤질 학생들을 고용했다. 이것은 불법이었지만 그는 이 과정에서 새로운 사실을 알게 되었다. 만약 회사가 재활용 공장으로 향하는 플라스틱 병을 사용한다면 테라사이클은 100% 쓰레기로 만든 제품이라는 친환경의 새로운 지평을 열 수 있고 포장에 드는 돈도 절약할 수 있었다. 이때부터 회사는 지금의 길로 들어서게 된 것이다. 이 덕분에 엔젤 투자자들로부터 120만 달러의 투자를 받기도 했다.

스자키는 몰래 재활용 쓰레기들을 훔치는 데 만족하지 않았다. 회사가 사용한 재활용 병 한 개당 5센트 씩 학교와 비영리 재단에 기부하는 프로그램을 시작했다. 테라사이클은 재활용 병을 수거한 다음 그것을 트렌튼에 있는 공장으로 가져가 '액체화된 벌레 분비물'로 가득 채운 후 녹색과 노란색의 비닐로 포장했다. 그리고 필요한 것보다 많이 만들어서 남은 것을 폐기해버리는 회사들로부터 뚜껑을 공수했다. 제품 운송 상자도 인쇄가 잘못되어 버려지는 것들을 사용했다.

창립자들의 극단적인 친환경주의와 결합한 테라사이클의 제품은 매우 흥미로운 이야기를 만들어냈다. 심지어 홈 데포 같은 대형 유통업체도 테라사이클의 제품이 점점 증가하고 있는 친환경주의자 고객들에게 통할 거라고 생각했다. 실제로 테라사이클의 비료는 정원 용품 업체인 스콧 미라클−그로Scotts Miracle-Gro의 제품과 온라인 및 오프라인 상점에서 치열한 각축전을 펼쳤다. 홈 데포가 처음으로 물건을 들여놓은 뉴저지에서도 좋은 반응을 얻었다. 당연히 업계의 거물들은 이 작은 회사의 성공이 눈에 거슬렸다.

2007년 초반에 매출이 150만 달러였던 테라사이클은 여전히 상대적으로 작은 회사였지만 거대한 변화를 만들어가고 있었다. 당시 210만 달러 가치의 회사였던 스콧 미라클은 테라사이클을 고소했다. 테라사이클이 자신들의 라벨디자인을 표절하고 그들의 유기농 제품이 스콧에서 만든 화학비료보다 좋다고 거짓으로 주장했다는 것이었다. 스자키는 매우 Y세대다운 태도로 이 소송에 대응했다. 그는 '스콧에 고소당했다(suedbyscotts.com)'라는 블로그를 만들고 테라사이클의 법적 대응 비용에 대한 도움을 간청하는 글을 올렸다. 이것은 벤 앤 제리스Ben & Jerry's의 '찐빵맨(경쟁업체인 필스버리의 캐릭터)은 무엇을 두려워하는가?' 캠페인을 연상시킨다. 벤 앤 제리스는 2004년에 필스버리Pillsbury에 대항하기 위해 이 캠페인을 시작했다. 필스버리가 벤 앤 제리스의 제품보다 필스버리의 하겐다즈를 더 많이 유통시키기 위해 유통업체에 힘을 행사했던 것이다. 대중은 벤 앤 제리스의 편을 들었고 똑같은 일이 테라사이클에게도 일어났던 것이다.

스자키의 글로 블로그는 들끓었다. 주요 언론들은 다윗과 골리앗 이야기를 거론하며 59%의 시장점유율을 가지고 있는 스콧이 작지만 가공할 만한 경쟁자에 대한 두려움을 공공연히 드러냈다고 보도했다. 언론이 테라사이클을 옹호하는 보도를 한 덕분에 소송기간 동안 판매가 120% 증가했다. 그럼에도 불구하고 소송에서 져 포장을 바꿀 수밖에 없었으며, 자신들의 유기농 제품이 스콧의 제품보다 더 좋거나 스콧의 제품만큼 좋다고 주장하는 것을 철회해야 했다. 하지만 스자키에게 후회는 없었다. "저는 그 소송이 큰 축복이었다고 생각합니다. 우리가 크게 성장할 수 있는 계기였으니까요."

그 이후로 회사는 스자키의 친환경적 열정과 함께 성공을 거두었고 거금을 벌었다. 지난 해 스자키는 워싱턴 DC 외곽에서 열린 〈Inc.〉지의 '500대 기업 회의'에 참석했다. 헝클어진 머리에 어딘가 꾀죄죄한 이 CEO는 테라사이클이 쓰레기로 만든 제품군의 확장을 통해 작년 한 해 어떻게 사업을 성장시켰는가에 대해 이렇게 말했다. "당신이 소비하는 것의 90%가 6개월 안에 쓰레기가 될 겁니다. 미국의 가장 큰 수출품은 결국 쓰레기인 셈이죠." 스자키는 쓰레기를 수출하지 않고 활용하는 방법을 마련하기 위해 최선을 다하고 있다. 바로 카프리선 주스 팩, 오레오 쿠키 상자, 초코바 포장지 등으로 토트백이나 우산, 샤워커튼, 연필통 같은 제품을 만드는 데 사용하고 있는 것이다. 그는 이 사업을 위해 미국에서 가장 큰 유통 브랜드들과 협력을 맺고 있다. 이러한 협력관계 덕분에 테라사이클의 2008년 수익은 7백만 달러를 넘겼고 비영리단체를 위해 10만 달러를 모을 수 있었다. 테라사이클의 친환경 혁명에 대해서는 8장에서 자세히 다루겠다.

## 태양 에너지에 한 걸음 더 나아가다

보레고 파워 시스템Borrego Power Systems의 CEO인 29살의 애런 홀Aaron Hall은 아버지의 친구가 1980년에 회사를 세웠을 때 아직 어린애였다. 하지만 보레고를 새로운 경지로 이끈 것은 홀이었다. 회사의 창립자인 제임스 리카드James Rickard는 홀 덕분에 회사가 20년 정도 앞서가게 되었다고 말한다. 회사의 수익은 2006년 1170만 달러, 2007년 3000만 달러에서 2008년 6000만 달러로 상승했다. 대체에너지에 우호적인 오바마 대통령이 집권하면서 홀은 회사가 더 극적으로 성장할 거라고 확신한다.

캘리포니아 보레고 스프링스의 사막지역에 살았던 제임스와 그레이스 리카드는 태양열 시스템과 오프그리드 태양열 발전시스템 설치로 큰 성공을 거뒀다. 하지만 1990년대 초반에 태양에너지 시설 설치에 대한 세금 혜택이 줄어들면서 회사는 고전했고 결국 몇 년 후 문을 닫았다. 당시 노스웨스턴 대학의 경제학 교수는 홀에게 최종과제로 사업계획서를 제출하라고 했다. "저는 아버지와 어떤 사업계획서를 쓸지 논의했습니다. 그때 태양 에너지가 떠올랐지요." 2001년 당시 캘리포니아는 에너지 위기의 한 가운데 있었다. 전기사업의 규제가 완화되면서 전기 요금이 치솟았고 정전이 자주 발생해 전기회사에 대한 불만이 고조되고 있었다. 마침 캘리포니아 주는 납세자들에게 태양열 설비 설치가격의 반을 지원해주는 프로그램을 시작했다. 그래서 홀과 그의 아버지는 리카드에게 연락해 그의 도움으로 보레고를 부활시킬 계획을 짰다.

홀은 이 사업계획서로 A를 받았다. 그리고 리카드는 홀이 노스웨스턴을 졸업하자 보레고의 새로운 동업자로 그를 스카우트했다. 홀의 부모는 그에게 회사의 지분 50%를 사라고 2만 달러를 빌려주었다. 그리고 그와 리카드는 첫 번째 프로젝트에 착수했다. 바로 샌디에이고에 있는 홀의 고향집에 태양열 판을 설치하는 것이었다. 이어서 홀의 삼촌 집에 태양열 판을 설치했다. 그 다음에는 삼촌의 동료와 8만 달러짜리 시스템 설치 계약을 맺었다. 그것은 이상적인 동업관계였다. 홀의 말을 들어보자. "제임스는 저에게 물리학과 하청업체 관리, 태양력 기술에 대해 가르쳐 줬죠. 그는 나의 멘토였고 보레고에 몸담은 첫 해에는 하루에도 5번 이상 그에게 전화를 했습니다. 그리고 그는 제가 고객들을 설득하러 갈 때 함께 했죠. 왜냐면 저는 너무 어렸으니까요. 그는 60년대에 대해 얘기하면서 고객들을 편안하게 만들었습니다. 그 다음에 제가 가격을 제시하고 계약을 성사시켰죠."

회사는 유기적으로 성장했다. 홀은 잠옷을 입은 채 집에 있는 사무실에서 아침 일찍부터 고객들의 전화를 받곤 했다. 그는 회사를 전화번호부에 등록하고, 로터리클럽과 키와니스(미국과 캐나다 사업가들의 봉사단체)의 모임에도 참석했다. 그리고 사업에 도움을 받기 위해 형을 고용했다. 보레고의 문을 다시 연 지 1년 반 만에 리카드는 은퇴하기로 결심하고 자신의 지분을 홀에게 팔았다. 홀은 형에게 지분의 일부를 주고, 직원들이 회사에 충성하도록 만들기 위해 직원들에게도 지분을 나누어주었다.

지구온난화와 에너지 위기, 테러리즘으로 인해 대안 에너지에 대한 수요가 증가하고 있었고 보레고는 이 분위기에 편승했다. 앨 고어는 대중들에게 온난화에 대한 메시지를 전하고 있었고, 캘리포니아 주는 주민들에게 태양열 에너지 사용에 대한 혜택을 제공했다. 바로 태양열 시설을 설치한 개인이나 사업체에 대해 330만 달러를 지원해주는 것이었다.

이러한 혜택을 통해 캘리포니아 주는 100년 안에 100만 개의 지붕에 태양열 판을 설치하는 것을 목표로 삼았다.

2003~2007년 사이에 보레고의 수익은 230만 달러에서 3,030만 달러로 치솟았다. 그리고 홀은 산호세와 버클리, 소노마 카운티로 사업을 확장했다. 2007년 중반에 그는 또한 매사추세츠에 사무실을 여는 대담한 결정을 내렸다. 매사추세츠 주지사인 데발 패트릭Deval Patrick은 태양열 에너지에 우호적인 인물이었다. 그 해 봄 지역의 태양열 판 제조업체 에버그린 솔라Evergreen Solar가 1억 5000만 달러를 들여 사업을 확장한다고 발표했다. 이 프로젝트는 매사추세츠 주에 4400만 달러의 경제창출 효과를 가져다주었다. 에버그린 솔라는 이제 노스웨스턴 지역에서 보레고에 태양열 판을 공급하고 있으며, 이는 작년 보레고 수익의 1/4이라는 엄청난 비율을 차지했다.

홀은 보레고가 계속 성장할 거라고 확신하고 있다. 2008년 말에 그는 외국인 투자자들에 대한 대규모 주식공모를 통해 1,400만 달러의 자본을 확보했다. 그리고 2009년 2월에 다른 태양열 에너지 회사에 주택부문 사업을 팔았다. 그는 이렇게 말한다. "우리는 상업용과 공공부문 사업에 주력할 것입니다. 이 시장들은 많은 잠재력을 가지고 있고 재생 가능한 에너지의 사용을 가속하고자 하는 우리의 사명을 더 쉽게 실현해줄 것입니다. 8년 만에 처음으로 대체 에너지를 지지하는 대통령이 탄생했습니다. 이제 우리는 정치권의 지지를 얻게 될 겁니다."

## 트랙6. 사회적 목적을 가지고 사업을 성장시켜라

**1. 당신의 사업과 시너지 효과를 내는 대의명분을 지원하라.** 어떤 대의명분에 대한 지지를 고려하고 있다면 회사의 핵심 사업과 조화를 이루는 사명을 가진 단체를 선택하라. 예를 들어 해피 베이비 푸드의 창립자들은 말라위의 빈곤한 아이들에게 음식을 제공하는 프로젝트 피넛 버터를 후원했다. 그리고 미트헤드 무버스(5장)는 지역의 여성 보호소와 함께 학대받는 여성들의 이사를 도왔다. 그렇게 하면 회사의 고객들과 직원들, 그리고 지역 사회는 모두 그 회사가 매우 진지하게 자선사업에 임하고 있음을 알게 된다.

**2. 고객들을 회사의 자선사업에 참여시켜라.** 인 굿 컴퍼니의 공동창립자인 아델라이드 피브스와 에이미 아브람스는 고객들에게 회사가 지원하는 단체에 기부할 수 있는 기회를 주었다. 이들이 지원하는 단체는 주로 여성들의 직업 개발을 지원하는 비영리단체다. 여성 기업가들에게 회원제로 공동 사무실을 대여하는 인 굿 컴퍼니는 소액대출 기금에 고객들을 참여시켰다. 이 기금은 혜택을 받지 못하는 소녀들을 위해 비영리단체가 마련한 것이다. 회사는 그 밖의 다양한 모금운동에도 고객들을 참여시켰다. 인 굿 컴퍼니는 비영리 단체에 사무실을 기부하기도 한다. 고객들은 다양하게 자선사업을 펼치는 인 굿 컴퍼니를 단순한 건물주가 아니라 고객들과 커뮤니티를 형성하는 회사로 인식한다.

**3. '대의명분 제품'을 고려해보라.** 원호프 와인의 창립자인 제이크 크로버댄츠는 대의명분 브랜드 제품이 슈퍼마켓에서 제일 좋은 자리를 차지하고 불티

나게 팔린다는 것에 주목했다. 하지만 그 영향력에도 불구하고 대부분의 대의 명분 캠페인은 일시적으로 운영되었다. 그래서 클로버댄츠는 대의명분이 브랜드의 핵심이 되는 제품을 만들기로 결심했다. 이 전략이 모든 회사에 적용될 수 있는 것은 아니지만, 회사의 제품이나 서비스 중 한 가지 정도는 영구적으로 대의명분과 연결시키는 것도 고려해볼 만하다.

**4. 자원봉사로 직원의 사기를 진작시켜라.** 37명의 나이트 에이전시 직원들은 나이키와 주시 코르테 같은 광고주를 위해 창의적인 광고 캠페인을 만든다. 하지만 나이트 에이전시의 CEO 대런 폴은 아프리카 에이즈 환자들에게 약품을 제공하는 비영리단체를 위해 일할 때 직원들이 가장 열정적인 모습을 보인다고 말한다.

**5. 지역사회 기여를 채용의 도구로 활용하라.** DNS는 250만 고객에게 도메인과 이메일 서비스를 제공하는 회사로 같은 지역에 있는 고등학교 학생들의 국제로봇대회 참가를 돕는다. 하지만 그 일이 이타적인 것만은 아니다. DNS는 자신의 직원들이 학생들을 지도하면서 수학과 공학에 대한 그들의 관심을 자극하기를 바란다. 수학과 공학은 점점 인기가 하락하는 분야인 동시에 DNS와 아주 밀접한 관련을 갖는 분야이기 때문이다. 회사는 뛰어난 학생들에게 인턴십의 기회를 제공하고 그들이 대학에 입학한 후에도 지속적인 관계를 유지한다. 결국 DNS는 그들 중에서 정직원을 채용하기도 한다.

**6. 대의명분이 있는 제품이라도 품질이 좋아야 한다.** 어떤 제품이 자선이나 환경에 도움이 된다고 하면 한 번은 구매할 수 있을지 모르지만, 제품 자체가 좋지 않으면 소비자들은 다시 구매하지 않을 것이다. 연구에 따르면 사회적 의식이 높은 구매자들도 대의명분이 있는 제품을 사기 위해 품질과 가격을 희생하지는 않는다. 원호프 와인의 제이크 클로버댄츠는 존경받는 소노마 와인제조

자와 협력을 맺어서 자신의 와인이 고객들의 사회적 책임감과 함께 미각도 충족시킬 수 있도록 만들었다. 대의명분이 있는 제품이라고 하더라도 품질이 떨어진다면 구매자들은 당신의 제품을 사지 않고 그 대의명분과 관련된 자선단체에 돈을 기부하고 말 것이다.

# 일터의 반항아 :
# 일에 대한
# 고정관념을 깨다

**CHAPTER**

업스타트의 일터는 전통적인 기업문화를 부정한다. Y세대들은 전통적인 일터가 융통성 없으며 즐거움도 없고 맹목적인 위계질서만 존재한다고 생각한다. Y세대는 이러한 조직세계에 발을 담갔다가 환멸을 느끼거나, 아니면 처음부터 피해버릴지도 모른다. 하지만 누가 그들을 비난할 수 있겠는가? "나는 리먼 브라더스Lehman Brothers에서 40년 간 일한 사람들을 보고 생각했습니다. '난 저 사람들처럼 되고 싶지 않다.'" 스캔디지털의 CEO인 앤더슨 쇤락(1장 참고)이 한 인터뷰에서 나에게 말했다. "그들은 평생 거기서 일했지만 한 순간에 직장을 잃을 수 있죠." 안타깝게도 리먼 브라더스가 2008년 9월에 부도신청을 하자 그들은 실제로 직장을 잃었다. 리먼 브라더스는 회사의 덩치만 키우는 것이 얼마나 위험한가를 보여준 사례로서 연쇄 부도 사태의 시작을 알렸다.

중소기업청의 통계에 따르면 지난 두 번의 경제 침체기(1990~1992, 2001~2003) 동안 창업이 증가했다. 그리고 나는 지금도 마찬가지일 거라고 생각한다. 어쩌면 훨씬 더 극적으로 증가했을지도 모른다. 경기침체로 직장을 찾을 수 없는 Y세대가 창업에 눈을 돌리는 것은 당연한 일이다. 나는 이 새로운 기업가들이 전 세대 기업가들과는 매우 다른 기업문화와 일터를 만들어낼 거라고 생각한다. 직원으로서 Y세대가 어떤 특징을 갖는지 살펴보면 우리는 그들이 회사를 어떤 방식으로 이끌어나갈지 짐작할 수 있다.

"Y세대는 세계 경제의 흐름을 바꾸고 있다. 2차 대전 중 여성이 일터로 진입한 이후로 가장 극적인 대변동일 것이다." 여론조사 전문업체인 해리스 인터렉티브Harris Interactive가 진행한 2008 '일의 세계' 조사결과이다. "Y세대는 이미 보편화된 모든 원칙과 관행을 받아들이지는 않는다." 그렇다면 Y세대는 고용주에게 어떤 것을 원하고 있을까? 이 조사에 따르면 Y세대는 성과 기반의 승진과 인센티브, 직접 소통, 솔직한 피드백, 좀 더 빈번한 수행평가, 이니셔티브 프로그램, 지식 공유에 가치를 두는 유동적이고 열린 일터 문화를 원한다.

Y세대를 '인터넷 세대 또는 넷 세대'라고 부르는 작가 돈 탭스코트Don Tapscott은 이것이 불합리한 요구라고 생각하지 않는다. 실제로 그는 자신의 책《디지털 네이티브》에서 이렇게 강조한다. "과거의 인사 방식(채용, 훈련, 관리, 유지)은 보류되어야 한다. 대신에 기업은 새로운 모델(주도, 참여, 협력, 발전)을 적용해야 한다. …… 우리의 조사에 따르면 넷 세대의 표준을 선택적으로 그리고 효과적으로 받아들인 회사들은 그렇지 않

은 회사들보다 더 잘 운영된다. 실제로 나는 넷 세대의 문화가 새로운 직장 문화라고 확신한다."

길고 더딘 기업의 승진 시스템에 업스타트들은 전혀 매력을 느끼지 못한다. Y세대 기업가들은 주류에서 벗어나려고 할 뿐만 아니라, 직원들이 좋은 아이디어와 열정적인 업무수행을 통해 성공할 수 있는 회사를 만들려고 한다. 이에 대해 당신은 지나치게 이상적이며 비현실적이라고 생각할지도 모른다. 하지만 전통적인 명령과 통제는 업스타트의 DNA에 존재하지 않는다. 그리고 알고 보면 Y세대의 방식이 사업에 매우 유리할 수도 있다. 경쟁이 치열하고 빠르게 변화하는 비즈니스 환경에서 회사를 운영하려면 모든 부서가 역량을 발휘해야 한다. 이를 위해서 직원들에게 창의적인 아이디어와 혁신을 격려하고 성과를 인정받는 회사문화를 만드는 것보다 더 좋은 방법은 없을 것이다.

일부 미국 기업들은 Y세대를 끌어들이기 위해 직원들의 훈련방식을 바꿔야 한다는 것을 깨닫기 시작했다. 예를 들어 전자제품 소매업체인 베스트 바이Best Buy는 직원의 대부분인 Y세대를 위해 기업문화를 다시 디자인했다. 베스트 바이는 2006년에 리치필드 지점에서 '성과지향의 작업환경(results oriented work environment)'이라는 프로그램을 시작했다. 이 프로그램은 직원들의 근무시간으로 평가하는 전통적인 일터와는 달리 철저히 성과 중심으로 평가한다. 마감을 지키고 일을 끝내기만 한다면 직원들은 자신이 원하는 시간과 장소에서 일을 할 수 있었다. 이 프로그램은 초기에 젊은 사람들에게 환영받았지만 나이가 많은 직원들의 반감을 샀다. 그러나 이 프로그램은 매우 성공적이었다. 베스트 바이는 생산성을 적어도 35%까지 높일 수 있었다. 베스트 바이는 컬처알엑스Culture

RX라는 컨설팅 회사를 따로 시작해 이 프로그램을 '포춘 선정 500대 기업'에 소개했다. 하지만 무엇보다도 큰 성과는 베스트 바이가 Y세대 친화적인 고용주로서 명성을 견고히 했다는 것이다.

많은 회사들이 이와 같은 명성을 쌓고자 노력을 아끼지 않고 있다. Y세대의 동향을 항상 면밀히 파악하고 있는 딜로이트를 생각해보기 바란다. 딜로이트의 설문조사에 참여한 18~26세 사이의 남녀 80%가 자신을 자원봉사자로 묘사했고, 97%는 회사가 직원들에게 자원봉사의 기회를 제공해야 한다고 대답했다. 딜로이트는 이 설문결과를 활용해보기로 했다. 2008년에 딜로이트는 자선단체인 유나이티드 웨이United Way와 함께 '대안 봄방학' 프로그램을 주최했다. 대학생들이 카트리나의 피해를 입은 핸콕카운티에서 봉사를 하는 프로그램이었다. 이 프로그램을 운영한 딜로이트의 제임스 재거James Jaeger는 미래에 딜로이트의 직원이 될 수 있는 35개 대학의 80명의 학생들과 직접 봉사활동에 참여했을 뿐만 아니라, 사무실에서는 얼굴조차 볼 일 없는 다른 부서의 사람들에 대해 더 많이 알게 되었다고 말한다.

그렇다면 기업들이 이렇게 요구가 많은 세대에 관심을 가져야 하는 이유는 무엇일까? 노동통계청에 따르면 Y세대는 현재 노동인구의 약 25%를 차지하고 있다. 하지만 매일 1만 명의 베이비부머가 정년인 60세가 되는 것을 감안하면 앞으로 몇 년 안에 Y세대가 노동인구의 대부분을 차지하게 될 것이다. 1965년에서 1976년 사이에 태어나 인구의 15%를 차지하는 X세대는 은퇴하는 베이비부머를 대체하기에는 역부족일 것이다. 당신은 베이비부머를 대체할 X세대의 수가 부족하지 않다고 생각할지도 모르지만 Y세대가 주된 인력이 될 거라는 사실은 변하지 않는다. Y세대는 전임자들보다 더 젊고 경험이 부족할 때 관리자가 된다는 부담을 안게 될 것이다. 기업은 오늘 고용한 젊은 직원들이 미래에 리더와 관리자 역할을 할 수 있도록 도와야 한다.

기업이 Y세대에 맞춰 수정한 기업문화가 제멋대로인 것처럼 보일지도 모르지만 사실 일의 미래를 위한 새로운 패러다임이다. 회사의 상황이 좋을 때나 나쁠 때나 이러한 일터의 변화는 회사의 경쟁력이 된다. 이 변화를 통해 Y세대 노동력을 끌어들이고 그들에게 동기를 부여할 수 있기 때문이다. 업스타트들은 이것을 직관적으로 안다. 이들에게는 자기 세대를 끌어들이기 위한 전형적인 전략이 필요 없다. 그저 자신들이 일하고 싶은 회사를 만들면 되는 것이다. 그리고 그들은 시작단계에서부터 자신이 원하는 일터를 만든다. 이 덕분에 자기 세대 최고의 인력을 끌어들일 수 있는 것이다. Y세대는 금전적인 보상을 중히 여기지만 훈련과 승진 기회, 융통성, 재미와 의미를 동시에 갖는 기업문화에도 높은 가치를 둔다.


## 당신은 선홍색 '피'를 가졌는가?

조쉬 스피어와 애런 디그난, 롭 슈만은 당신이 '선홍색 피'를 갖고 있는지 알고 싶어 한다. 만약 없다면 언더커런트의 공동창립자들은 다른 데서 일을 알아보라고 할 것이다. 29살의 디그난이 말한다. "선홍색은 우리 회사의 색입니다. 그리고 선홍색 피는 당신이 항상 깨어 있고 일관되며 생태계의 일부로서 자신의 소임을 다하는 것을 의미합니다." 특히 언더커런트에 있어 소임이란 대기업을 위해 디지털 마케팅 캠페인을 벌이는 일일 것이다. 언더커런트의 창업자들의 말을 빌자면 그들의 소임은 '인터넷을 더 나은 곳으로 만들기'이다.

이것은 언더커런트를 일하기 좋은 곳으로 만드는 일에서 시작된다. 하지만 모든 사람을 위해서는 아니다. 디그난의 말을 계속 들어보자. "우리는 인사 규정집을 다시 쓰고 있습니다. 규격화되지 않은 작업환경에서 사람들은 자신이 원하는 시간에 일하고 동료들과 매우 밀접한 관계를 유지하지요. 사업보다는 동아리에 가깝습니다." 이러한 면에서 언더커런트는 내가 조사한 다른 업스타트 회사들과 매우 비슷하다. 언더커런트에는 15명의 직원이 있는데, 이 특별한 클럽에 들어오기 위해서는 창립자들이 '우리 모두가 함께 시간을 보내고 싶은' 한 명을 찾을 때까지 많은 후보들과 경쟁해야 한다. 하지만 오해하지 말기 바란다. 야후와 CNN, 포드, 펩시, 마운틴듀 같은 고객을 가진 언더커런트는 200만 달러의 수익을 내는 견실한 기업이다.

대부분의 언더커런트 직원들은 20대이다. 디그난은 직원들이 많은 격려와 피드백을 필요로 하는 것 같다고 말한다. 그래서 지난 해 회사는 분기별 포상 시스템을 시작했다. 직원들이 기존 고객들과 3건, 6건, 9건의 사업 계약을 따내면 단계별로 3가지 특전을 제공하기로 했다. 회사의 직원들은 다른 팀원들과 경쟁하지 않고 팀 단위로 목표를 달성하기 위해 협력한다. 3건의 계약을 따낸 사람들은 금요일 오후에 영화를 볼 수 있다. 6건인 경우 무료 전신 마사지를 받을 수 있고, 9건인 경우 팀은 근처에 있는 유기농 식품점인 홀푸드에서 15분간 마음껏 쇼핑할 수 있다. 지속적으로 흥미를 유발하기 위해서 2등상과 3등상은 분기마다 바뀐다. 이러한 포상은 기업문화에 긍정적이라고 디그난은 말한다. "사람들은 서로 친해지고 재미를 느끼지요." 이 포상 시스템은 직원들이 기존 고객들과 더 깊은 관계를 유지해서 그들의 요구를 알아차리고 수익향상을 고민하도록 돕는다. 또한 기존 고객과 거래를 반복하는 것이 새로운 고객에게 접근하는 것보다 비용이 덜 든다.

　　직원들에게 자주 피드백을 주기 위해 회사는 4개월마다 이틀간의 사외 회의를 갖는다. 모든 직원들이 사업전략과 서비스, 고객 쟁점, 지난 120일간 배운 교훈을 논할 수 있는 자리이다. 그들은 공원의 나무 아래나 카페, 창립자의 집, 호텔의 회의실 등 어디서든지 회의를 끝낼 수 있다. 한 장소에 계속 있다 보면 사고가 경직되고 제대로 집중할 수 없기 때문이다. 회의 중 하루 일과가 끝나면 저녁파티를 갖는다. 직원들에게 그들의 만족도(예를 들어 인사, 업무 절차, 동료, 동업자 등)를 묻는 익명의 설문조사도 진행한다. 그들은 설문조사를 통해 많은 것을 배울 수 있다. 예를 들어 한 설문에서 직원들이 개인의 업무와 회사의 목표를 연결 짓지 못한다는 것이 드러났다고 치자. 그러면 회사의 목표를 적은 비전선언문이 탄생한다. '우리는 디지털 마케팅으로 고객들에게 접근하고자 할 때 생각나는 회사가 된다.' 디그난은 마지막으로 이 말을 잊지 않고 덧붙였다. "그렇게 되기 위해서는 모든 직원이 '선홍색 피'를 가져야 합니다."


## 능력 절대주의

　　업스타트들은 나이나 경력에 큰 가치를 두지 않는다. 가장 중요한 것은 '일을 해낼 수 있는가?' 이다. 업스타트들이 재미있고 평등한 기업 문화를 육성하기 위해 노력하기는 하지만 그렇다고 그들이 만만한 상사라는 뜻은 아니다. 테라사이클의 CEO인 톰 스자키만큼 이것을 실천에 옮기는 사람은 없을 것이다. 그의 기준에 맞춰 일을 해내다 보면 당신은 어느 샌가 한 부서를 책임지는 위치에 서게 될 것이다. 우리는 알베 자크스 Albe Zakes의 경우에서 테라사이클의 능력 중심의 기업문화를 가장 잘 엿볼 수 있다.

자크스는 21살 때 회사의 홍보팀 직원 자리에 면접을 보았다. "저는 정장에 타이를 매고 있었고 테라사이클의 회의실에서 엄청나게 땀을 흘리고 있었습니다. 에어컨이 없었거든요. 반바지와 티셔츠를 입은 톰이 들어와서는 이런 질문을 했습니다." '당신이 새 시장에 진입했고 예산을 1만 달러 초과했습니다. 어떻게 본전을 되찾겠습니까?' 이것은 스자키가 모든 면접자에게 던지는 질문이다. 그들의 비판적 사고능력을 알기 위함이다. 자크스는 더듬거리며 대답했고 자신이 면접을 망쳤다고 확신했다. 하지만 그는 나중에 스자키에게 그 질문에 대한 여러 가지 답변을 이메일로 다시 보냈다. 결국 그는 고용되었다.

"나중에 톰은 제가 포기하지 않은 것이 마음에 들었다고 말했습니다. 저는 멍청한 대답을 했지만 그것은 아무 대답도 없는 것보다는 나았습니다." 그의 고용에는 전제조건이 있었다. 그는 홍보업무를 한 번도 해본 적이 없기 때문에 한 달간 무급 인턴으로 일하며 수행능력을 평가받아야 했다. 자크스는 동의했다. 비록 자크스가 인턴으로 일하는 첫 날 스자키가 홍보부장을 해고했지만 말이다. 곧 홍보 경력 1년의 젊은 여성이 그와 합류했다. 하지만 자크스는 말한다. "회사는 성과 부진으로 3개월 후에 그녀를 해고했습니다."

스자키가 광고를 믿지 않기 때문에 테라사이클에서 홍보는 매우 중요한 기능이다. 그는 언론을 통해 회사의 친환경적 메시지를 전파하는 데 전적으로 의존한다. 회사의 재활용 프로그램, 유명한 소비재 브랜드, 대형 소매업자들과의 수익성 좋은 협력관계 등을 언론을 통해 알린다. 하지만 좋은 뉴스만 퍼트리는 것이 목적은 아니다. 일을 시작한 지 6개월째인 자크스는 두 개의 주요 제품 출시와 스콧 미라클-그로가 포장 표절과 거짓 광고를 이유로 회사에 소송을 걸었을 때 언론 관리를 맡았다. 그것은 전형적인 다윗과 골리앗의 싸움이었고 자크스는 언론에서 그것을 대대적으로 다루도록 만들었다. "저는 회사가 소송당한 사건을 뉴욕타임즈, 월스트리트저널, 비즈니스위크에 게재되도록 만들었죠." 2007년 여름에 자크스는 홍보부장이 되었고 다음 해에 언론홍보 부사장으로 승진하면서 성과에 대한 보상을 받았다.

물론 톰에게서 따뜻함과 다정함을 기대하기는 힘들었다. "하루하루가 힘든 도전입니다. 톰은 항상 더 높은 목표를 바라지요. 내가 그에게 가서 '우리 회사가 포춘 스몰 비즈니스Fortune Small Business에 실리게 되었습니다'라고 말하면 그는 이렇게 말할 것입니다. '우리가 표지에 나오나요?'" 스자키는 자신의 직원들에게 스톡옵션으로 보상한다. 그리고 직원들에게 이렇게 약속한다. "당신이 이 회사에 남아서 열심히 일한다면 매우 빨리 승진할 겁니다. 하지만 우리는 그저 출퇴근만 꼬박꼬박 하는 사람은 원치 않습니다."

## 인사관리에 심혈을 귀울여라

만약 당신이 아르바이트 직원만 주로 고용하는 사업을 하는 업스타트라면 어떨까? 아르바이트 직원들을 관리하는 것은 누구에게나 힘든 일이지만 그것을 레스토랑 운영자들보다 더 잘 아는 사람은 없다. "인사관리 회사가 우연히 만두를 팔 게 된 것 같다는 느낌이에요." 릭쇼 덤플링 바의 공동창립자인 케니 라오가 말한다. 그의 회사는 맨해튼에 캐주얼 레스토랑을 2개 소유하고 있다. 그의 직원 60명 대부분은 테이블을 치우고, 만두를 서빙하며, 계산하는 일을 한다. 라오는 이들 아르바이트 직원들이 회사를 살릴 수도 죽일 수도 있음을 알고 있다. 하지만 그는 직원들을 회사에 계속 남아 있도록 하는 비결을 알고 있다.

"우리는 교육에 많은 시간을 할애합니다. 직원들은 고객 서비스에서 메뉴까지 회사에 대한 모든 것을 교육 받습니다. 저는 모든 직원들이 고객들 앞에서 전혀 주눅 들지 않도록 만들고 싶습니다. 어떤 일이 생기더라도 처리할 수 있도록 말이죠." 라오는 직원들에게 고객들의 신뢰는 필수적이라고 말한다. 그는 직원들에게 이렇게 말한다. "당신이 하나만 제대로 몰라도 고객들은 그다음부터 당신의 말을 불신할 것이다." 직원들은 만두에 들어가는 재료에 대해 교육받을 뿐 아니라 '누가 레스토랑을 디자인했죠?' 또는 '저 멋진 조리대가 무엇으로 만들어졌죠?' 같은 고객들의 호기심 어린 질문에도 편안하게 대답할 수 있도록 교육받는다. 이것은 직원들의 성공을 돕는 교육이다. 왜냐하면 교육을 통해 직원들은 고객들과 더 친밀한 관계를 맺을 수 있기 때문이다.

일단 직원을 고용한 후 회사는 릭쇼 덤플링의 창업 이야기와 브랜드 정체성에 대해 간략하게 설명한다. 그 다음 직원들은 베테랑 직원을 따라 다니면서 메뉴와 재료에 대해서 공부한다. 그리고 본격적으로 일을 시작하기 전에 6~8쪽 분량의 시험을 본다. 예를 들어 그들이 메뉴에서 가장 매운 요리를 맞추지 못하거나, 채식주의자를 위한 요리를 찾아내지 못하거나, 초콜릿 상하이 수프 덤플링에 대해 제대로 설명하지 못하면 그들은 떠나야 한다. 직원들은 일의 숙련도에 따라 백색과 회색, 검정색 순으로 다른 등급의 밴드를 착용하게 된다. 물론 등급이 높은 직원은 등급이 낮은 직원을 교육하는 책임까지 맡아야 한다.

라오는 또한 스페인어가 모국어인 직원들에게 영어 학습 프로그램에 참여하도록 비용을 지원해준다. 직원들은 개인 시간에 테이프를 듣고 10과를 끝낼 때마다 시험을 본다. 라오는 그들이 시험을 통과할 때마다 20달러씩 상금을 준다. 이러한 지원은 직원 개인에게도 좋지만 이를 통해 회사는 모든 직원들이 효율적으로 의사소통하도록 만들 수 있다. 고객들과 직접 접촉하지 않는 직원들조차 말이다.

## 업스타트 대학

이브드 서비스의 CEO인 탈리아 메시아는 절박한 필요에 따라 회사의 교육 프로그램을 강화하기로 결정했다. 호텔의 단체 기업고객들을 위해 외주업체들을 고용하고 관리하는 서비스를 제공하는 이 회사는 매우 빠르게 성장하고 있다. 메시아는 호텔 고객들에게 변함없이 좋은 서비스를 제공하기 위해서는 회사 내부 시스템이 자리를 잡아야 한다고 생각했다. 그녀는 직원 교육 매뉴얼을 만들기 위해 고심했다. 그녀는 나중에 그것이 회사의 성장을 위해 했던 일 중에 가장 잘한 일이라고 생각했다. 하지만 새로운 고객들이 계속 늘어나고 있었고 직원들에게 그저 매뉴얼을 던져주는 것만으로는 부족했다. 그래서 2008년 그녀는 '이브드 대학'이라는 새로운 교육 프로그램을 시작했다. 메시아는 이 교육 프로그램 덕분에 회사가 2008년에 920만 달러의 수익을 올릴 수 있었다고 말한다. 2007

년에 비해 12%나 성장한 것이다. 이브드 대학 덕분에 회사는 2008년에 시카고 상공회의소로부터 '최고의 일터상'을 수상했다.

물론 기업들이 자체적으로 대학을 만드는 것은 새로운 일이 아니다. 디즈니와 모토로라, 맥도날드, 픽사, 애플 등 많은 대기업들이 자신들만의 대학을 갖고 있다. 그리고 이들 중 일부는 매우 성공적이어서 자기 회사의 교육 프로그램을 다른 회사에 팔기도 한다. 하지만 작은 회사들도 자체적인 교육 프로그램을 만들고 있다. 예를 들어 유명한 델리업체인 징거만스Zingerman's는 회사의 직원 교육 방식과 관련된 새로운 사업들을 시작했다. 이렇게 시작된 회사 중 하나가 다른 회사에 징거만스의 경영법을 가르치는 교육회사인 징 트레인Zing Train이다. 메시아도 징거만처럼 나중에 이브드 대학의 프로그램을 외부에 팔게 될지도 모르지만 일단 그녀는 '이브드의 방식'으로 직원들을 교육할 수 있게 된 것을 기쁘게 생각한다. 새로운 직원들뿐만 아니라 30명의 기존 직원들(이들 중 75%가 30세 이하인)도 이브드 대학의 프로그램을 이수해야 한다.

예를 들어 새로운 회계 담당은 1년에 25학점을 채워야 하는데 학점을 채우는 방식은 다양하다. 판매와 장식, 이동수단에 관한 현장 수업을 받거나, 온라인 수업에 참여하거나, 외주업체를 방문하거나, 업계의 행사에 참여하거나, 경영서적을 읽고 독후감을 쓸 수도 있다. 직원들은 또한 다른 직원을 가르침으로써 학점을 얻기도 한다. 실제로 메시아는 관리자 자리를 목표로 하고 있는 직원들에게 리더십 강의를 하고 있다. 그리고 진짜 대학에서처럼 누구나 채워야 할 필수 학점도 있다. 초기 교육을 마친 모든 직원들은 자신의 업무능력을 발전시키고 이브드의 성장에 필요한 새로운 기술들을 연마하기 위해서 1년에 15학점을 이수해야 한다. 예를 들어 2009년에 메시아는 사진수업을 추가해 직원들이 회사 웹 사이트에 올릴 사진을 직접 찍을 수 있도록 했다.

이브드 대학은 특히 회사의 젊은 직원들로부터 좋은 반응을 얻고 있다. 메시아는 젊은 직원들이 목표 지향적이고 나이 많은 직원들보다 다른 사람들과의 소통에 익숙하다고 말한다. 이 프로그램은 직원들 사이에서 매우 높은 평가를 받고 있다. 그들은 회사가 자신들의 교육에 투자하는 것에 감사할 뿐만 아니라 그들이 어디서든 써먹을 수 있는 능력을 계발하고 있다는 사실에 만족한다.

이런 교육 프로그램을 운영하는 데 돈이 많을 들 것 같다고? 사실 그렇기는 하다. 운영비용만 2만 5천~5만 달러가 든다고 한다. 여기에 직원들이 교육에 참여함으로써 실제 업무 시간이 줄어드는 것까지 생각하면 비용은 30만 달러까지 불어난다. 그럼에도 불구하고 이것은 그만한 가치가 있는 일이다. 메시아는 실제로 이 프로그램의 투자대비효과(ROI)를 계산했다. "우리는 직원 당 이윤, 직원 당 수익, 고객만족도, 고객보유율 등을 측정합니다. 우리 회사의 고객보유율은 99%인데 이것은 서비스의 일관성 덕분입니다. 경쟁사들이 가장 힘들어하는 부분이죠. 최근에 직원 당 수익은 67% 증가했고, 직원 당 이윤도 300% 증가했습니다." 메시아는 이러한 이익을 이브드 대학 덕분으로 보고 있다.

## 온라인이라는 신개념 일터

업스타트들은 온라인에서 일하는 것에 특히 거부감이 없다. 기업들이 모든 영역에서 고정비용을 줄이려는 이 시점에서 이것은 의미하는 바가 크다. 업스타트들은 일을 해내기 위해 동료들과 계속 얼굴을 마주할 필요가 없는 것이다. 페이스북이나 마이스페이스, 트위터 같은 소셜 네트워크는 가상의 휴게실이 되고, 문자나 쪽지를 보내는 것은 파티션 너머로 동료에게 말을 거는 것보다 더 효율적일 수 있다.

돔에이드의 CEO 마이클 콥코는 이렇게 말한다. "우리는 온라인으로 회사를 운영합니다. 사무실 공간은 현금을 엄청나게 빨아들이죠." 24살의 CEO에게 정직원은 3명뿐이지만 캠퍼스에서 돔에이드의 서비스를 관리하는 34명의 아르바이트 '사장'들이 있다. 조직에 체계가 없어 보일 수도 있다. 하지만 콥코는 말한다. "우리는 서로 얼굴을 맞대고 있는 것 같은 분위기를 만들기 위해서 이메일, 화상전화, 채팅, 페이스북, 전화회의, 문자 등 거의 모든 수단을 사용합니다." 직접적인 감시 밖에 있는 직원들의 생산성이나 성실한 근무태도가 걱정 되는가? 물론 그럴 것이다. 하지만 그는 말한다. "사실 자기 일에 애정이 없는 사람들은 사무실로 출근을 하더라도 게으름을 피울 방법에만 골몰할 겁니다."

회사를 온라인으로 운영하는 것은 돔에이드 같이 작고 돈에 쪼들리는 새내기 회사에만 유용한 것이 아니라 이미 어느 정도 성장을 이룬 회사에도 필요할 수 있다. 멘탈 플로스의 공동창립자인 만게쉬 하티쿠두르와 윌 피어슨은 8년 전에 피어슨의 고향인 버밍엄에서 미디어 회사를 시작했다. 하지만 1년 반 후 하티쿠두르는 친구와 가족들이 있는 맨해튼으로 이사를 가겠다고 결심했다. 그렇다면 이것 때문에 두 사람은 갈라서게 되었을까? 전혀 아니다.

하티쿠두르는 6년 전에 맨해튼으로 이사를 했고 이제 브루클린에서 3명의 직원들을 관리하고 있다. 반면 피어슨은 버밍엄에서 4명의 직원들을 관리하고 있다. 또한 토비 말로니는 클리블랜드에서 4명의 직원과 마케팅과 홍보, 고객서비스를 관리하고 있다. 그리고 자료 조사원이자 사실 확인 업무를 맡고 있는 두 명의 정직원은 디트로이트 외곽에 살고 있다. 피어슨의 이야기를 들어보자. "우리는 재능 있는 인재를 찾았는데, 그 사람이 회사에서 멀리 떨어진 곳에 산다면 거기서 일하게 합니다. 이러한 융통성은 회사에 긍정적이기도 했지만 동시에 위험한 발상이기도 하지요. 사람들과 직접 대면하는 것은 중요하니까요." 모든 직원이 함께 모이는 일이 드물기는 하지만 피어슨과 하티쿠두르는 자주 다른 지역을 방문한다. 결국 서로 다른 지역에 있는 사람들은 회사의 독립적인 부서로 일하는 것이다.

## 온라인에서 더 크게 성공하라

레이첼 크란츠 헤르셔Racheal Krantz herrscher의 회사는 온라인 운영을 통해 솔트레이크 시티에 있는 회사를 전국적으로 확장할 수 있었다. 세 명의 자녀를 둔 31살의 헤르셔는 투데이스마마TodaysMama에 관한 아이디어를 2004년에 처음 떠올렸다. 그녀는 당시 친구와 쌍둥이 유모차를 끌며 쇼핑몰을 걷고 있었다. "우리는 여름에 아이들을 데리고 무엇을 해야 재밌을까 고민하고 있었습니다. 하지만 서점에는 그런 정보를 알려주는 책이 없었죠. 그래서 우리가 쓰기로 결심했습니다." 중소기업청에서 5만 5천 달러를 대출받아 헤르셔와 그녀의 친구인 스테파니 피터슨Stephanie Petersen은 《유타 엄마들을 위한 핸드북Utah Mama's Handbook》 2만 부를 제작했다. 이 책은 몇 달 만에 품절되었고 두 사람은 대출금을 갚을 수 있었다. 그리고 다른 주에서도 엄마들을 위한 핸드북을 만들어 달라는 요청이 들어왔다.

제품에 대한 수요가 있기는 했지만 그들의 회사에는 기반시설이 전혀 없었다. 그래서 그들은 자신들과 비슷한 사람들(재택근무를 선호하면서 야망과 재능이 있는 엄마들)과 라이선스 계약을 맺기로 했다. 그 이후 회사는 전국 19개 지역으로 진출했으며, 지역의 언론사들과 전략적 협력관계를 맺고 언론사 출판부를 통해 공동브랜드인 '마마Mama' 가이드를 출판했다. 헤르셔는 '협력주의자' 이기도 한 것이다. 투데이스마마는 웹 사이트도 운영하고 있는데 이곳에서 사용자들은 일반적인 육아 관련 콘텐츠를 이용할 수 있고, 트위터와 비슷한 미니 블로그 포럼에 참여할 수도 있으며, 라이선스에 의해 운영되는 여러 지역의 포털에도 접속할 수 있다. 회사의 지분을 가장 많이 소유하고 있는 헤르셔는 솔트레이크 시티에 9명의 직원을 두고 있고 켄터키와 몬태나에 각각 1명의 직원을 두고 있다. 또한 라이선스 계약이 계속 늘어나고 있으며 협력업체도 15개나 된다. 회사의 운영은 전적으로 온라인에서 이루어진다. 심지어 솔트레이크 시티의 직원들조차 집에서 일한다. 그럼 헤르셔는 어떻게 이것을 가능하게 했을까?

그녀는 베이스캠프Basecamp라는 프로젝트 관리 소프트웨어를 사용한다. "사실 우리는 회사를 온라인으로 운영하기에 꽤 괜찮은 시스템을 갖고 있습니다." 베이스캠프는 '아주 멋진 도구'로 이 소프트웨어를 통해 회사에 관여하는 42명의 사람들은 서로 의사소통하고, 프로젝트의 진행과정을 확인하며 콘텐츠를 관리한다. "사무실에서 일한다면 동료에게 가서 뭐하고 있어요?'라고 말하면 되지만 우리는 그렇게 할 수 없습니다. 그래서 우리는 베이스캠프를 사용합니다." 헤르셔는 이 프로그램을 통해 협력업체들과도 의사소통한다. 책에 들어갈 그림 파일이나 그들 지역의 웹 사이트에 연결할 콘텐츠를 다운로드 받기 위해 베이스캠프를 사용한다. 그리고 회사의 베이스캠프에는 디자이너와 작가들을 위한 별도의 공간도 있다.

"저는 각 분야의 직원들에게 기업가 정신과 주인의식을 북돋워줍니다. 일의 진행상황을 알아보고 직원들과 의사소통을 하는 것도 바로 이것 때문이죠." 헤르셔는 이렇게 덧붙인다. "아이디어와 정보가 공유되어야 일이 진행될 수 있습니다. 그리고 일의 진행과정은 지도를 보는 것처럼 한 눈에 볼 수 있어야 하지요." 같은 맥락에서 그녀는 8명의 직원들에게 분기별 사업계획서를 쓰라고 한다. 2쪽 정도 분량으로 이전 분기의 프로젝트들을 평가하고 다음 분기를 위한 목표를 세우는 것이다. 그러면 헤르셔는 이 계획서들을 하나의 문서로 통합하고 1년 내내 그것을 지속적으로 확인할 수 있다.

그녀는 라이선스 계약자들이 모두 목표를 공유하도록 하기 위해서 솔트레이크 시티에서 매년 회의를 연다. 이곳에서 라이선스 계약자들은 다른 계약자들, 투데이스마마의 직원들과 친분을 쌓고 교육 프로그램에 참여하기도 한다. 홍보와 책 제작, 마케팅, 판촉 등 여러 가지 주제의 교육 프로그램이 운영된다. 이 교육 프로그램의 강의는 헤르셔의 직원들이 맡기도 하고 라이선스 계약자들이 맡기도 한다.

투데이스마마는 아직 작은 회사(2008년도 수익은 50만 달러)이기는 하지만 헤르셔는 큰 회사처럼 회사의 시스템을 만들고 있다. 거기에는 이유가 있다. 사업 확장에 대비해 만반의 준비를 하는 것이다. 그녀는 2008년 초에 새로운 온라인 시장 10곳에 진출했으며 2009년에도 10곳에 더 진출했다. 이 때문에 회사의 협력관계와 의사소통 체계를 정비하는 일이 중요한 것이다. 그녀가 오프라인으로 회사를 운영할 계획이 없기 때문에 더욱 그렇다. 그녀는 이렇게 말한다. "우리의 장기 목표는 온라인 사업으로 남아 있는 것입니다. 우리는 엄마들입니다. 당연히 집에서 일하기를 원하지요."

## 죽도록 일하고 마음껏 놀아라

풋볼 테이블과 기타히어로, 닌텐도 위Wii가 휴게실에 있다. 개가 사무실을 돌아다닌다. 금요일마다 맥주와 피자 파티를 연다. 냉장고는 에너지 음료로 가득 차 있다. 그렇다. 많은 업스타트 회사들은 언뜻 보면 아이들의 놀이터처럼 보인다. 오랫동안 일에 몰입할 수 없는 주의력 결핍증상을 가진 직원들을 위한 놀이터 말이다. 하지만 다시 한 번 살펴보기 바란다. 여기서 실제로 일어나고 있는 것은 일과 삶의 결합이다. 점점 더 치열해지고 세계화 되는 비즈니스 환경 속에서 더 이상 과거처럼 사업을 운영할 수는 없다. 그리고 Y세대는 일과 삶을 결합하는 데 아무 문제가 없어 보인다.

일과 삶의 문제를 다루는 칼리 윌리엄스 요스트Cali Williams Yost는 이렇게 말한다. "Y세대에게 일과 삶은 더 이상 별개의 것이 아닙니다. 그들은 열심히 일하기 싫어하는 것이 아니라 일을 훨씬 더 유동적으로 봅니다." 예를 들어 벌링턴에서 자신의 첫 번째 회사 모피를 운영했던 클러스터의 CEO 벤 카우프만을 생각해보기 바란다. 그의 회사에는 회사 근처에 있는 스키 슬로프에 눈이 내리면 오후에 스키를 타러 가는 직원이 여럿 있었다. 하지만 카우프만은 그들이 시급한 일을 미루지 않는 한 개의치 않았다. 대신 직원들은 저녁이나 주말에도 필요할 경우 일을 했다. 이것은 전형적인 Y세대의 사고방식이다. 카우프만은 이렇게 말한다. "일을 제 시간에 잘 끝내기만 한다면, 일을 언제 하느냐에 관해서는 관여하지 마세요."

나이가 더 많은 사람들은 사생활과 일을 분리하기 위해 노력하지만 Y세대들은 일과 사생활이 섞이는 것에 거부감이 없고 오히려 그것을 원하는 경향이 있다. Y세대는 자신들의 동료와 상사가 친구가 되길 바란다. 대부분의 업스타트 CEO들은 같은 생각을 갖고 있다. 웹디자인과 마케팅 회사인 INM 유나이티드의 CEO인 조엘 어브의 말을 들어보자. "대학을 떠나 직장에 가면 다른 사람이 되어야 한다는 선입견이 있습니다. 하지만 그러면 내적 갈등을 겪게 됩니다." 그래서 어브는 면접을 볼 때 지원자들의 기술보다는 성격에 초점을 맞춰 INM의 문화에 더 잘 맞는 직원을 고용하려고 한다. 기술은 누구나 배울 수 있지만 점심시간마다 직원들이 모여 당구를 치고 노는 그런 문화에 아무나 적응할 수 있는 것은 아니기 때문이다.

하지만 어브는 직원들이 서로 친밀한 관계를 갖도록 하기 위해 즉흥적인 모임을 만들지는 않는다. 대신 매달 직원들이 돌아가며 모든 직원들을 위한 '가족 저녁식사'를 준비한다. 그는 말한다. "제가 자랄 때 우리 집에는 저녁식사 때마다 항상 사람들이 오곤 했습니다. 그것이 그날 직장에서 받은 스트레스를 털어버리는 방법이었죠." 어브는 자신이 저녁식사를 준비할 차례가 되면 모두를 데리고 나간다. 그리고 닭튀김이나 마카로니 앤 치즈, 스웨덴 미트볼 등을 직접 만들어준다. "저는 직원들에게 내가 그들을 얼마나 고맙게 생각하는지 보여주고 싶습니다. 물론 직원들을 위해 요리해주는 것이 그렇게 대단한 일은 아니지요." 저녁 식사 후에 사람들은 여러 무리로 나뉘어 닌텐도 위를 하거나 영화를 본다.

그렇다면 회사가 너무 커져서 모든 직원들이 그렇게 친밀한 관계를 유지할 수 없다면 어떨까? 어브는 그때는 또 다른 방법을 생각해낼 거라고 말한다. 예를 들어 식당에서 단체로 식사를 할 수도 있다. 하지만 아무리 회사가 커져도 저녁식사의 전통을 없애지는 않을 것이다. "회사가 직원들을 감사히 여긴다는 것을 계속 보여주어야 합니다. 직원들이야말로 당신의 가장 큰 투자이니까요. 직원들이 많아진다고 해서 그들과 친해질 수 있는 기회를 버릴 수는 없습니다."

## 좋은 울림

물론 일을 하는 환경 또한 중요하다. "우리의 일터는 항상 따뜻하고 편안한 동시에 재미있고 현대적인 분위기를 지닙니다." 800만 달러 가치의 IT 회사인 스튜디오 7 미디어Studio 7 Media의 CEO인 31살의 신디 수그라Cyndee Sugra는 이렇게 말한다. "우리에게 일터의 분위기는 중요합니다. 우리 일이라는 게 야근도 많고 스트레스도 심하며 마감 때는 엄청난 압박을 느끼거든요."

수그라가 2001년 처음 회사를 시작했을 때 그녀는 마이클 조던이나 HP 같은 큰 고객을 사로잡기 위해 자신이 전에 일했던 BMG와 다이렉트 TV의 인맥을 동원했다. 그녀는 온라인으로 회사를 운영하고 필요할 때만 외주업자를 고용했으며 그들은 재택근무를 했다. 그리고 자신의 집 창고에 작은 사무 공간을 마련했다. "제가 고용하는 외주업자들은 디자이너와 프로그래머였습니다. 그들은 일하는 데 필요한 장비들을 모두 갖고 있는 사람들이었죠. 그들은 재택근무를 좋아했습니다. 왜냐하면 자유롭게 스케줄을 짜서 일할 수 있으니까요."

프로그래머들은 특히 새벽에 일하고 늦잠 자기를 좋아했다. 그리고 디자이너들은 뭔가 막혔다는 느낌이 들 때 아무 방해 없이 조용히 생각하는 시간이 필요했다. "일을 잘 해내기만 한다면 재택근무라는 근무조건을 받아들이는 것은 어려운 일이 아닙니다." 수그라가 말한다. 하지만 회사가 빠르게 성장하자(2007년 매출 310만 달러) 수그라는 제대로 된 사무공간이 필요하다고 생각했다. 큰 고객들은 더 많은 만남을 요구하고 있었던 것이다. 게다가 같은 공간에서 일과 생활을 함께 하는 것이 수그라에게도 좋지 않았다. "일주일 내내 일하지 않으려면 주말에 호텔로 가야 할 정도였으니까요."

그래서 2008년에 그녀는 큰 상업용 창고를 임대해서 7명의 정직원과 일주일에 한두 번 사무실로 오는 10~15명의 외주업자들을 위한 사무공간으로 꾸몄다. 만약 당신이 스튜디오 7에서 일한다면 크고 탁 트인 사무실로 이어지는 큰 창고 문을 자전거나 스케이트보드를 타고 지나갈 수 있다. 그리고 사무실 안에는 은은한 조명을 밝힌 유리 책상들이 줄지어 있다. 회사의 마스코트인 수그라의 개가 토닥여 달라고 느릿느릿 다가올지도 모른다. 사무실에는 항상 음악이 흐르는데 직원들이 돌아가며 듣고 싶은 음악을 선택한다. 당신은 풋스볼이나 플레이스테이션을 즐기며 휴식을 갖거나, 플라스마 TV로 영화를 볼 수도 있다. 만약 당신이 해변을 보고 싶다면 갔다 와서 샤워를 한 후에 하루 종일 넓은 옥상에서 일할 수도 있다. 옥상에는 모닥불도 있다. 당신이 음악가라면 벽에 걸려 있는 기타 중 하나를 집어 들고 완벽히 방음이 되는 스튜디오로 들어가도 좋다. 그 방에는 악기들과 음악 녹음과 믹싱을 위한 장비가 잘 갖춰져 있다. 이 음악장비들은 대부분 수그라의 개인 소장품이다. 그녀는 16살에 음반을 낸 로커였다. 그리고 이제 그녀는 회사의 CTO이자 남편인 말론 메어Malon Mehr와 밴드를 하고 있다. 그녀는 자신이 '메탈리카'의 곡을 멋지게 연주할 수 있다고 말한다.

> 우리는 열심히 일합니다. 당연히 일이 삶의 소중한 일부라고 느낄 수 있어야만 삶의 균형을 찾을 수 있다고 생각합니다.
>
> • 신디 수그라, 스튜디오 7 미디어

당신은 이 회사에서 실제로 일하는 사람이 있기는 하냐고 물을지도 모른다. 최근에 스튜디오 7은 독자적인 디지털 복사 소프트웨어를 개발했고 그것을 20세기 폭스 사에 팔았다. 이 소프트웨어로 사용자들은 쉽게 영화를 자신의 컴퓨터나 휴대장비로 복사할 수 있다. 완구회사인 피셔 프라이스Fisher Price는 고객들이 제품을 맞춤화할 수 있도록 도와주는 웹 기반 소프트웨어의 개발을 위해 스튜디오 7에 용역을 맡겼다. 그리고 CNN은 자신들의 비디오 파이프라인 서비스가 윈도 비스타와 호환되지 않는다는 것을 발견하고는 이 문제를 빨리 해결하기 위해 수그라의 팀에 전화를 했다. 이런 고객들 덕분에 2008년 스튜디오 7은 800만 달러의 수익을 달성했다. 2009년 1/4분기에 수그라는 외식업계 고객들에게 집중하는 새 부서를 만들었다. 그래서 그녀와 직원들은 어느 때보다 더 바빠졌다. "직원들은 회사의 오락거리들을 점심시간 혹은 스트레스를 심하게 받는 날에만 사용합니다. 저는 직원들이 스트레스를 해소할 수 있는 통로가 사무실에 있어서 다행이라고 생각합니다."

## 직원들에게 포상하라

경기가 좋을 때 회사는 직원들에 대한 포상에 관대한 경향이 있다. 하지만 회사의 자금사정이 좋지 않으면 포상을 없애버린다. 직원들의 사기에 이보다 나쁜 것은 없다. 따라서 회사의 사정이 나빠졌다고 해서 포상을 없애서는 안 된다. 그럼 어떻게 해야 할까? 회사의 사업 목표와 관련하여 직원들에게 포상을 지속적으로 제공해야 한다. 그리고 포상을 비용이 아닌 투자로 여겨야 한다.

라즈 라호티Raj Lahoti는 포상을 투자로 생각한다. 당신이 샌디에이고에 있는 회사인 온라인구루OnlineGURU를 방문하고 싶다면 목요일에 가는 것이 좋다. 27살의 라호티가 마사지를 받도록 해줄 가능성이 높기 때문이다. 이 회사에는 목요일마다 두 명의 마사지 전문가들이 방문하여 직원의 근육을 풀어준다. 1,000만 달러의 수익을 올리는 이 회사는 '비공식적인 교통국 안내서' 인 운전면허 정보 사이트(www.dmv.org)를 운영하고 있다. 이 사이트는 전국의 교통국에 대한 정보를 간소화하여 제공한다. 교통국을 상대하는 일이 스트레스 받는 일이기는 하지만 회사를 운영하는 일도 마찬가지다.

라호티의 이 기발한 아이디어는 어떻게 나왔을까? "저는 매주 전신 마사지를 받고 있습니다. 항상 컴퓨터 앞에만 앉아 있어서 등에 통증이 있거든요. 그래서 생각했습니다. 어쩌면 우리 직원들도 마찬가지 아닐까? 아직 등이 아프지 않을지도 모르지만 곧 그렇게 되지 않을까?" 직원들이 아프면 결과적으로 생산성이 떨어진다. 그래서 라호티는 예방책을 강구했고 그 결과 두 명의 마사지 전문가들이 목요일마다 사무실을 방문하게 된 것이다. 모든 직원들(그리고 누구든 사무실에 있는 사람들)은 15분의 마사지를 받을 수 있다. 마사지 한 회당 20달러가 들기 때문에 1년이면 직원 한 사람당 1,000달러가 든다. 하지만 이것은 비용이 아니다. "그것은 직원들의 건강과 높은 생산성을 위한 투자입니다. 매주 목요일에는 누구든지 사무실에서 편안함을 느낄 수 있습니다. 그것은 정말로 좋은 경험이지요."

라호티는 직원들을 위해 또 다른 '투자'를 하고 있다. 바로 회사 옆 식당에서 공짜 점심(상한 10달러)을 제공하는 것이다. 물론 돈이 많이 든다. 이러한 투자에서도 회사가 얻는 것이 있다. 온라인구루의 사무실은 식당가에서 멀리 떨어진 고립된 빌딩에 위치해 있어서 직원들이 점심을 먹으려면 운전을 해서 나가야 한다. 이 때문에 직원들이 사무실을 떠나 있는 시간이 길어지고 건강에 좋지 않은 패스트푸드를 많이 먹게 된다. 그는 2008년 9월부터 직원들에게 점심을 제공했다. "직원들이 이제 점심을 먹는 데 40분밖에 안 걸리고 그들은 식사를 하면서 일에 대해 대화를 나눕니다. 덕분에 동료들과도 친해지고 있지요." 라호티의 신용카드를 가지고 있는 식당의 주인은 한 달에 1,800달러 이상을 사용하면 10%를 할인해 준다.

점심식사 프로젝트 성공에 힘입어 라호티는 이제 직원들에게 같은 식당에서 5달러짜리 아침식사를 제공하고 있다. 단 8시~8시 45분 사이에만 이용할 수 있다. "근무시간이 시작되기 전부터 일찍 와서 서로 대화를 나누도록 하기 위한 것이죠. 투자비용은 적지만 회사에 보이지 않는 큰 혜택을 주지요. 저는 제 사람들을 돌봄으로써 더 많은 돈을 벌 겁니다. 결국 그 직원들은 회사에 더 오래 남게 되고 실력 있는 인재들도 더 많이 모여들 테니까요."

## ● 젊은 창조자들을 위한 조언

### 트랙7. 일을 재정의하라

**1. 과거의 위계질서를 버려라.** 장기근속과 연공서열, 충성심은 여전히 존중받아야 하지만 사업의 성장을 주도하는 것은 업무수행 능력이다. 그리고 이것은 당신이 직원들을 승진시키고 보상할 때 기준이 되어야 한다. 테라사이클의 CEO인 톰 스자키는 자신이 성과를 원한다는 것을 직원들에게 분명히 밝혔다. 젊고 경력이 적은 직원들도 성과를 내기만 하면 빠르게 승진할 수 있다. 물론 전통적인 '승진'의 개념은 젊은 사람들에게는 그다지 매력적이지 않을 수 있다. 젊은 사람들이 원하는 승진은 새로운 직급을 다는 것이 아니다. 물론 임금 인상도 중요하지만 그것이 전부는 아니다. 바로 회사에서 새로운 책임을 맡고 자신의 아이디어를 실현시키는 것이다.

**2. 융통성을 발휘하라.** 경쟁이 치열한 비즈니스 환경에서 일과 생활을 구분하기란 점점 더 힘들어지고 있다. 일과 생활은 반드시 분리되어야 하는 것일까? 일과 삶에 관해 연구하는 칼리 윌리엄스 요스트는 '균형'이라는 단어의 함정에 빠지지 말라고 경고한다. 왜냐하면 '일과 생활은 더 이상 별개의 것이 아니

기' 때문이다. 일과 생활은 삶의 일부이므로 일하는 시간과 방식에 대해 좀 더 융통성을 가질 필요가 있다. 일은 사무실에서 근무시간에만 하는 것이라고 생각한다면 더 나은 창의력을 발휘하기 힘들다.

**3. 회사의 교육 프로그램을 통합하라.** 회사에 직원이 몇 명 되지 않는다고 하더라도 직원들을 위한 교육 체계를 마련하는 것이 좋다. 아르바이트 직원이든 정직원이든 말이다. 직원들에게 공식적인 교육 프로그램을 제공하면 직원들은 회사와 성공을 함께한다는 느낌을 갖게 된다. 또한 사업을 확장할 때 미래의 직원들을 일관되게 훈련시킬 수 있다. 교육 프로그램을 통해 모든 직원들은 현재 자신에게 어떤 능력이 필요하며 앞으로 승진하기 위해서는 무엇이 필요한지 확실히 알 수 있다. 특히 젊은 사람들은 어디에서든 써먹을 수 있는 새로운 기술을 회사가 가르쳐주는 데 감사할 것이다.

**4. 자주 피드백을 하라.** Y세대 CEO는 나이 많은 직원들보다 젊은 직원들이 더 많은 피드백을 필요로 한다는 것을 알고 있다. 이것은 부모들의 양육방식이나 비디오게임 문화 때문이겠지만 그렇다고 이 필요를 무시해서는 안 된다. 한 달에 한두 번 정도 일의 목표와 진행과정에 대한 피드백을 줌으로써 직원들을 올바른 길로 인도하고 장기적으로 볼 때 모든 직원들의 시간과 노력을 절약할 수 있다. 단기목표를 정하고 직원들에게 포상을 약속하여 목표 성취에 대한 동기를 부여하는 것도 좋은 방법이다.

**5. 온라인에서 더 크게 성공하라.** 대부분의 온라인 회사들은 필요와 환경에 의해 이러한 형태로 발전한다. 핵심 직원이 이사를 가거나, 직원들이 재택근무를 원하거나, 회사가 다른 지역에 사는 직원을 고용하거나 다른 지역의 회사와 협력을 맺는 경우가 생기기 때문이다. 또한 온라인으로 회사를 운영하면 고정비용을 상당히 줄일 수 있다. 하지만 신중해야 한다. 온라인으로 운영하는 회사

중 성공적인 회사들은 서로 다른 공간에 있는 직원들이 한 자리에서 머리를 맞대고 있는 것처럼 소통할 수 있는 시스템을 갖추고 있다. 이들은 계속 연락을 취하기 위해 화상회의와 메신저, 페이스북, 트위터도 사용한다. 물론 직접 소통하는 것도 중요하다. 별도의 오프라인 모임이나 교육 프로그램도 정기적으로 열어야 한다.

**6. 사무실을 디자인하라.** 일터의 디자인은 직원들의 행복에 영향을 미치고 생산성을 강화할 수 있다. 열린 일터 환경은 모든 회사에 적합하지 않을지도 모른다. 하지만 칸막이가 빼곡히 들어 찬 그런 스타일의 사무실은 치명적이다. 직원들이 서로 최대한 상호작용할 수 있도록 일터를 디자인해야 한다. 동시에 직원들에게 사적인 공간을 제공하는 것 역시 신경 써야 한다. 일터는 기업문화와 브랜드를 반영한다는 것을 기억하라. 사무실의 가구부터 예술작품, 음악, 조명, 장난감에 이르기까지 모든 것이 직원들과 방문 고객들에게 어떤 메시지를 전달한다.

# 변화의 대가 :
## 어떻게 변화하고
## 규모를 키울 것인가?

CHAPTER 8

당신이 젊고 상대적으로 경험이 부족할 때 회사를 시작하는 것도 쉬운 일은 아니지만 끊임없이 변화하는 비즈니스 환경 속에서 회사를 성장시키고 유지하는 것도 힘들기는 마찬가지다. 시장이 변하거나, 자금 사정이 어려워지거나, 동업자와 뜻이 맞지 않거나, 복잡해진 조직과 늘어나는 직원들을 관리해야 하는 상황은 언제나 일어날 수 있다. 사업을 운영하는 것이 쉽다면 모든 사람들이 사업에 뛰어들었을 것이고 우리 모두 부자가 됐을 것이다. 하지만 사업은 쉬운 일이 아니다. 사업 실패에 대한 통계가 이를 잘 증명해준다. 사업 시작 후 2년 이상 살아남는 비율은 66%이고, 44%만이 4년 이상 살아남는다. 그리고 31%만이 7년간 유지된다. 그리고 단 5%만이 100만 달러 이상의 수익을 올리는 회사로 성장한다. 사업을 성장시키는 것은 회사를 시작하는 것보다 힘들다. 그렇다면 사업 성장과 관련해서 업스타트들의 상황은 이전 세대 기업가들과 어떻게 다를까?

젊은 기업가들은 경기침체 속에서 사업을 성장하고 유지하는 데 좀 더 유리한 위치에 있다. 많은 업스타트들은 가장으로서 재정적 의무에 대해 그다지 부담을 갖지 않는다. 그리고 여전히 부모의 보호를 받는 사람들도 있다. 어린 시절 자신의 방이나 지하실에서 사업을 시작하는 경우라면 무엇이 부담스럽겠는가? 또한 이들은 한동안 컵라면이나 햄버거만 먹고 살아야 한다고 해도 별로 신경 쓰지 않는다. 그리고 이들은 빠르게 변화하는 비즈니스 환경에 당황하지 않고, 시장의 변화나 이동에 매우 빠르게 반응한다. 이들은 새로운 기술에 능통하기 때문에 회사를 더 효율적으로 만들 수 있다. 또한 타고난 협력주의자이기 때문에 여기저기서 많은 도움을 받아내기도 한다. 이들은 회사를 차별화하는 법을 알고 있으며, 젊은 인력을 끌어들이고 그들에게 동기 부여하는 법을 알고 있다. 한 마디로 업스타트들은 지금까지 살펴봤던 능력들을 통해 '다음 단계' 로 도약할 수 있는 것이다.

하지만 고통 없이 이 일을 해내는 것은 아니다. 칼리지 프로울러의 루크 스컬만이 경험한 것처럼 함께 사업을 시작한 동업자들이 회사가 성장하는 데 도움이 되지 않을 수도 있다. 텐 미닛 미디어의 브랜단 시에코는 사업을 성장시키길 원한다면 고객기반을 다각화해야 한다는 것을 깨달았다. 반면 카탈리스트 서치의 레이첼 헤닝은 회사의 부도를 막기 위해 고객기반을 전문화할 필요가 있었다. 스마트폰 엑스퍼츠의 마커스 아돌프슨과 클러스터의 벤 카우프만은 고객들이 회사의 제품을 계속해서 구매하도록 하기 위해 비즈니스 모델을 변경했다. 그리고 탐 스자키는 테라사이클 브랜드를 천재적인 방식으로 확장했다. 에트시의 롭 칼린은 자신의 고차원적인 가치를 실현하는 회사를 만드는 유일한 방법은 투자자들을 끌어들이는 것이라고 생각했다. 팝캡PopCap의 공동창립자들은 회사를 성장시키는 가장 좋은 방법이 경영 일선에서 물러나는 것일 때도 있다는 것을 배웠다. 칼렙 시마Caleb Sima는 자신의 회사인 에스피아이 다이나믹스SPI Dynamics를 HP에 합병시킴으로써 회사를 성장시켰다. 이들 모두가 성공적이었을까? 그것은 보는 관점에 따라 달라진다.

## 어떤 팀을 만들 것인가?

새 회사를 시작하는 것은 흥분되는 일이다. 당신은 친한 친구나 룸메이트, 아니면 당신처럼 남을 위해 일하는 것이 불만인 동료와 함께 세상을 바꿔놓을 준비를 한다. 사업을 시작할 때 중요한 것은 일단 실천에 옮기는 것이다. 사업을 시작하는 것은 자신을 뒤돌아볼 겨를도 없이 모든 시간을 쏟아 부어야 하는 일이다. 하지만 동업자와 한 마음으로 일하기 때문에 이것은 문제가 되지 않는다. 정말로 그럴까? 우리는 1장에서 케이시 골든의 악몽 같은 동업 이야기를 살펴봤다. 언제든 일이 꼬일 수 있는 것이다.

칼리지 프로울러의 루크 스컬만은 사업 초기에는 동업이 문제를 만들지 않지만 회사가 성장함에 따라 관계가 망가질 수 있다는 것을 어렵게 배웠다. 스컬만은 2000년 카네기멜론 대학의 3학년 때 회사를 시작했다. 처음에 회사는 학생들이 쓴 대학 안내서를 출판했지만 유료 구독자들에게 디지털 콘텐츠를 제공하는 웹 사이트로 발전했다. 스컬만은 두 명의 동업자와 계약하고 2002년 회사를 법인화했다. 회사에는 세 명의 대주주와 시작부터 함께한 두 명의 직원, 그리고 약간의 지분을 갖고 있던 조언자가 있었다.

2002년 말부터 일이 틀어지기 시작했다. 동업자 중 한 명이 예술대학원에 진학하기 위해 뉴욕으로 이사하기로 결정한 것이다. 그의 계획은 학교에 다니면서 온라인으로 회사를 위해 일한다는 것이었다. 하지만 자신의 역할을 제대로 하지 못하는 동업자에 대한 원망이 커졌고, 그들은 결국 2003년에 갈라섰다. 그리고 시작부터 같이 한 두 명의 직원도 2006년에 회사를 떠났다. 스컬만이 55만 달러를 투자받은 직후였다. 이번엔 다른 갈등이 발생했다.

회사는 아주 적은 예산으로 운영되고 있었고, 임금은 적었지만 동료들 사이의 관계는 매우 돈독했다. 스컬만은 직원들과 낮 동안 열심히 일하고 퇴근 후에는 단골집에 가서 저녁을 먹거나 술을 마시면서 함께 어울렸다. 직원들은 스컬만을 단순히 상사라고 느끼지 않았다. 투자를 받아 스컬만은 마침내 직원들에게 적합한 보수를 줄 수 있었고 의료보험도 제공할 수 있었다. 하지만 그때부터 그는 직원들을 좀 더 업무적으로 대해야 한다고 생각했다. 왜냐하면 그는 상사로 보이고 싶었기 때문이다. 그래서 그는 직원들과 좀 거리를 두려 했지만 결과는 예상밖이었다. "그들은 그것을 이해하기 힘들어했죠. 그리고 관계는 악화되었습니다."

회사의 창립자 중 스컬만만이 이제 회사에 남게 되었다. 그리고 동업자가 한 명 씩 떠날 때마다 남은 사람들은 지분관계를 동등하게 정리했다. 스컬만은 구체적인 사항까지 밝히지는 않았지만 동업하는 법에 대해 배웠다고 말한다.

스컬만은 이제 '어느 때보다 강한 팀'을 가지고 있다고 말한다. 스컬만과 팀 사이에는 감정적인 앙금도 없고 그는 이제 명백한 CEO이다. "제 교수님 중 한 분이 제게 회사를 시작하는 것은 경주와 같다고 말씀해주신 적이 있지요. 물론 함께 경주를 시작한 사람들이 꼭 경주를 함께 끝낼 필요는 없다고요. 하지만 CEO의 역할은 결승선까지 가는 것입니다."


## 급변하는 비즈니스 환경에서 살아남기

때로는 결승선이 움직이기도 한다. 일이 순조롭게 진행되다가도 아무 경고도 없이 회사의 기반이 흔들린다. 경쟁사가 도약을 하거나, 업계가 완전히 망하거나, 당신의 제품이나 서비스를 고객들이 더 이상 구매하지 않을 수 있다. 과거에는 이런 큰 변화가 오는 것을 알 수 있었지만 지금은 그렇지 않다. 우리는 이제 인터넷 시대에 살고 있다. 그리고 당신의 마우스로 클릭을 한 번 하는 사이에도 시장은 변할 수 있다. 당신이 즉각 대응하지 않으면 이미 실패한 것이다.

업스타트들은 변화를 즐긴다. 이들이 사업을 흥미로워하는 이유 중 하나는 사업에서 철저한 계획보다는 영리한 임기응변이 요구되곤 하기 때문이다. 그들은 여러 곳에서 나오는 정보를 수신하고 처리하는 데 익숙하다. 그들은 자신의 사업을 불완전한 상태에서 빨리 실행에 옮기는 경향이 있다. 고객들의 요구에 맞도록 제품이나 서비스를 수정할 준비가 되어 있는 것이다. Y세대는 빠르게 변화하는 환경에서 사업을 하는 것에 익숙한 세대이다.

1,470만 달러 가치의 회사를 소유하고 있는 마커스 아돌프슨은 2002

년에 여러 브랜드의 스마트폰(트레오나 블랙베리 같은)에 관한 온라인 커뮤니티 포럼을 개발하면서 사업을 시작했다. 아돌프슨은 사이트에서 스마트폰과 부속품들을 팔아서 돈을 벌었다. "처음 몇 년간 우리는 그 시장에 처음 진입한 회사였죠. 그 후 스마트폰이 보편화되었지요." 스마트폰 회사들은 자신들의 사이트에서 제품을 팔기 시작했고, 소매점도 늘어나 갔다. 이 때 아돌프슨은 높은 재고 비용과 낮은 마진, 높은 반품률 때문에 고생하고 있었다. 결국 2004년에 포럼에서의 스마트폰 판매를 중단하고 부속품의 마진을 높이기 위해 중국과 남미의 업체들과 자체적인 부속품 생산 계약을 맺었다.

하지만 2005년에 다시 한 번 판이 바뀌고 있었다. 블로그와 커뮤니티 사이트가 엄청나게 성장하고 있었고 검색 사이트에서 아돌프슨의 사이트보다 더 높은 순위를 차지하는 스마트폰 사이트들이 늘어나고 있었다. 그는 이러한 변화에 다소 예상치 못한 방식으로 대응했다. 새로운 커뮤니티 사이트를 만들어 경쟁자에 대항하는 대신에 그는 성공적인 사이트들과 협력을 맺기로 결정했다. 그는 그들에게 온라인 상점을 만들어주겠다고 제안했다. 아돌프슨은 재고, 판매, 고객서비스 등 인터넷 상점을 위한 기능들을 모두 제공할 수 있었다. 이들 사이트들은 그저 자신의 브랜드로 제품을 팔기만 하면 됐고, 스마트폰 엑스퍼츠로부터 꽤 후한 수수료를 받아갔다.

"그 사이트들 중에는 한 달에 3~5만 달러의 매출을 올리는 곳도 있었죠. 그리고 다른 비용은 들지 않았습니다." 아돌프슨은 말한다. 현재 그의 스마트폰 엑스퍼츠는 25개의 사이트와 이런 협력관계를 맺고 있다. 예를 들어 당신이 구글에서 트레오 케이스를 검색하면 어떤 사이트로 들어가든지 주문은 결국 스마트폰 엑스퍼츠로 들어올 가능성이 높아지는 것이다. 만약 아돌프슨이 인기 있는 커뮤니티 사이트들과 협력을 맺지 않고 그들과 경쟁하려고 했다면 그렇게 성공하지 못했을 것이다.

스마트폰 시장은 아이폰이나 블랙베리의 주도로 성장하고 있다. 그리고 아돌프슨은 항상 새로운 트렌드에 촉각을 곤두세우고 있다. 그들은 계속해서 새로운 틈새로 뛰어들 준비가 되어 있다. 그는 틈새시장을 찾기 위해 인터넷 검색에 많은 시간을 보낸다. 그리고 22명의 직원들에게 다른 스마트폰 커뮤니티 블로그와 포럼을 모니터하라고 말한다. "저는 학교에서 강연할 기회가 있을 때마다 학생들에게 요즘 뜨는 것이 뭐냐고 묻습니다."

### 고객기반 다각화하기

브랜단 시에코의 주요 고객기반은 정말 매력적이다. 웹디자인, 마케팅 회사인 텐 미닛 미디어의 창립자는 많은 젊은 기업가들이 침을 흘리는 업계에 발을 들여 놓았다. 바로 음악업계다. 믹 재거와 케티 페리, 레니 크래비츠 등 많은 음악가들의 웹 사이트를 만듦으로써 그는 기적의 소년이라는 명성을 얻었다. 그러니 그가 이 매력적인 틈새에 안주한다 해도 뭐라고 할 사람은 없을 것이다. 하지만 그는 음악업계에 회사의 미래가 있다고 보지 않는다.

"음악업계의 프로젝트들은 제 사업을 다음 단계로 이끌기 위한 디딤돌입니다." 시에코가 말한다. 음악업계는 불안정했다. 그는 음악업계의 일이 재미있기는 하지만 회사를 성장시키고 계속 유지하기 위해서는 다른 시장으로 눈을 돌려야 한다는 것을 알았다. 그래서 자신의 본거지인 매사추세츠의 기업으로 눈을 돌렸다. 기업을 위한 웹 사이트를 만드는 것은 록 스타를 위해 웹 사이트를 디자인하는 것만큼 멋진 일은 아니었다. 하지만 그는 기업을 위해 웹 사이트를 만들면 자신의 창의적인 능력이 더 빛을 발할 거라고 느꼈다.

시에코는 서부 매사추세츠 광고인 협회에 가입했다. 그곳에서 그는 자신이 대형 레코드사를 위해 만들었던 웹 사이트를 선보였다. "반응이 뜨거웠습니다. 한 달 후에 저는 서부 매사추세츠의 비즈니스 저널인 비즈니스 웨스트Business West 표지에 실렸죠." 그는 자신의 웹 사이트로 광고 대회에 참가해 업계에서 최고로 권위 있는 애디상ADDY Award을 받았다. 이미 믹 재거와 함께 일해본 그에게는 그렇게 대단한 일이 아니었지만, 수상과 언론 보도를 통해 지역의 기업들과 일할 기회가 주어졌다. 시에코는 자신의 본거지인 매사추세츠에서 사업을 유지하는 것을 넘어 더 크게 확장할 수 있을 거라고 확신했다. 그는 여러 기업 고객들을 확보했고 이제 회사 수익 중 기업고객이 차지하는 비율은 25%에 이른다.

시에코는 기업들을 위해 일하면서 음악업계에서 일할 때와는 전혀 다른 성취감을 느꼈다. "기업 고객들은 전통적이고 낡은 것에 질려 있는 경우가 많습니다. 그리고 제가 그들의 프로젝트나 웹 사이트에 적용할 좀 더 창의적이고 혁신적이며 새로운 스타일에 매우 관심이 많았지요. 기업이 새로운 것을 시도하는 것을 돕는 일은 매우 흥미로웠습니다. 작은 시도도 그들에게는 커다란 진보였기 때문이죠."

시에코는 침체된 기업 문화에 활기를 불어넣기 위한 활동의 일환으로 2008년에 1400평방미터의 건물을 구입했다. 그는 이곳을 다용도의 창의적인 공간으로 개조했다. 그는 이곳이 중소기업을 위한 인큐베이터가 되기를 원한다. "저는 고등학교를 졸업한 다음까지도 멘토가 없었습니다. 멘토가 젊은 사업가들에게 큰 영향을 미칠 수 있다는 것은 확실하죠. 지금처럼 어려운 시기에는 더욱 그렇죠."

시에코는 기업 시장으로 진출하면서 신중해야 한다는 것을 알고 있었다. 자신의 두 주요 고객기반인 음악업계와 기업이 원하는 것은 전혀 달랐기 때문이다. 그래서 그는 회사에 두 개의 개별적인 브랜드를 만들 계획이다. 하나의 브랜드로 전혀 다른 두 고객집단을 상대하다가는 둘 다 잃을 수 있기 때문이다. 시에코의 가장 큰 도전은 텐 미닛 미디어의 정체성을 유지하고 회사 운영을 견고히 하면서 두 시장 모두를 행복하게 만드는 것이다.

## 아무도 손대지 않은 틈새시장

29살의 레이첼 헤닝은 시장을 재정립하기 위해 다른 접근법을 취했다. 시에코가 자신의 고객기반을 다각화한 데 반해 IT 채용 및 컨설팅 회사 카탈리스트 서치의 CEO인 헤닝은 고객기반을 좁혔다. 이것은 회사를 살린 전략이었다. 헤닝은 9/11 전의 회사와 후의 회사가 다르다고 말한다. IMN 마케팅의 조엘 어브처럼 헤닝은 테러가 있고 난 후에 거의 파산할 뻔했다.

그녀는 강압적인 소유주에 의해 운영되는 '과거 세대'의 채용 회사에서 일하면서 업계 경력을 쌓은 후 1999년에 카탈리스트를 시작했다. "정말 공격적이고 끔찍한 직장환경이었습니다. 그곳에서 일한 지 9개월 만에 저는 제가 대부분의 고객들을 데리고 오고 있다는 것을 깨달았습니다. 그래서 생각했죠. '내가 사업을 시작하지 못할 게 뭐야?' 저는 완전성과급제로 일하고 있었기 때문에 잃을 게 없었습니다." 당시 헤닝은 19살이었지만 회사는 15명의 직원과 안정적인 고정 고객을 가진 회사로 빠르게 성장했다. 하지만 이 모든 것은 9/11 이후에 바뀌었다.

그녀의 이야기를 들어보자. "그때 우리 업계는 완전히 망했어요. 우리는 다양하지 못한 고객기반에만 의존하고 있었죠. 한 바구니에 모든 계란을 담았던 것입니다." 헤닝은 30만 달러의 빚을 지게 되었다. 그래서 그녀는 직원을 한 명만 남기고 빚에서 벗어나기 위해 기본으로 돌아갔다. 6개월 간 일거리가 없었고 정말 부도가 임박했다. 당시 23세였던 헤닝은 자신의 차에서 저녁을 인스턴트식품으로 때우며 돌파구를 찾았다. 그러던 그녀에게 동아줄이 내려왔다.

2003년 봄에 헤닝은 큰 보험회사를 설득해 계약을 성사시켰다. 이 고객으로 인해 그녀의 사업은 완전히 달라졌다. 의료업계에는 그들만의 시스템이 있었다. 헤닝은 의료업계에 맞춰 사업을 재구성하기로 결심했다. 왜냐하면 그 시장이 유망해보였기 때문이다. 인구는 노령화되고 있었고 의료개혁이 논의되고 있었다. 그리고 의료업계는 IT와 관련해서 심하게 뒤쳐져 있었다. 그녀는 이 보험회사와의 경험을 바탕으로 의료업계의 고객들을 공략하기로 했고 의료업계와 보험업계에 대해 공부하기 시작했다. 그리고 의료업계나 보험업계에 종사한 경험이 있는 컨설턴트들을 고용했다.

9/11로 인해 어쩔 수 없이 시작되었지만 카탈리스트는 끈질기게 변화를 위해 헌신했고 엄청난 성공을 거뒀다. 회사의 수익은 800만 달러이며 60여 고객사를 위한 20명의 정직원과 80명의 컨설턴트들을 두고 있다. 모두 의료업계의 고객들이다. 헤닝은 뉴저지와 캘리포니아에 지사를 열

었다. 그는 2009년에 최고의 해를 보냈다. 오바마 대통령이 의료개혁을 추진하고 있기 때문이다. "많은 채용 회사들이 이 시장으로 진입하려 하고 있습니다. 하지만 그들은 우리가 가진 정보나 업계에 대한 지식을 가지고 있지 않지요. 전국적으로 우리 같은 회사는 두 세 개 정도뿐입니다."

## 비즈니스 모델 바꾸기

당신의 고객들은 당신의 제품을 사랑한다. 당신은 언론의 주목을 받는다. 창창한 미래가 당신 앞에 펼쳐져 있다. 그런데 일어나지 말아야 할 일이 일어나거나, 일어나야 할 일이 일어나지 않는다. 당신은 벽에 부딪히고 수익은 움직이지 않는다. 고객들은 더 이상 당신의 제품을 구매하지 않고 경쟁사가 압박을 해온다. 여기서 주저앉지 않으려면 회사를 차별화하는 가치가 무엇인지 이해하고 그 가치를 최대한 이용해야 한다. 이를 위해서는 비즈니스 모델을 바꿔야 하는 경우도 있다.

클러스터의 CEO 벤 카우프만의 경우가 바로 여기에 해당한다. 그는 처음에 아이팟 부속품을 디자인하는 회사인 모피를 시작했다. 카우프만은 고객들의 커뮤니티로부터 제품 디자인에 도움을 받음으로써 회사를 차별화했다. 고객이 디자인한 브랜드라는 모피의 독창성 덕분에 회사의 수익은 한 달에 25만 달러로 증가했다. 하지만 제품 마진과 현금 흐름은 형편없었다. "우리는 부속품 사업에서 브랜드가 중요하다고 생각했지만 우리가 틀렸습니다." 카우프만의 투자자인 보 피바디Bo Peabody가 말한다. "그것은 일회적 사업이었습니다. 우리는 불길한 징조를 느꼈지요. 한 달에 100만 개씩 판매했지만 여전히 돈벌이가 되지 않았죠."

결국 카우프만은 2007년 가을에 모피를 팔았다. 하지만 그가 회사에서 가장 가치 있는 부분이라고 항상 생각했던 것은 가지고 갔다. 바로 협력을 통해 아이디어를 제품화하는 과정이었다. 그는 이 과정을 소프트웨어로 만들고 회사 이름을 클러스터라고 지은 후 맨해튼으로 근거지를 옮겼다. 맨해튼에 잠재 고객들이 많았기 때문이다. 이제 7개의 광고회사가 직원들의 아이디어 공유를 위해 한 달에 1~2만 달러의 비용을 지불하면서 이 소프트웨어를 사용하고 있다. 그는 자신만의 프로젝트를 위해서도 이 기술을 사용하고 있다. 비로 네임디스라는 웹 사이트로 고객들이 99달러를 내면 온라인 커뮤니티의 구성원들이 회사나 프로젝트를 위한 기발한 이름을 내놓는다. 현재 클러스터는 100만 달러에 조금 못 미치는 수익을 내고 있으며, 2009년에는 손익분기를 넘어섰다.

만족할 줄 모르는 카우프만은 클러스터의 커뮤니티를 통해 신제품을 개발하는 사업을 시작하고 싶어 안달이 나 있다. "저는 제 제품이 사람들 손에 있는 것을 보는 게 즐겁습니다. 그래서 저는 모피의 콘셉트와 클러스터를 매우 유동적인 방식으로 통합시키고 싶습니다." 바로 쿼키Quirky라는 새로운 벤처이다. 클러스터 커뮤니티의 구성원들이 새로운 제품 아이디어를 제안하면 그것을 다른 구성원들이 평가하는 것이다. 그리고 좋은 평가를 받은 아이디어를 상품화하는 것이다. 그리고 이 상품을 온라인 상점에서 판매하게 되는데, 손익분기는 넘길 수 있을 정도의 주문이 들어오면 생산에 들어가는 것이다. 물론 제품 아이디어를 내놓은 커뮤니티 구성원은 클러스터와 수익을 분배한다. 그의 목표는 한 주에 두 개의 새로운 제품을 내놓는 것이다. 실현되기 힘든 아이디어 같기는 하다. 하지만 아직 22살인 카우프만은 자신의 비즈니스 모델을 변형해서 계속 새로운 아이디어를 내놓을 것이다. 그리고 그것은 언젠가 크게 성공할 것이다. 물론 이 과정에서 다시 벽에 부딪히더라도 그는 가치 있는 것만을 뽑아내서 또 새로운 아이디어에 도전할 것이다.

## 또 다른 돈 줄기 찾기

카우프만처럼 칼리지 프로울링의 루크 스컬만도 자신의 비즈니스 모델을 변형해 새로운 사업을 시작했다. 2007년 3월에 그는 대학 안내서 5만 페이지 분량의 콘텐츠를 디지털화했고, 그것을 1년에 39.95달러의 구독료로 온라인에서 서비스했다. 그는 책 판매 수익에 온라인 구독 수익이 더해지면 매출이 향상될 거라고 생각했다. 하지만 실제로 그렇지 않았다. "수익은 그대로였습니다. 우리는 사이트를 바꾸기도 하고 가격을 내려보기도 했지만 결국 한 가지 결론에 다다랐습니다. 온라인으로 콘텐츠를 구매하는 시장이 매우 작다는 것이었죠." 대학에 관한 정보를 제공하는 경쟁 사이트들 때문에 상황은 더 악화되었다.

2009년 초반에 스컬만은 콘텐츠를 사용자들에게 무료로 제공할 방법을 찾아야 한다는 것을 깨달았다. 그러면 어떻게 사이트로 수익을 낼 수 있을까? 광고와 전략적 협력이 가장 일반적인 해결책이었다. 칼리지 프로울러는 와코비아 뱅크Wachovia Bank(지금은 Wells Fargo가 소유한)와 수십만 달러짜리 광고계약을 맺었다. 하지만 전미대학입학상담사협회가 주최한 전국대회서 스컬만에게 진짜 행운이 찾아왔다.

무역박람회에 참가한 대부분의 업체들은 대학에 정보를 팔고 있었다. 스컬만의 이야기를 들어보자. "그것이 박람회의 가장 큰 수익흐름이었습니다. 그리고 거의 대부분의 업체들이 사립대학에 정보를 팔고 있었습니다. 사립대학의 지원자가 증가한다는 것은 대학의 수익도 증가한다는 뜻이었죠. 그래서 대학은 지원자들을 위해 돈을 지불할 의향이 있었습니다." 스컬만은 자신이 돈방석 위에 앉게 될지도 모른다고 생각하기 시작했다. 만약 그가 자신의 콘텐츠를 무료로 제공하고 콘텐츠 사용자들의 허락 하에 그들의 연락처를 대학에 넘기면 수수료를 받을 수 있다. 그리고 이것은 칼리지 프로울러에 상당한 수익원이 될지도 모른다.

그는 이제 5개의 대학들과 사업가능성을 논의하고 있다. 그의 가장 큰 문제는 대학들이 보통 업계의 큰 손인 대학위원회로부터 정보를 사고 있다는 것이다. 이 회사는 건당 30센트를 받고 SAT 시험을 치른 학생들의 이름을 대학에 팔고 있다. 대학의 신뢰를 얻기 위해 처음에는 무료로 정보를 제공해야 할지도 모르지만 그는 그런 투자를 할 의향이 있다. 그는 대학에 지원하는 학생들의 수에 있어서 자신들의 정보가 대학위원회의 정보보다 더 나을 것이라고 확신한다. "지금과 같은 경제상황에서 모든 사람들은 결과를 예측하고 싶어 합니다. 저는 우리가 사이트를 통해 대학들에 대한 정확한 정보를 제공한다면 우리가 앞서나갈 수 있다고 믿습니다." 그의 예상이 맞는다면 처음에 칼리지 프로울러의 콘텐츠를 디지털화했을 때 기대한 수익 증가가 실현될 수도 있다.


## 날개를 활짝 펴라

당신의 사업이 지금 잘되고 있다고 가정해보자. 수익은 안정적이며 현금 흐름도 좋다. 당신은 시장을 선도하고 있으며 고객 충성도도 높다. 회사 내부 시스템도 제자리를 잡았다. 모든 것이 편안하게 느껴진다. 이런 상황을 원하는 기업가들도 있지만 대부분은 그렇지 않다. "저는 만족하는 것을 싫어합니다." 에트시의 CEO 롭 칼린이 불평한다. "만약 내가 회사의 모든 것에 만족한다면 회사를 떠날 겁니다." 칼린 뿐만이 아니다. 기업가들은 자신의 회사가 더 큰 목표를 향해 '진행 중'이라고 생각한다. '쉽게 질린다'는 기존 기업가의 전형적인 특징이 업스타트들에게도 그대로 해당된다. 그들에게 참을성이 없는 이유가 어릴 때 너무 산만하게 지냈기 때문인지도 모르지만, 어쨌든 업스타트 기업가들은 자신의 회사를 다음 단계로 이끄는 데 누구보다도 열정적이다.

예를 들어 테라사이클은 자신들의 핵심 사업(재활용 공장으로 향하는 플라스틱 병으로 포장한 유기농 벌레 분비물 비료)에 집중하기만 했더라도 아주 잘 되었을 것이다. 하지만 CEO 톰 스자키는 더 큰 계획을 갖고 있었다. 그는 비료 제품이 회사가 추구하는 가치의 일부만을 반영한다고 생각했다. 그는 비료를 포장하기 위해 재활용 병을 사용하는 '업사이클링(upcycling : 재활용을 통해 새로운 제품을 만드는 것)'에 시장 잠재력이 있을 뿐만 아니라 대중을 친환경 혁명에 끌어들일 방법이라고 직감했다. 그렇지 않았다면 쓰레기로 새로운 브랜드의 제품을 만드는 사업을 그가 시작할 수 있었을까?

스자키는 대담하게도 미국에서 가장 큰 소비자 브랜드 몇 곳에 접근해 그가 쓰레기를 모으는 것을 도와달라고 했다. 학교나 비영리단체가 특정 종류의 포장지나 박스 등을 수거하면, 기업이 운송비용을 부담하거나 비영리단체에 몇 센트씩 기부하는 식으로 후원하게 만드는 것이다. 테라사이클은 이렇게 모아진 카프리선 주스 팩, 오레오 쿠키 포장지, 초코바 포장지 등을 토트백이나 우산, 샤워커튼, 연필통 같은 멋진 물건으로 재탄생시켰다. 그 결과는? 카프리선이나 오레오를 만드는 회사는 고객들에게 회사가 환경에 관심을 갖는다는 메시지를 전달하면서 동시에 브랜드도 노출시켰다.

물론 이런 전략적 협력관계를 성사시키는 것은 모든 기업가의 꿈이다. 하지만 스자키는 이 일을 더 쉽게 만들었다. "당신이 그 회사들의 큰 골칫거리들을 해결할 특별한 방법을 만들기만 하면 그 회사들이 알아서 도와줄 겁니다. 이것은 완전히 새로운 사업방식이지요. 누구도 제가 제시한 것 같은 해결책을 내놓은 적이 없었거든요."

2008년에 테라사이클은 나비스코와 캘로그, 크라프트와 협력을 맺기 시작했고 이제 2만 개가 넘는 단체들의 쓰레기 수거를 후원하고 있다. 테라사이클은 수거된 쓰레기를 멕시코에 있는 공장에 보낸다. 이곳에서 새로운 제품으로 재가공하는 것이다. 스자키는 이 중 가장 성공적인 쓰레기는 카프리선 주스 팩이라고 말한다. "지금까지 우리는 350만 개의 주스 팩으로 50만 개의 완제품을 만들어냈습니다."

이렇게 만들어진 제품으로 가방과 토트백, 연필통 등이 있는데 이 제품들은 테라사이클의 업사이클링 협력업체들만큼이나 대단한 유통채널을 통해 판매된다. 바로 타겟, 월마트, 홀푸드, 오피스맥스, CVS, 월그린이다. 이들은 테라사이클의 제품을 판매함으로써 대중들에게 친환경 이미지로 다가가려 한다. 스자키는 진정으로 천재적이라 할 만한 방법으로 대형할인점인 타겟과 협력을 맺었다. 스자키는 이 대형할인점에 〈뉴스위크〉 지 2008년 4월 14일 자 앞뒤 표지 광고를 사라고 설득했다. 이 앞뒤 표지는 서로 접어 붙이면 봉투가 되도록 디자인 되었다. 독자들은 이 봉투에 타겟에서 산 제품의 포장지들을 담아 테라사이클로 보낼 수 있었다. 이렇게 모인 포장지들은 토트백으로 만들어 타깃에서 팔릴 예정이었다. 그리고 포장지를 담아 보내는 모든 사람들이 공짜 토트백 쿠폰을 받을 수 있었다. 4만 7천 명이 봉투를 테라사이클로 보내왔다. 테라사이클은 돈을 한 푼도 들이지 않고 〈뉴스위크〉 지의 표지에 등장할 수 있었던 것이다.

2002년 스자키가 회사를 시작했을 때는 예상도 하지 못했던 일들이었다. 그에게는 또 다른 야망 찬 목표들이 있다. 그는 '가능한 한 빨리' 회사가 매출 10억 달러를 달성하길 원한다. 아마 비료를 팔아서 그것을 달성할 수는 없을 것이다. 하지만 스자키는 근본적으로 새로운 비즈니스 모델인 '업사이클링'의 탄생을 도왔다. 그는 업사이클링이 10년 안에 재활용만큼 보편화될 거라고 생각한다. 그는 대부분의 환경주의자들과 녹색 기업가들이 혐오하는 바로 그런 종류의 회사들을 업사이클링 운동에 참여시키고 있다.

2008년에 테라사이클은 쓰레기로 약 300만 달러의 '업사이클링 제품'을 생산했고 그것을 수거하도록 도운 비영리단체에 10만 달러를 기부할 수 있었다. 2008년의 수익은 700만 달러였다. 그리고 2009년에는 1700만 달러의 수익을 달성했다. 이것은 야망 찬 목표이지만 세계적인 소비자 브랜드와 대형할인점을 끌어들인 스자키의 능력을 생각하면 비현실적인 일도 아니다. "그것은 전략적으로 우리에게 도움이 됩니다." 크래프트 식품의 지속가능성본부의 임원인 제프 찰리Jeff Chahley는 말한다. 크래프트는 6천 개가 넘는 음료 팩 수거를 후원했다. 크래프트는 테라사이클과의 협력관계로 결국 쓰레기 매립지로 향하게 되는 포장지의 양을 줄이는 데 성공했다. 찰리는 이렇게 말한다. "우리는 엄마들에게 아이들이 좋아하는 브랜드가 환경도 생각한다는 점을 알릴 수도 있지요." 이 프로그램은 또한 지속가능한 회사를 만들기 위한 노력을 기대하는 개인과 기관 투자자들에게 좋은 이미지를 전달한다. 결국 이 프로그램에 관련된 모든 사람들이 승자가 되는 것이다. 하지만 테라사이클이야말로 가장 특별한 승자이다.

### 더 큰 성공을 위한 자금 확보

큰 아이디어에는 보통 큰돈이 필요하다. 하지만 에트시의 롭 칼린은 처음부터 돈을 찾아다니지는 않았다. 칼린은 뉴욕대에서 고전문학을 전공하고 있을 때 겟크래프티Getcrafty라는 웹 사이트를 다시 디자인하는 일을 하게 되었다. 이 일을 하면서 그는 개인 공예가들이 자신들의 수제품을 팔 수 있는 사이트인 에트시에 대한 아이디어를 얻었다. 친구인 크리스 맥과이어Chris Maguire, 하임 쇼픽Haim Schoppik, 자레드 타벨Jared Tarbell과 엔젤 투자자인 스펜서 아인Spencer Ain이 그에게 5만 달러를 투자했다. 칼린은 이 돈으로 에트시를 만들었고 사이트는 2004년 6월에 문을 열었다.

칼린은 곧 더 많은 도움과 돈이 필요하다는 것을 깨달았다. 그래서 그는 자신이 매우 존경하는 웹 기업가 두 명에게 열정적인 팬레터를 썼다. 플리커의 공동창립자인 카테리나 페이크Caterina Fake와 스튜어트 버터필드Stuart Butterfield였다. "저는 그들에게 이렇게 썼죠. '당신들이 플리커로 이룬 일들은 놀랍습니다. 여기 제가 만든 게 있습니다.'" 칼린은 아직도 그 순간을 생생히 기억하고 있었다. "정말 놀랍게도 그들은 바로 답장을 해주었습니다. 그리고 그들은 저를 샌프란시스코로 초대했죠." 그는 2006년 봄 한 달 동안 그들과 많은 시간을 보냈다. 그리고 두 사람은 그를 여러 벤처 투자자들에게 소개해주었다. 덕분에 100만 달러를 투자받을 기회가 있었지만 돈 때문에 회사 지분의 20%를 포기할 수는 없었다. 그는 당장 필요한 만큼만 투자받고 싶었다.

그는 2007년 금융 동영상 블로그인 월스트립Wallstrip과의 인터뷰에서 말했다. "헝그리 정신은 정말로 중요한 것이죠." 결국 그는 정확히 필요했던 만큼만 투자를 받았다. 버터필드와 페이크, 델리셔스de.l.i.cious의 창립자 조슈아 차터Joshua Schachter, 유니언 스퀘어 벤처의 프레드 윌슨Fred Wilson으로부터 65만 달러를 확보했다.

2년 후에 에트시는 크게 도약하여 거의 손익분기를 넘어서고 있었다. 하지만 방문자 수가 급증하고 사이트에 업로드 되는 사진들이 늘어나면서 앞으로 2년 동안 호스팅과 소프트웨어 비용으로 500만 달러가 더 필요했다. 게다가 칼린은 야심찬 확장 계획을 가지고 있었다. 그는 전 세계 사람들이 사용할 수 있는 사이트를 만들고 싶었다. 이것은 다른 나라의 언어와 통화로 사업을 해야 한다는 의미였다. 그는 구매자들이 여러 가지 물건을 구매하더라도 판매자들에게 각각 따로 지불할 필요가 없는 인 하우스in-house 지불시스템을 만들고 싶었다. 그리고 판매자들에게 그들의 상점에 대한 통계를 제공하고 싶었다. 이 모든 일을 실현하기 위해서는 더 많은 직원이 필요했다. 그리고 직원들에게 적절한 임금과 복지 혜택을 제공해야 했다. 공예가들이 사업을 지속할 수 있도록 도와주겠다는 고귀한 사명을 갖고 시작한 사업인데 돈이 없다면 모든 것이 한 순간에 물거품이 되지 않겠는가. 이제 그에게는 2006년 당시 벤처 투자자들이 그에게 주려 했던 거금이 필요했다.

그는 2008년 초에 추가로 자금을 확보했다. 그의 초기 투자자 두 명이 엑셀 파트너스Accel Partners에 합류하면서 에트시를 위해 2,700만 달러를 투자했다. 항상 6개월을 더 버틸 수 있을 만큼의 투자만을 받았던 칼린에게는 엄청난 자금이었다. 이제 그는 상장을 진지하게 고려하고 있다. 그리고 회사의 경영을 전문화하려는 절차를 밟고 있다. 2008년 봄에 그는 경험이 많은 COO인 마리나 토마스Marina Thomas를 고용했다. 아마존과 엔피알닷컴NPR.com에서 일했던 그녀는 2008년 6월에 CEO로 임명됐다. 칼린은 새 CEO를 소개하기 위한 동영상을 제작했다. 동영상 속에서 토마스는 자신의 이력과 에트시 커뮤니티에 대한 열정을 설명했으며, 드럼을 연주하기도 했다. 칼린은 이 동영상을 에트시의 블로그 더 스토크 The Storque에 올렸다. 에트시의 구매자와 판매자들에게 새 CEO가 어떤 사람인지를 알려주기 위해서였다. 잘 웃고 소탈한 느낌의 믿음직한 칼린은 기업가적인 거만함 대신 전문가적인 진지함을 갖고 있었다.

칼린은 투자자들로부터 CEO 자리에서 물러나라는 압력을 받았을까? 그는 아니라고 말한다. 회사에 어떤 절차를 만들고 시스템을 다지는 것은 그의 장점이 아니었다. 그는 이제 COO라는 직함을 달고 있으며 이것이 자신의 기질에 더 잘 맞는 역할이라고 말한다. 그는 새로운 비영리단체를 시작하는 데도 시간을 할애할 것이다. 파라슈트Parachutes.org라는 교육단체를 만들어 공예가들에게 공예를 통해 생계를 유지하는 방법을 가르칠 예정이다. 벤처자금이 생기고 두 명의 큰 투자자가 이사회에 합류한 상황에서 칼린은 그가 항상 즐겼던 중요한 일을 계획하고 있다. "저는 사람들이 균형에서 약간 벗어나게 하고 싶어요. 저는 회사가 너무 기업화되는 것을 막는 일종의 화재경보기인 셈이죠."

## 전문 경영인을 고용하여 성장하기

칼린과 마찬가지로 대부분의 기업가들은 어느 순간 경영을 전문화해야 하는 시점에 다다르게 된다. 회사를 시작하는 과정에서 최고의 능력을 발휘하던 기업가들이 일상적인 회사 경영의 문제 앞에서는 어리둥절해 하는 경우가 많다. 회사의 미래를 위한 큰 그림을 그리느라 바쁘기 때문이거나, 그냥 그 일이 지루하기 때문일 수도 있다. 많은 기업가들이 도움을 청하지 않고 버티다가 더 깊은 나락으로 떨어진다. 좋은 COO를 고용하든가 자신이 CEO 자리에서 물러나든가 어떤 변화를 주어야 한다. 그렇지 않으면 사업은 성장할지 몰라도 본인은 결코 성장할 수 없다. 이러한 경우에는 대부분 재앙이라는 결말로 끝났다. 하지만 업스타트들은 언제 도움을 요청해야 하는지 잘 알고 있다. 이유는 여러 가지가 있을 것이다. 협력을 좋아하는 특징 때문일 수도 있고, 일상적인 일에 대한 인내심이 없기 때문일 수도 있으며, 자신보다 더 많이 알고 있는 사람들로부터 배우고자 하는 갈망 때문일 수도 있다. 하지만 무엇보다 젊은 기업가들은 자신의 한계 파악만큼은 재빠르다.

유니고의 CEO인 조단 골드만은 CFO인 45살의 폴 다이어츠Paul Dietz에게 자주 조언을 구한다. "저는 기회가 될 때마다 조언을 구합니다. 저는 폴에게 가서 이렇게 말합니다. '3년 계획을 어떻게 세워야 할지 모르겠어요. 제가 참고할 만한 자료들을 좀 주세요. 그리고 어떻게 해야 제대로 하는 건지 보여주세요.'" 피나클 서비스의 CEO인 닉 톰리는 회사가 2007년 급속한 성장으로 고생하고 있을 때 COO인 질 사이라르Jill Cihlar를 고용했다. "회사 크기로 보면 좀 성급한 일이었을지도 모릅니다. 하지만 그녀를 고용한 이후로 회사 운영이 전보다 더 좋아지고 유연해졌습니다.

그녀는 제가 부족한 모든 분야에 대해 조언을 해주죠."

때로는 창업자들이 할 수 있는 최선의 일은 다른 사람에게 경영을 맡기는 것이다. 그것이 바로 팝캡의 창립자들이 한 일이다. "우리가 진짜 회사를 운영하고 있다는 생각이 든 것은 아마 2008년이었을 겁니다." 시애틀에 있는 4,300만 달러 가치의 비디오 게임 개발 회사의 공동창립자인 30살의 존 베체이John Vechey가 말한다. 물론 그는 과장해서 말하고 있다. 팝캡은 그가 31살의 브라이언 피에테Brian Fiete, 37살의 제이슨 카팔카Jason Kapalka와 9년 전에 회사를 시작했을 때도 '진짜 회사'였다. 팝캡은 비주얼드Bejeweled, 처즐Chuzzle, 페글Peggle 같은 게임으로 많은 상을 받았고, 이 게임들은 100만 번 이상 다운로드 되었다. 처음에는 팝캡의 웹 사이트와 MSN, AOL, 쇼크웨이브Shockwave를 통해서만 이용가능했던 이 게임들은 이제 월마트 같은 대형할인점에서도 판매되고 있고, 휴대폰이나 엑스박스 라이브 같은 게임기로도 즐길 수 있다. 매년 50%의 안정적인 수익성장을 거듭하고 있는 회사는 수년 동안 매력적인 인수 대상이었다. 하지만 베체이와 피에테, 카팔카는 인수제의를 거절했다. 2002년에 처음으로 마이크로소프트가 400만 달러라는 거액을 제시했지만 거절했다고 베체이는 말한다.

하지만 회사의 성장이 동업자들을 힘들게 했다. 베체이는 이렇게 회상한다. "사업개발을 하고 CEO 역할을 하는 사람은 저뿐이었습니다. 저는 점점 더 좌절했죠. 저를 도와줄 사람들도 없었고, 제 한계를 알지도 못했죠." 동업자들의 관계도 불편해졌다. 베체이는 실제로 2003년에서 2005년 사이에 여러 번 회사를 떠났다. 하지만 항상 다시 회사로 돌아왔다. 대부분의 젊은 CEO들이 그렇듯이 그는 점점 더 커지는 책임감에 압박을 느꼈다. 사업이 그의 삶을 집어 삼켰고 그가 사랑했던 게임 개발에서 점점 더 멀어지게 만들었다.

그리고 2005년에 회사는 또 다른 인수 제안을 받았다. 이번에는 7,000만 달러였다. 동업자들은 정말로 진지하게 고민했다. 그들은 인수하려던 회사의 이름을 밝히지는 않았다. "매우 끌렸지만 우리는 회사에 아직 많은 가능성을 느꼈습니다." 베체이가 말한다. 그는 팝캡이라는 브랜드가 수억 달러의 가치가 있다고 진심으로 믿고 있다. 팝캡의 게임들은 엑스박스 게임인 할로Halos나 매든Maddens 같은 게임과는 거리가 멀었지만 온라인 게임 유저들(주로 여성) 사이에서 엄청나게 인기가 있었다. 이 때문에 게임업계의 거물이 마지막으로 인수제안을 했던 것이다. 이 마지막 제안으로 창립자들은 정신이 들었다. "우리가 그 제안을 거절한다면 그것은 우리가 회사 경영을 더 진지하게 받아들여야 한다는 것을 의미했습니다. 우리를 도와줄 누군가가 필요했지요." 그래서 베체이와 동업자들은 회사에 큰 영향을 미치게 될 결정을 내렸다. 회사의 성장을 도울 노련한 CEO를 고용하기로 한 것이다. 동업자들은 회사를 합병시키거나 상장할 시기가 왔을 때 회사의 가치에 대해 아무도 의문을 제기하지 않도록 만들고 싶었다.

47세의 엔터 데이브 로버츠Enter Dave Roberts는 자신의 스톡사진(stock photo : 판매나 임대를 목적으로 찍은 사진) 회사를 팔고 새로운 프로젝트를 찾고 있었다. 마침 그의 회사에서 일하던 몇몇 직원들이 팝캡으로 옮겨간 상태였는데 로버츠는 팝캡이 마음에 들었다. 로버츠는 이렇게 말한다. "자유롭지만 맡은 일은 해내는 문화를 가진 재미있는 회사였습니다." 2005년 4월에 그는 시험적으로 6개월간 CEO 역할을 하기로 했고 그 이후로 지금까지 계속 CEO 자리를 지키고 있다. "저는 사업을 확장하려고 했을 때 큰 벽에 부딪혔습니다. 두려움이 있었습니다. 사람들은 '우리가 끔찍한 대기업이 되면 어쩌지?' 라고 걱정하고 있었습니다."

하지만 그들은 회사를 확장했다. 로버츠는 변호사와 인사 담당자, '정장을 입고 머리를 단정하게 빗은' 사업개발 담당자를 고용했다. 그는 회사로 들어온 인수 제안을 처리했고, 매달 열리는 이사회에서 사외 이사를 데려오자고 창립자들을 설득했다. 로버츠는 회사의 체계를 전문화하는 것을 도왔지만 문화만은 그대로 두었다. 팝캡에는 여전히 공짜 음식이 쌓여 있는 주방과 풋볼 테이블, 플라스마 TV, 아케이드 게임기가 있는 큰 오락실이 있으며 직원들은 점심시간에 게임을 하곤 했다. 로버츠의 닥스훈트가 사무실을 어슬렁거리며 씹다 만 장난감을 흘리고 다녔다. 회사 천장에는 낙하산이 달려 있었고 그 아래에 있는 열린 공간에서 일하는 직원들도 있었다. 인사 담당자인 엘렌 마레트Ellen Marett는 파티를 계획하고, 지역사회 봉사를 조직했으며, 주방에 엄청난 양의 음식을 채워 넣었다. 즉 평상시에는 회사를 끔찍한 대기업으로 만들지 않기 위해 노력했다.

제가 좋아하는 일을 하고 나머지는 다른 사람에게 맡겨도 된다는 것을 깨달았습니다.

• 브라이언 피에테, 팝캡

"저는 우리가 운이 정말 좋았다고 생각합니다." 로버츠가 말한다. 그는 이제 회사의 동등한 동업자이다. 팝캡의 창립자들도 동의한다. 로버츠가 회사를 운영하면서 피에테는 팝캡의 CTO 역할에만 집중할 수 있었다. 그는 말한다. "게임이 25%이고 사업이 75%였을 때는 좀 힘들었죠. 제가 좋아하는 일을 하고 나머지는 다른 사람에게 맡겨도 된다는 것을 깨달았습니다." 베체이의 경우 1년간 PC 온라인 부서를 책임졌는데, 자신을 이렇게 책망했다. "제가 원했던 결과를 얻지 못했습니다. 제가 좀 더 냉정했다면 더 많은 일을 해냈을 겁니다. 하지만 그건 제가 아니었죠." 그래서 몇 달 전 그는 게임 스튜디오로 다시 돌아왔다. 그곳에서 그는 8개의 팀을 관리할 것이다. 그에게 심지어 상사도 생길 것이다. "제 상사의 상사가 저라는 것이 좀 이상하긴 하죠." 지금 그가 맡고 있는 역할은 회사 초창기에 맡았던 역할과 신기하게도 비슷하다. 원점으로 다시 돌아온 셈이다. 베체이는 말한다. "데이브와 그가 고용한 직원들이 없었다면 이 자리로 옮겨오지 못했을 겁니다."

## 얻는 게 있으면 잃는 것도 있다

사업을 안정적으로 유지해서 다른 사람을 위해 일할 필요 없이 편안한 삶을 사는 것이 최종 목표인 기업가들이 있는 반면 다른 유형의 기업가들도 있다. 바로 주의력 결핍증에 걸린 아이처럼 계속해서 새로운 사업을 벌이는 사람들이다. 전국적 또는 세계적으로 사업을 확장하고자 하는 기업가들도 있다. 또는 세상을 더 나은 곳으로 만들 회사를 세우려는 기업가도 있다. 그리고 물론 상장과 인수도 목표가 될 수 있다. 칼렙 시마는 인수를 통해 기업가로서의 목표를 이뤘다.

지난 1월 시마는 알파레타에서 산호세로 갔다. 한 대기업의 고위 간부들과 둘러앉아 자신이 그들을 위해 정확히 무엇을 할 수 있는지 보여주기 위해서였다. 실제로 29살이지만 그들에게는 19살처럼 보였던 시마는 자신의 노트북을 열고 그 대기업의 홈페이지로 들어갔다. 그리고 회사의 운영 시스템을 해킹하기 시작했다. 그는 그 회사 직원들의 사적인 이메일을 읽을 수도 있었고 데이터베이스에 접속하거나 심지어 악성코드까지 심을 수 있었다. 간부들은 회사 웹 사이트의 취약함에 놀랐다. 하지만 시마는 아니었다.

사실 시마는 이런 식의 시연을 하기 전에 그 회사의 웹 사이트를 해킹하는 방법을 미리 찾아 놓는다. 해킹할 방법을 찾을 수 없는 경우에는 다른 회사의 웹 사이트를 해킹한다. 바로 HP의 웹 사이트이다. 그는 HP의 웹 사이트를 해킹해서 HP 고위 간부의 ID로 로그인한 후 곧장 경비지출을 승인해버린다. 문제가 되지 않겠냐고? 전혀 그렇지 않다. 왜냐하면 이미 HP의 승인을 받았기 때문이다. 시마는 이제 HP를 위해 일한다. HP가 2007년 8월에 그의 회사인 SPI 다이나믹스를 인수했기 때문이다.

시마는 자신이 이 정도로 성공할 거라고는 예상하지 못했다. 그는 10대 때 4개의 고등학교에서 쫓겨나고 가출을 해서 부모님의 속을 썩인 문제아였다. 하지만 컴퓨터에 관해서 만큼은 천재적이었다. 그는 '전화 해킹'을 가장 좋아했다. 음성 주파수를 조작해서 전화 시스템을 해킹하는 것이었다. 해킹하는 방법만 안다면 맥도날드 주차장에 숨어서 주문전화를 엉망으로 만들 수 있다. 또 쇼핑몰의 경비원을 놀리거나 연인들의 대화를 방해할 수도 있다. 만약 이런 경험이 있다면 모두 시마가 한 일이다!

다행히 성인이 된 그는 자신의 기술과 해킹능력을 더 좋은 곳에 사용하기로 결심했다. 그는 학교를 그만두고 17살에 검정고시를 통과했다. 그리고 인터넷 보안과 관련된 여러 회사에서 일을 했다. 한 회사에서 그의 업무는 고객의 웹 사이트를 해킹해서 취약한 곳을 고쳐주는 것이었다. 그는 이렇게 말한다. "저는 너무 거만했어요. 저는 웹 사이트를 통해서 거의 모든 회사의 시스템을 해킹해 들어갈 수 있었죠. 저에게는 너무 쉬웠습니다." 그는 상사를 찾아가 제안했다. 회사들의 취약점을 찾아내고 문제를 해결하는 시스템을 자동화하자는 것이었다. 결국 시마는 혼자 그 일을 하기로 결심했고 2000년부터 컨설턴트를 자처했다. 하지만 시기가 좋지 못했다. "저는 그냥 13만 달러를 버는 어린애였죠. 인터넷 거품이 터지기 시작했고 수입은 1만 5천 달러로 떨어졌죠. 저의 신용카드 빚은 쌓여 갔습니다. 차도 팔고 라면만 먹고 지냈지요."

그는 절박한 심정으로 벤처자금을 찾아다녔다. 하지만 그는 인터넷 보안에 대한 투자자들의 무지 때문에 계속해서 좌절했다. "결국 벤처 투자회사 사람들을 만났을 때 그들이 보는 앞에서 한 회사의 시스템을 해킹해 들어갔죠." 그는 말한다. "저는 유명한 온라인 쇼핑몰로 들어갔습니다. 그리고 그들에게 제가 당장 그 쇼핑몰의 거래를 중단시킬 수 있다는 것을 보여줬죠." 다른 벤처 투자회사 사람들을 만났을 때 시마는 그들의 허락을 받고 그 회사의 사이트를 해킹했다. 그리고 그들이 보는 앞에서 회사 변호사의 이메일을 읽었다. "그제야 투자자들은 우리 회사의 사업이 무엇인지 이해했습니다. 저는 열렬히 제 서비스를 전도했습니다. 사람들에게 지금 사용하는 백신과 방화벽만으로는 사이트를 보호할 수 없다는 것을 보여주었죠." 그는 시연의 힘으로 2003년에 200만 달러의 투자를 받았다. 그리고 SPI 다이나믹스는 '진짜 회사'가 되었다. 또 세 곳으로부터 더 투자를 받아 1,000만 달러를 확보했다.

시마는 2004년 말에 처음으로 인수 제안을 받았지만 그것을 거절했다. 해를 넘길 때마다 제안 가격은 두 배로 뛰었다. "더 높은 가격을 제시한다면 고려해볼 수 있습니다." 그는 그들에게 말했다. 마침내 HP가 시마에게 2년간의 황금수갑(신기술을 도입할 목적으로 이뤄지는 기업인수합병 과정에서 대상기업의 핵심 인력을 회사에 묶어두는 것)과 HP의 소프트웨어 그룹으로 통합될 수 있는 기회를 제안했다. 하드웨어 중심이던 HP의 소프트웨어 그룹은 신생 회사나 마찬가지였다. 약간 염려되는 부분이 있었지만 결국 계약을 성사시켰다. 물론 그는 이렇게 털어놓았다. "저는 직원들의 적응과 문화충돌, 회사 절차의 변화라는 문제로 스트레스를 받았습니다. 회사는 엄청난 변화를 겪고 있었습니다. 그리고 그것은 정말 힘들었죠."

HP는 SPI가 HP 사무실에서 30분 거리에 있는 사무실로 옮기기를 원했다. "온통 칸막이로 되어 있었고 음울한 분위기였죠. 우리는 그 사무실을 보고는 말했습니다. '절대 안 됩니다.' 우리는 소파와 포커 테이블을 원했습니다. 하지만 그들은 '안 됩니다. 안돼요.' 라고 말했습니다. 저는 직원들이 떠날 거라는 걸 알았죠. 그러면 우리 회사의 가치도 떨어지는 것이었죠." 시마는 HP의 시설 관리자에게 SPI가 쓰게 될 사무실의 도면을 달라고 고집했다. 결국 그들은 동의했고 시마와 직원들은 그것을 수정했다. 공간을 트고 원래 예산 안에서 사무실을 고쳤다. "그들은 미루고 미뤘지만 우리는 이렇게 말했습니다. '아니요, 우리는 사무실을 고치게 해주지 않는다면 이사하지 않을 겁니다.'"

고작 사무실 때문에 이렇게까지 했다고? 별 것 아닌 것에 고집부리는 것처럼 보일지도 모르지만 시마에게 그것은 전쟁의 시작이었다. 그는 140명 직원들이 자신을 지켜보고 있다는 것을 알고 있었다. 그가 직원들을 위해 이 전쟁을 얼마나 잘할 수 있었을까? 결국 시마는 자신이 원하는 것을 얻어냈다. 밤에 시설 관리자들이 사무실에 붙어 있는 밥 말리(자메이카 출신의 레게 음악가) 포스터를 떼어내면 아침에 시마의 직원들이 다시 포스터를 붙이는 일이 있었지만 큰 문제는 아니었다. 시마는 이렇게 말한다. "생각해보면 별것 아닌 일들이죠. 하지만 회사에 중요한 일입니다. 왜냐하면 직원들의 사기를 유지하고 직원들이 회사를 떠나지 않도록 하는 데 도움이 되기 때문이죠." 시마의 상사인 HP 소프트웨어의 조나단 렌데Jonathan Lende는 이렇게 말한다. "사무실을 고치는 일이 시설 관리자들에게도 쉽지는 않았습니다. 하지만 그들도 결국에는 이해하기 시작했습니다. 사무실 수리가 끝나고 관리자들은 바뀐 사무실의 사진을 찍었지요. 그들은 그것이 앞으로 작은 회사들을 HP에 통합시킬 때 좋은 본보기가 될 거라고 생각했습니다."

물론 통합은 사무공간에만 그치지 않았다. 인수 18개월 후 시마는 '두 명의 가장 유능한 직원'을 잃었다. 하지만 다행히도 대부분의 직원들이 회사에 남았다. "우리가 회사를 시작했을 무렵에는 웹 사이트를 수정하고 싶을 때 그냥 바로 실행하면 됐습니다. 하지만 이제는 웹 사이트를 수정하기 위해 법무 부서에 갔다가, 그 다음 마케팅 부서에서 승인을 받고서야 수정사항을 서버에 올려줄 사람에게 갑니다. 우리에게는 이러한 절차를 배우는 과정이 매우 고통스러웠습니다. 그래서 인수 이후 1년간 회사의 생산성은 매우 저조했습니다. 하지만 그것은 우리가 싸워서 지켜야 했던 일들이 있었기 때문이죠." 시마는 후회하지 않는다. "제가 회사를 시작했을 때는 밑바닥에서부터 시작해야 했지만, 이제 저는 포춘 50대 기업의 CEO들과 CIO들 앞에 섭니다. HP 덕분에 완전히 다른 시각을 가지게 되었죠."

시마의 황금수갑은 2009년 8월에 풀렸다. 그는 HP를 떠나거나 다른 회사를 시작할 생각이 없다고 말한다. "저는 시간을 가지고 이곳에서의 배움을 즐길 겁니다. 그냥 무작정 새로운 회사를 시작하고 싶지 않습니다. 제가 열정을 쏟아부을 만한 무언가를 발견했을 때 새로운 회사를 시작할 겁니다." 시마는 잠시 머뭇거리며 이렇게 덧붙였다. "물론 저는 괜찮은 기회를 계속 찾고 있습니다." 나는 그가 조만간 새로운 일을 벌일 것이라고 믿는다.

● 젊은 창조자들을 위한 조언

### 트랙8. 변화하면서 규모를 키워라

**1. 제대로 된 팀을 구성하라.** 좋은 직원이 회사의 성장을 돕는다. 하지만 직원을 잘못 고용하면 회사는 희망도 없이 제자리에서 맴돌게 된다. 칼리지 프로울러의 루크 스컬만처럼 당신은 함께 회사를 시작한 사람들과 헤어져야 할지도 모른다. 그리고 당신이 앞으로 나아가는 것을 도울 새로운 직원들을 고용해야 할지도 모른다. 물론 자신의 한계를 알아야 한다. 회사가 급속히 성장하는 시기에 회사의 경영을 맡아줄 COO, 최종결산 관리를 책임질 CFO와 함께 일해야 한다. 직원들이 감당할 수 없는 수익 성장은 금물이다.

**2. 사업을 다각화하라.** 텐 미닛 미디어의 브렌단 시에코는 록스타들을 위한 웹

사이트 제작을 좋아했다. 하지만 음악업계는 변동이 심했기 때문에 사업을 다각화할 필요가 있다는 것을 알았다. 이제 그는 믹 재거를 위해 사용했던 창의적 에너지를 따분한 웹 사이트에 질린 기업들을 위해 쓰고 있다. 여전히 음악업계의 고객들이 많지만 기업고객들 덕분에 회사는 안정성과 융통성을 가질 수 있게 되었다.

**3. 회사의 가치를 정의하라.** 회사의 진정한 가치는 무엇인가? 회사의 가치가 항상 분명한 것은 아니다. 벤 카우프만은 커뮤니티 기반의 혁신을 통해 멋진 아이팟 부속품을 만들고 있었다. 하지만 그는 자신이 팔고 있는 아이팟 부속품보다 부속품 개발을 위해 사용하는 커뮤니티 기반의 개발절차와 그것을 가능케 하는 소프트웨어가 훨씬 가치 있다는 것을 깨달았다. 이제 그는 큰 광고회사들과 라이선스 계약을 맺고 이 소프트웨어를 판매하고 있으며, 이 소프트웨어를 사용해 새로운 제품 개발 회사를 시작했다. 테라사이클의 톰 스자키 역시 회사의 주력 제품인 유기농 비료를 포장하기 위해 재활용 플라스틱 병을 사용했다. 하지만 그는 재활용 플라스틱 병이 완전히 새로운 사업을 위한 발판이라는 것을 깨달았다. 초콜릿 포장지나 주스 용기 같은 쓰레기로 '업사이클링' 제품을 만드는 것이다.

**4. 트렌드를 예측하고 대비하라.** 레이첼 헤닝의 IT 채용 회사는 9/11 이후에 거의 망할 뻔 했다. 그때 그녀는 의료서비스 IT가 부상하고 있는 것을 알아챘다. 그래서 그녀는 이 시장을 공략하기 위해 회사를 변화시켰다. 이제 그녀의 회사 카탈리스트 서치는 승승장구하고 있다. 스마트폰 엑스퍼츠의 아돌프슨은 새로 생겨난 스마트폰 포럼들이 검색 사이트에서 자신의 사이트보다 높은 순위에 오르자 불길한 징조라고 생각했다. 하지만 그는 경쟁사들과 직접 경쟁하는 대신에 그들에게 온라인 상점을 만들어주겠다고 제안하며 협력을 맺었다. 대신

스마트폰 엑스퍼츠는 경쟁 사이트들이 물건을 판매할 때마다 수수료를 받았다. 이제 경쟁 사이트의 방문자 수가 많아진다는 것은 스마트폰 엑스퍼트의 수익이 더 많아진다는 것을 의미한다.

**5. 당신의 사명에 충실하라.** 회사는 성장하면서 변화한다. 에트시의 롭 칼린은 최근에 2,700만 달러를 투자받았다. 회사의 기반시설을 보강하고 고객들에게 더 나은 서비스를 제공하기 위해서였다. 칼렙 시마는 자신의 회사 SPI 다이나믹스를 HP에 팔았다. 그리고 테라사이클의 톰 스자키는 환경을 생각하는 대부분의 작은 회사들이 피하는 대형할인점과 협력을 맺기 시작했다. 하지만 이들은 회사가 큰 변화를 겪는 과정에서 회사의 가치와 사명, 문화를 훼손하지 않기 위해 노력했다.

**6. CEO 자리에서 물러나는 것을 두려워하지 마라.** 모든 사람이 CEO가 될 수 있거나 되길 원하는 것은 아니다. 당신이 회사를 위해 할 수 있는 최선의 일은 당신이 잘하는 일에 몰두하는 것이다. 당신이 잘하는 일이 소프트웨어 개발이나 제품 혁신이라면 그것을 그냥 하면 된다. 팝캡의 브라이언 피에테처럼 '내가 좋아하는 것을 하고 나머지는 다른 사람에게 맡겨도 괜찮다'는 것을 알아야 한다. 내부 직원들 중 누군가를 선택하거나 외부에서 새로운 사람을 고용할 수도 있다. 당신은 회사의 문화를 보존하고, 직원들에게 변화가 위협이 아니라는 것을 알려주며 이 변화를 편안하게 받아들이도록 만들어야 한다.

# 젊은 창조자들의 미래

이 책의 출판이 결정되었을 때 미국은 오바마 대통령이 '대공황 이후 최악의 금융위기'라고 말할 정도로 고난의 시기를 보내고 있었다. 내가 이책을 쓰는 동안 경제는 급격히 악화되었다. 2009년이 시작되었을 때 소비자들은 소비를 하지 않고 있었고, 은행은 대출하지 않았으며, 주식시장은 초토화됐고, 실업률은 14년 만에 최고를 기록했다. 경제위기로 사면초가에 몰린 중소기업들은 7870억 달러가 투자될 정부의 경제부양 계획도 믿을 수가 없었다. 그렇다면 업스타트 기업가들의 미래도 어두울까? 나는 당사자들에게 직접 얘기를 들어보기로 했다.

머리말에서 언급했듯이 나는 Y세대 기업가들을 조사하기 위해 페이스북을 이용했다. 나는 페이스북을 통해 Y세대 기업가들과 더 쉽게 소통할 수 있었다. 1년여의 시간 동안 나는 그들에게 아주 많은 질문을 했다. 그 질문에 대한 답변들은 이 책을 쓰는 데 많은 도움이 되었다. 나는 그들에게 마지막으로 두 가지에 대해서 물었다. '경제위기가 회사에 어떤 영향을 미칠 거라고 생각하는가?', '창업을 꿈꾸는 Y세대에게 어떤 영향을 미칠 거라고 생각하는가?' 나는 이 마지막 장에 이런 질문에 대한 그들의 답변 중 일부를 소개할 것이다. 이들은 미래를 매우 낙관하고 있다. 나는 그들이 낙관하는 이유를 직접 들려주고 싶다.

기업가들, 특히 우리 세대의 기업가들은 미국이 경제위기에서 벗어나는 데 중요한 역할을 하게 될 것입니다. 이 힘든 시기를 위한 나의 계획은 회사를 좀 더 경제적으로 운영하고, 다른 시장에 진입함으로써 서비스를 다양화하고 혁신하는 것입니다. 나는 우리 회사가 강해질 거라고 낙관합니다. 기업가들은 자신의 회사를 위한 성장속도를 정합니다.

· 닉 톰리, 29세, 사회복지 회사 피나클 서비스의 CEO

나 역시 낙관적이다. 이렇게 생각하는 데는 그만한 이유가 있다. 중소기업청의 자료에 따르면 과거의 두 경제위기 기간 동안(1990~1992, 2001~2003) 더 많은 중소기업이 탄생했으며 경제위기가 닥친 첫 해 이후에는 문을 닫는 중소기업이 줄었다고 한다. 이렇게 실업률이 높을 때 (9.4%) 사람들이 창업을 생각하는 것은 전혀 놀라운 일이 아니다. 경제위기가 당신을 힘들게 할 수도 있지만 창의력과 혁신을 낳기도 한다. 경제위기는 당신에게 절약과 절제, 무한한 열정을 요구한다. 이것은 기업가로서 성공하는 데 필요한 자질이기도 하다.

실제로 성공한 회사 중에는 경제위기 동안에 시작한 회사들이 많다. HP와 마이크로소프트, 트레이더 조스Trader Joe's, 렉시스-넥시스Lexis-Nexis, 페덱스, MTV, CNN, 클리프 바Clif Bar, RF 마이크로 디바이스RF Micro Devices, 위키피디아가 대표적이다. 이밖에도 경제적으로 힘든 시기에 성공한 회사들은 많다. 국가별 창업활동 조사기관인 GEM(Global Entrepreneurship Monitor)의 리서치 책임자인 닐스 보스마Niels Bosma는 말한다. "경기 침체기는 사업을 시작하기에 좋은 시기일 수 있습니다. 원자재들이 더 저렴해지고 구하기도 쉬워지지요. 은행 대출은 제외하고요. 슈퍼마켓 같은 혁신적인 사업들이 경기침체기에 많이 시작되었습니다. 반면 큰 경쟁사들은 약해졌고 생존에만 초점을 맞췄죠. 이 시기에 사업을 시작한 기업가들에 의해 경제 지형이 바뀌었다는 것을 기억해야 합니다."

젊을 때 최악의 경제위기를 경험하게 되면 그 어느 때보다도 많이 배우고 가장 좋은 기회들을 발견할 수도 있습니다. 만약 당신이 이 위기에 맞서서 살아남는다면 앞으로 어떤 위기가 와도 살아남을 수 있습니다. 이 과정에서 우리는 리더십을 키우고, 미래에 회사의 고정비용을 줄이는 방법을 배우고, 장기적으로 더 강한 회사를 만들 수 있습니다. 나중에 다시 시작하는 것이 불가능해질지도 모르기 때문에 회사 초창기에 경제위기를 경험하고 배운 것을 적용해야 합니다. 어쩌면 경제위기는 젊은 기업가들을 위한 선물일지도 모릅니다.

• 탈리아 메시아, 32세, 호텔에 위탁 서비스를 제공하는 이브드 서비스의 CEO

경기침체로 인해 많은 중소기업들이 문을 닫겠지만 나는 이 위기가 기업가 정신의 발전을 위한 기반이 될 거라고 믿는다. 많은 기업가들이 경제위기 속에서 성공할 것이다. 그리고 과거의 경제위기 때보다 더 많은 회사들이 탄생할 거라고 생각한다. 많은 Y세대 기업가들이 새로운 회사를 시작할 것이다. GEM에 따르면 18~24세 인구의 9.15%와 25~34세 인구의 12.12%가 2007년에 사업을 시작했다고 한다. Y세대의 총 인구수(약 7700만)를 생각하면 수백만 명의 업스타트들이 등장한 것은 주목할 만한 일이다.

높은 실업률과 기업붕괴, 낮아진 창업비용이라는 요인들이 합쳐져서 엄청나게 많은 Y세대가 사업에 발을 들여놓은 것이다. 고속 데이터 통신망과 무선 인터넷의 보편화, 스마트폰 덕분에 과거의 경제위기 때보다 회사를 시작하는 비용이 훨씬 줄어들었다. 인터넷으로 회사를 운영할 수 있다면 당신이 지하실 창고에 사무실을 차리거나 직원들이 다른 국가에 있다고 해도 문제가 되지 않는다. 그렇다. 이것은 Y세대뿐만 아니라 모든 사람들에게 해당되는 것이다. 하지만 Y세대에게 컴퓨터 기술은 그들이 숨 쉬는 공기나 마찬가지다.

우리도 다른 사람들처럼 압박을 느낍니다. 이렇게 힘든 시기에는 가장 민첩한 회사들만이 폭풍을 뚫고 지나갈 수 있으니까요. 우리는 기본으로 돌아갈 겁니다. 우리가 처음 사업을 시작했을 때 저에게는 동업자와 트럭 한 대뿐이었습니다. 우리의 모토는 '발에 불이 날 정도로 바쁘게 움직이자'였습니다. 이제 우리는 프랜차이즈 업체에게도 나가서 분주하게 움직이라고 격려합니다. 지금이야말로 작은 물고기가 큰 물고기로 성장할 수 있는 시기입니다. 물론 그 반대가 될 수도 있지요. 하지만 열심히 뛰어다니는 사람만이 살아남을 겁니다.

• 오마르 솔리만, 27세, 쓰레기 수거 프랜차이즈 회사

칼리지 헝크 하울링 정크의 공동창립자

이제 막 사업을 시작한 기업가들은 이 책에 등장하는 많은 업스타트들을 롤모델로 삼으면 좋을 것이다. 이렇게 경제가 힘든 시기에는 살아남는 것도 쉬운 일이 아니다. 하지만 나는 업스타트들이 다음과 같은 이유 때문에 유리한 입장에 있다고 생각한다.

1. **업스타트들은 절약하는 법을 안다.** 많은 업스타트들이 혼자만의 힘으로 회사를 세우고 아주 적은 돈으로 회사를 운영하는 데 익숙하다. 업스타트들은 은행 대출금을 갚아야 하는 것 같은 재정적 부담이 없는 경우가 많다. 그래서 경제가 좋아질 때까지 절약하면서 버티기에 더 유리할 수 있다. 만약 경쟁사들이 문을 닫을 때 이렇게 버틸 수 있다면 더 많은 시장을 점유하게 될 것이고, 경기가 회복될 때쯤에는 시장을 흔들 준비가 되어 있을 것이다.

2. **기술을 통해 비용을 절감할 수 있다.** 업스타트들은 사업을 좀 더 효율적으로 운영하기 위해 계속해서 컴퓨터와 인터넷을 사용할 것이다. 기술을 통해 비용을 절감할 수 있는 영역은 두 군데이다. 우선 업스타트들은 전통적인 마케팅이나 광고 대신에 검색엔진 최적화나 소셜 네트워크 사이트를 통한 웹기반의 마케팅을 한다. 그리고 업스타트들은 인터넷이나 모바일 기술을 통해 온라인에서 일하는 것에 익숙하다. 이를 통해 업스타트들은 사무공간에 드는 고정비용을 줄 수 있다.

3. 조언자와 협력자들이 풍부하다. 업스타트들의 부모와 교수, 동료, 멘토들은 그들에게 조언을 아끼지 않는다. 이것은 현금보다 더 가치 있다. 협력주의자인 Y세대 기업가들은 힘든 시기에 서로 도움을 주고받음으로써 살아남을 것이다. 업스타트들은 인재(침체기의 시장에는 좋은 인재들이 많다)와 전략적 협력자를 찾는 일에서부터 시작해 자금 확보까지 모든 일에 자신들의 '방대한 인맥'을 끌어들일 것이다. 바로 세스 고딘이 말한 것처럼 이들은 '부족'을 형성한다.

4. 업스타트들은 혁신가이다. 업스타트들의 혁신적인 아이디어들은 자기 세대의 요구를 충족하는 방법을 고만하다가 탄생하는 경우가 많다. Y세대는 매우 거대하고 상대적으로 부유한 인구집단이다. Y세대와 그들의 부모인 베이비부머 세대는 앞으로 몇 십 년간 시장에서 가장 큰 영향력을 행사할 것이다. 허리띠를 졸라맨 소비자들이 어떤 물건이든 신중하게 구매하는 이런 시기에 재빠르게 반응하는 회사들은 경쟁 우위를 갖게 된다.

5. 업스타트들은 민첩하고 유연하다. 대부분의 업스타트들은 사업계획에 많은 시간을 할애하지 않는다. 대신 '일단 실행' 하는 것을 선호한다. 그리고 시장의 변화에 맞춰 함께 변화한다. 그들이 성공으로 가는 길은 험난한 경우가 많지만 그들은 혼란과 불확실성에 당황하지 않는다. 업스타트들은 업계의 비즈니스 모델을 따르는 대신 자신만의 모델을 만든다. 이것은 그들의 일터 문화에도 해당된다. 이것은 업무 스트레스가 심한 경기침체기에 회사의 가장 중요한 자산인 젊고 유능한 직원들을 끌어들여 회사에 충성하도록 만든다.

나는 힘든 시기를 두 팔 벌려 환영합니다. 이 시기를 통해 가치 있는 교훈을 얻을 수 있을 거라고 확신하기 때문입니다. 경제가 타이타닉처럼 가라앉을수록 저는 더 창의적으로 발 빠르게 움직일 수밖에 없습니다. 유명한 기업들이 붕괴하는 것을 지켜본 우리 세대는 '고용안정' 같은 것은 있을 수 없다고 생각합니다. 이것은 무섭기도 하지만 흥분되는 일이기도 합니다. 더 많은 Y세대들이 기업가가 되려고 하는 이유이기도 합니다.

• 브렌단 시에코, 21세, 디자인 & 마케팅 회사 텐 미닛 미디어의 CEO

경제위기에서 교훈을 얻고 더 강한 회사를 만들기 위해 노력하는 사람들에게 경제위기는 어쩌면 축복일지도 모른다. 이 책에 등장하는 업스타트들 중 일부는 이미 그 혜택을 보고 있다. 퍼스트 글로벌 익스프레스와 그래스호퍼, 이브드 서비스 같은 회사들은 고객들이 좀 더 경제적이고 창의적으로 자신의 사업을 운영할 수 있도록 돕는 사업을 하고 있다. 테라사이클과 해피 베이브 푸드, 원호프 와인은 사회적 대의명분과 연관된 제품을 만들어서 기분 좋게 돈을 쓸 수 있도록 만든다. 보레고 파워와 쉐입업더네이션, 카탈리스트 서치, 브라스 미디어 같은 회사들은 정부가 경제부양을 위해 각 업계에 투자하는 돈을 공략한다.

하지만 어떤 업계에 있든 간에 대부분의 업스타트들은 이제 그들이 처음에 회사를 시작했을 때와는 완전히 다른 비즈니스 환경을 경험하고 있다. 닷컴붕괴의 암흑기를 기억할 정도로 사업을 오래 해왔던 사람들은 어떻게 생각할지 모르지만, 지금의 경제위기는 훨씬 더 심각하고 오래 지속되고 있다. 심리적 충격도 과거의 경제위기 때와는 근본적으로 다르다. 이번에 미국 경제를 혼든 것은 테러나 과대평가된 닷컴회사들이 아니다. 우리가 믿었던 기업들에 책임이 있다. '너무 거대해서 도저히 망할 것 같지 않던' 큰 회사들이 망하고 있는 것이다. 지금은 불안정한 시기이다. 하지만 가능성을 안고 있는 시기이기도 하다. 나는 이 책을 쓰면서 Y세대가 역사상 가장 기업가적인 세대가 되리라는 것을 확신했다. 그리고 이들은 사업의 지형도 완전히 바꿔놓을 것이다.

제가 우리 세대와 현재의 경제, 그리고 미래에 대한 느낌을 요약하려면 두 단어가 필요합니다. '감사하고 흥분된다.'

제가 감사하는 이유는 여러 가지입니다. 경제가 좋을 때 사업을 시작하고 성장시킬 수 있다면 좋겠지만, 우리의 운명은 우리가 결정하는 것입니다. 저는 젊은 나이에 경제위기를 경험하게 된 것에 감사합니다. 저는 미혼이고 아이도 없습니다. 그래서 가족을 위하는 것과 사업에 투자하는 것 사이에서 갈등할 필요가 없습니다.

저는 미래를 낙관합니다. 정말로 우리 세대의 기업가 정신이 미래의 기업가 정신이라고 생각합니다. 우리의 부모들은 대기업에서 일하며 스톡옵션을 받고 은퇴를 준비했지만 한 순간에 무너져내렸습니다. 그래서 위험에 대한 우리의 관점은 바뀌었습니다. 흥미로운 사업 아이디어가 떠올랐을 때 우리 세대는 '이 사업을 하지 않고 먹고 사는 방법은 없을까?'라고 생각하는 대신에 '이 사업을 해보려면 돈을 어떻게 구해야 하지?'라고 생각하게 되었습니다. 이러한 마음가짐의 변화 때문에 저는 지금 무척 고무되어 있고 우리의 미래를 낙관합니다.

• 앤더슨 쉰록, 29세, 사진 스캔 회사인 스캔디지털의 CEO

부록A :
# 젊은 창조자들의
## 설문조사

이 책에 등장한 놀라운 업스타트 기업가들은 63명뿐이지만, 나는 이 책을 쓰기 위해 미국 전역의 다양한 업계에 있는 150명 이상의 젊은 CEO들과 인터뷰를 했다. 2009년 봄에 그들의 안부를 물으며 짧은 설문을 부탁했다. 독자들에게 업스타트들의 모습을 통계로 보여주기 위해서였다. 설문은 온라인 설문기관인 Zoomerang.com을 통해 진행했으며 66명이 참여했다. 답변자의 평균 나이는 27세였으며, 이들이 시작한 회사는 총 168개였다. 나는 여러분이 이 설문에서 놀랍고 흥미로운 결과를 발견할 수 있을 거라고 믿는다.

## 1. 당신의 성별은 무엇입니까?

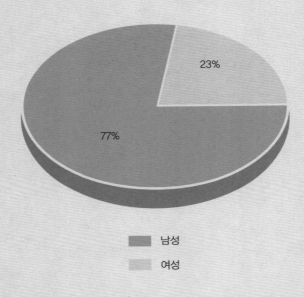

23%

77%

남성
여성

## 2. 당신은 얼마나 많은 회사 창업 경험을 가지고 있습니까?

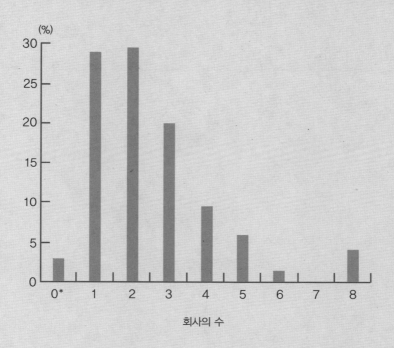

회사의 수

*현재 가족 사업을 운영 중

### 3. 당신은 한 명 이상의 동업자와 사업을 시작했습니까?

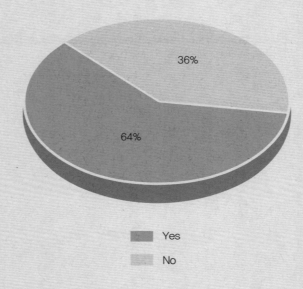

36%

64%

Yes

No

남성 기업가들(67%)이 여성 기업가들(53%)보다 동업자와 사업을 시작한 경우가
더 많았다.

## 4. 당신의 부모님은 사업가입니까?

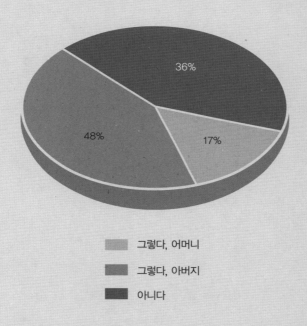

그렇다, 어머니

그렇다, 아버지

아니다

*답변자들은 해당항목에 모두 표시했기 때문에 총 퍼센트가 100을 초과한다.

## 5. 당신이 첫 번째 회사를 시작했을 때 몇 살이었습니까?

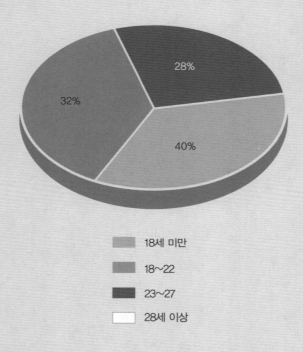

거의 50%의 남성 답변자들이 첫 번째 회사를 18세 이전에 시작했다고 답변한 반면, 18세 이전에 사업을 시작했다고 답변한 여성은 14%에 불과했다. 여성 답변자의 64%가 자신의 첫 번째 회사를 23~27세 사이에 시작했다고 답했다.

6. 회사를 운영하고 있지 않은 다른 또래와 비교했을 때 당신의 업무일
   과를 어떻게 묘사하시겠습니까?

76%

8%

17%

그들과 거의 같은 시간을 일한다.

더 오래 일한다.

그들보다 적게 일한다.

## 7. 당신의 교육수준은 어떠합니까?

| | |
|---|---|
| 고등학교 | |
| 전문대 | |
| 종합대학교 | |
| 대학원 이상 | |

답변자의 68%가 4년제 대학 이상의 학력을 가진 반면, 교육수준이 수익이나 순이익과 아무런 관련도 없는 것으로 나타났다. 고등학교 졸업자와 학사 이상의 학력을 가진 사람들을 비교했을 때 100만 달러 이상의 수익을 낼 가능성은 거의 동일하다.

## 8. 당신은 학교에서 경영수업을 수강한 적이 있습니까?

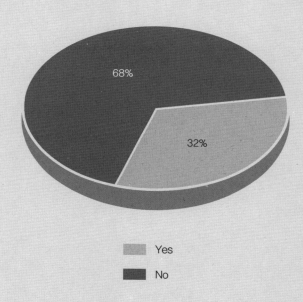

68%

32%

Yes

No

경영수업을 수강한 32%의 답변자들 중에서 48%가 18세 이전에 첫 번째 회사를
시작했다.

## 9. 당신의 현재 회사는 창립된 지 얼마나 되었습니까?

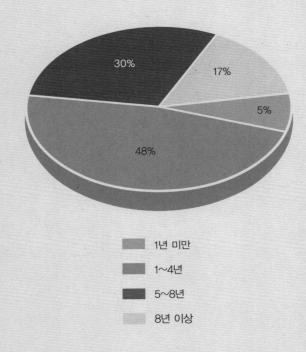

30%

17%

5%

48%

- ■ 1년 미만
- ■ 1~4년
- ■ 5~8년
- ■ 8년 이상

오래된 회사일수록 수익이 더 컸다. 500만 달러 이상의 수익을 낸다고 답변한 사람은 29%였고 이들 중 95%가 5년 이상 된 회사를 운영하고 있었다.

## 10. 회사의 정직원은 몇 명입니까?

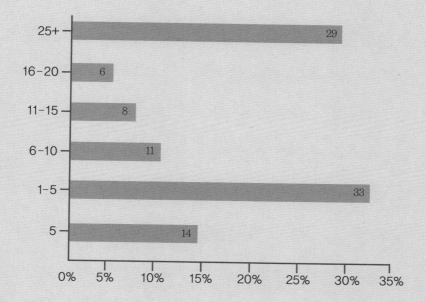

## 11. 회사의 2008년도 수익은 얼마입니까?

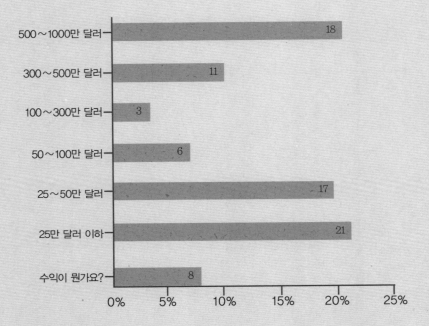

## 12. 당신의 회사는 수익을 내고 있습니까?

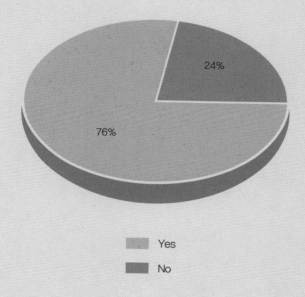

수익이 이윤과 항상 정비례하는 것은 아니지만 이들에게는 그랬다. 수익을 내고 있다고 대답한 76%의 답변자 중에서 62%가 100만 달러 이상의 수익을 내고 있었다. 여성이 소유한 회사들(80%)이 남성이 소유한 회사(73%)보다 이윤율이 약간 더 높았다.

## 13. 당신의 회사는 지금을 어떻게 확보합니까?

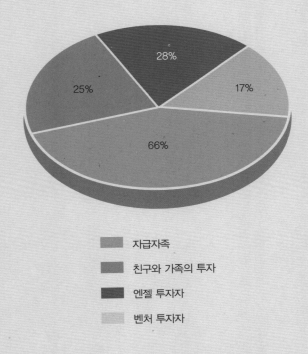

■ 자급자족
■ 친구와 가족의 투자
■ 엔젤 투자자
■ 벤처 투자자

엔젤투자와 벤처투자를 통해 투자받는 회사들 중 약 반이 수익을 내고 있었다. 반면 자급자족 회사의 80%가 흑자였다.

*답변자들이 해당사항에 모두 표시했기 때문에 총 퍼센트가 100을 초과한다.

## 14. 당신의 회사를 사회적 사명을 가진 회사로 묘사하시겠습니까?

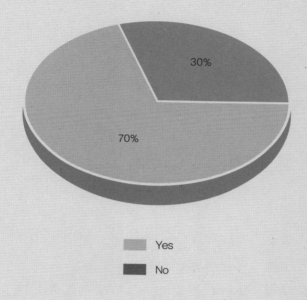

30%

70%

Yes

No

100만 달러에서 1000만 달러 사이의 자산을 가진 회사들은 사회적 사명을 가진 경우가 많았다. 여성 기업가들(80%)이 남성 기업가들(67%)보다 사회적 사명을 가졌다고 말하는 경우가 많았다.

## 15. 경제위기가 당신의 회사에 어떤 영향을 주었습니까?

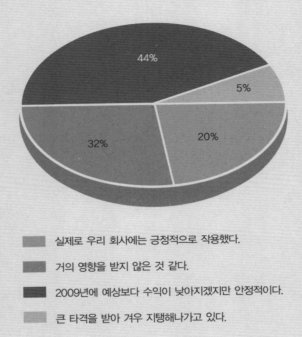

실제로 우리 회사에는 긍정적으로 작용했다.

거의 영향을 받지 않은 것 같다.

2009년에 예상보다 수익이 낮아지겠지만 안정적이다.

큰 타격을 받아 겨우 지탱해나가고 있다.

답변자 중 약 절반이 긍정적으로 작용하거나 거의 영향을 받지 않았다고 답했다. 이들 중 62%가 100만 달러 이하의 수익을 내고 있었다. 안정적이지만 2009년 수익이 예상보다 적을 것이라고 답변한 회사들 중 66%가 100만 달러 이상의 수익을 내고 있었다.

부록B :
# 젊은 창조자들을 위한
## 전문가의 조언

Y세대는 영웅 기업가들과 함께 성장한 첫 번째 세대이다. 빌 게이츠, 스티브 잡스, 리처드 브랜슨 등 많은 스타 기업가들은 사업을 시작하는 것은 단순한 생계의 수단이 아니라 세상을 바꾸는 일임을 보여주었다. 그것도 아주 멋진 방법으로 말이다. 업스타트들은 기업가의 길에 들어설 때 자신들을 안내해주고 영감을 줄 사람을 찾는다. 나는 업스타트들이 가장 존경하는 사람이 누구인지 알아보기 위해 페이스북을 통해 업스타트들에게 쪽지를 보냈다. 그 결과를 바탕으로 업스타트들이 원하는 롤모델들에게 연락을 취했다. 그리고 그들에게 기업가의 지혜를 공유해달라고 부탁했다.

## ■ Y세대를 위한 조언

### ▶ 돈 탭스콧, 《위키노믹스》와 《디지털 네이티브》의 저자

1. 대학에 가라. 대학은 고등학교보다 훨씬 더 재미있다. 지식 기반 시대에서 성공하기 위해서는 고등학교 졸업장만 가지고서는 안 된다. 게다가 배움은 평생 계속되어야 한다. 소설을 읽고 감성을 키워라. 글 쓰는 연습을 해라. 그리고 학교나 직장에서 비속어나 인터넷 용어를 사용하지 마라. 회사와는 어울리지 않는다.

2. 직장에서 인내를 가져라. 특히 관료주의와 시대에 뒤처지는 기술 앞에서 인내할 필요가 있다. 회사가 입맛에 맞지 않는다고 해서 바로 그만두는 대신에 한 동안 붙어 있으면서 변화를 위해 싸워라. 당신은 가치 있는 존재이다. 협력을 통해 21세기의 혁신과 성공을 주도할 수 있다. 베이비부머들이 최고의 동맹이 될 수 있다. 베이비부머에게는 당신 또래의 자녀가 있기 때문에 당신과 당신의 기술 사용능력을 이해할 가능성이 높다. 그리고 일과 삶은 양립할 수 있고 조화로워야 한다.

3. 벤처사업가가 되는 것을 고려하라. 작은 회사들도 큰 회사가 하는 모든 일을 할 수 있으면서도 약점(무기력한 관료주의, 위계질서 같은)들은 피할 수 있다.

4. 경험을 폄하하지 마라. 당신은 특정 분야에서 탁월할지 모르지만 모든 것을 잘할 수는 없다. 나이 많은 사람들에게는 가르칠 것도 많지만 배울 것도 많다. 당신의 경험은 당신이 무엇을 하려 하든 더 잘 하도록 도와줄 것이다.

5. 결과에 책임지는 삶을 열망하라. 우리의 삶은 한 번뿐이다. 그것을 가치 있게 만들어라. 돈이 전부가 아니라는 것은 맞는 말이다. 성공을 향해 달리는 것은 좋다. 하지만 미래는 당신에게서 더 많은 것을 요구할 것이다. 당신의 아이들이 물려받을 세상을 생각하라. 그리고 세상을 더 좋은 곳으로 만들기 위해 무엇을 할 수 있는지 생각하라. 당신의 지역사회에 기여하라. 정치적으로 앞장서라. 옳은 일을 행하라.

6. 포기하지 마라. 어른들이 당신의 세대를 비난할 때 그것을 개인적으로 받아들이지 마라. 당신은 누구보다도 똑똑한 세대이다. 당신은 최초의 글로벌 세대이다. 더 나은 세계가 당신 앞에 펼쳐져 있다. 손을 내밀어 움켜줘라. 실현시켜라.

## ■ 창업자들을 위한 4가지 규칙

▶ **구이 가와사키**Guy Kawasaki, **올탑**Alltop**의 창립자이자 《현실 확인** Reality Check**》의 저자**

1. 반대자들과 멍청이들이 '이 일은 할 수 없어'라고 말할 때 그들의 말에 귀 기울이지 마라. 그들이 얼마나 성공했든 상관없다.

2. 파워포인트나 워드, 엑셀 문서를 만들기 전에 반드시 실행가능성을 타진하라. 기업가 정신은 실행하는 것이지 계획하는 것이 아니기 때문이다.

3. 당신이 하지 않을 일을 결코 고객에게 요구하지 마라.

4. 사업개발이나 협력관계가 아닌 매출에 집중하라. 왜냐하면 매출

이 모든 문제를 해결하기 때문이다.

## ■공동 창립자를 제대로 선택하라

### ▶ 데이비드 코헨, 테크스타의 공동창립자

올바른 동업자 선택은 성공의 핵심적인 요소이다. 동업자들은 스트레스가 심한 상황에서 많은 시간을 함께 보낸다. 결혼한 부부보다 더하다. 기업가이자 엔젤 투자자이자 테크스타의 창립자로서 한 가지만은 분명하게 말할 수 있다. 초창기에 회사가 실패하는 가장 큰 이유 중 하나가 창립자들이 함께 일을 제대로 해내지 못했기 때문이다. 동업자들은 상대를 존경하고 상대에 대해 깊이 감사할 줄 알아야 한다. 하지만 동시에 상대방이 더 잘하고 더 빨리 움직일 수 있도록 서로 자극할 필요가 있다. 서로의 든든한 지원군이 되어야 한다. 그래야 상황이 좋지 않을 때 서로 사기를 북돋워줄 수 있다. 동업자들의 관계가 좋아도 사업을 시작하는 일은 힘든 일이다. 동업자를 현명하게 선택하는 것은 회사의 운명을 좌우한다.

## ■관례에 도전하는 법

### ▶ 세스 고딘, 《보랏빛 소가 온다》《부족들tribes》의 저자

나는 관례에 도전하기로 결심했을 때 네 가지를 마음에 새겨야 한다고 말한다. 네 가지를 모두 해낼 준비가 되어 있다고 해도 새로운 방식을 만들 때 발생하는 비용과 혼란을 감수해야 한다.

1. **새로운 관례를 눈치 채게 만들어라.** 당신이 어떤 새로운 관례를 만들어낸다면 사람들은 그것을 알아볼 것이다. 예를 들어 어떤 라디오의 음량조절기가 다른 라디오의 음량조절기와 같은 방식으로 작동하지 않는다면 그것을 알아챌 것이다. 당신의 웹 사이트의 메뉴가 '있어야 할 자리'에 없을 때도 마찬가지다. 그럼 어떤 관례를 바꿔야 하는 걸까? 예를 들어 당신이 소리가 더 좋은 라디오를 만들려고 한다면 음량조절기를 작동하는 방식을 바꿀 필요는 없다. 음량조절기의 작동 방식이 바뀐 것을 사람들이 알아본다고 해도 좋은 소리에는 도움이 되지 않기 때문이다.

2. **새로운 관례에 대해 이야기 하게 만들어라.** 새로운 관례는 사람들의 대화에 등장하는 경우가 많다. 사람들이 당신의 제품이나 서비스에 담긴 아이디어에 대해 다른 사람에게 가르치거나, 그것에 대해 불평하거나 토론하게 만들어야 한다. 물론 사람들이 새로운 관례에 대해 얘기하는 것을 원하는 게 아니라면 관례를 바꿀 이유가 없다.

3. **새로운 관례로 수익을 창출하라.** 새로운 관례가 성공하면 실제로 수익창출에 도움이 될까? 물론 당신이 새로운 악수법이나 가격구조를 개발할 수는 있다. 하지만 그것이 인기를 끈다고 수익이 늘어날까? 새로운 관례는 비즈니스 모델의 중심에 있어야 한다.

4. **새로운 관례를 보호하라.** 일단 새로운 관례로 인기를 얻었다면 시장에서 당신의 위치를 견고히 하고 장기적인 이득으로 이어지도록 만들어야 한다.

## ▪ 시기를 잘 맞춰라

### ▶ 보 피바디, 빌리지 벤처스의 경영 파트너

최근에 나는 기업가들에게 두 가지를 얘기하고 있다. 첫째, 너무 앞서나가다 보면 일을 그르치기 쉽다. 둘째, 당신이 어떤 기술로 2년 안에 이루려던 일은 실제로 10년 씩 걸리는 경우가 더 많다. 이 두 가지 모두 기업가들이 너무 많은 비전을 가지고 있다는 뜻이다. 시장이 빠르게 발전하는 경우는 많지 않다. 왜냐하면 고객의 행동을 바꾸는 데는 많은 시간과 돈이 들기 때문이다. 만약 당신이 너무 앞서나가고 있다면 고객들이 행동을 바꾸기 전에 자금이 바닥나버릴 수 있다. 그렇다고 뒤처져도 안 된다. 비전은 자본효율성과 양립할 수 없는 경우가 많다. 하지만 또 자본효율성은 지루함과 동의어이다. 비전과 현실 사이의 적당한 균형을 찾는 것은 기업가에게 가장 힘들고 중요한 일이다.

## ▪ 실패하는 법을 배워라

### ▶ 앤디 스텐즐러Andy Stenzler, 코지, 키드빌 등의 창립자

기업가들은 실패를 딛고 일어서는 법을 알아야 한다. 성공한 기업가들은 많은 실패를 겪고도 살아남는 법을 찾아낸 사람들이다. 당신이 실패를 겪었다고 하더라도 살아남아서 나중에 그것에 대해 이야기할 수 있다면 당신은 결국 승자가 될 것이다.

## ■ 돈이 아닌 비전을 좇아라

### ▶ 토니 샤이Tony Hsieh, 자포스닷컴의 CEO

나는 사업을 시작하려는 사람들과 기업가들에게 이런 질문을 많이 받았다. '제가 돈을 많이 벌만한 괜찮은 사업이 뭐가 있을까요?' '요즘 어느 시장이 뜨고 있습니까?' 내 대답은 항상 같았다. '돈을 좇지 마세요. 대신에 돈을 못 벌어도 10년은 행복하게 열정적으로 할 수 있는 일을 고민해보세요. 그것이 당신이 해야 할 일입니다.' 돈이 아닌 비전을 좇아라. 당신이 그렇게 하면 돈은 저절로 따라온다. 왜냐하면 직원들과 고객들, 협력업체들은 당신의 일에 대한 열정에 감동할 것이기 때문이다.

## ■ 일을 재미있게 만들어라

### ▶ 디자인 전문 업체 IDEO의 창립자 데이비드 켈리와 톰 켈리

당신이 새로운 업종을 만들어내는 사업에 처음부터 관여하는 행운을 가졌다면, 일과 놀이 사이의 경계를 허무는 환경을 만들어보라. 왜냐하면 삶은 길고 일은 삶에서 중요한 부분을 차지하기 때문이다. 그리고 이것이 좋은 소식인지 나쁜 소식인지는 모르겠지만 Y세대는 그 어떤 세대보다 일에 묻혀 사는 세대가 될 가능성이 높다. 하지만 당신이 일에서 보람과 즐거움을 느끼고 그것을 의미 있는 일로 받아들인다면 당신은 일에 묻혀 살아야 한다 해도 신경 쓰지 않을 것이다. 30년 이상 된 IDEO의 창립 이념 중 하나는 친구와 함께 일할 수 있는 회사를 만들자는 것이었다. '돈보다 심장이 먼저다.' 이 이념을 실천하기 위해 우리는 지금까지 재정적 이익보다 문화적 가치를 우선시하는 선택들을 했다. 하지만 장기적으로 이것은 회사에 더 큰 혜택이 되어 돌아왔다. 당신이 성공적으로 일과 놀이의 경계를 허물 수 있다면 사람들은 일에 더 많은 열정과 흥미를 느낄 것이다. 그들은 더 많은 재능과 창의력, 에너지를 발산하게 될 것이다. 열정적이고 에너지 넘치는 직원들이 일을 더 잘한다는 것은 새로운 사실이 아니다. 이것은 궁극적으로 회사에 지속가능한 경쟁우위를 제공할 것이다.